科学度量 One

杨新洪 编著

"九⁺ⁿ"中国统计改革落地深圳（上卷）

中国社会科学出版社

图书在版编目（CIP）数据

科学度量 One："九丨n"中国统计改革落地深圳：全三卷 / 杨新洪编著 . —北京：中国社会科学出版社，2018.12
　ISBN 978 – 7 – 5203 – 2776 – 3

　Ⅰ. ①科… Ⅱ. ①杨… Ⅲ. ①统计—体制改革—研究—中国 Ⅳ. ①C829.22

　中国版本图书馆 CIP 数据核字（2018）第 154373 号

出 版 人	赵剑英
责任编辑	王　茵　马　明
责任校对	郝阳洋
责任印制	王　超
出　　版	中国社会科学出版社
社　　址	北京鼓楼西大街甲 158 号
邮　　编	100720
网　　址	http://www.csspw.cn
发 行 部	010 – 84083685
门 市 部	010 – 84029450
经　　销	新华书店及其他书店
印刷装订	北京君升印刷有限公司
版　　次	2018 年 12 月第 1 版
印　　次	2018 年 12 月第 1 次印刷
开　　本	787×1092　1/16
印　　张	65.25
字　　数	1183 千字
定　　价	360.00 元（全三卷）

凡购买中国社会科学出版社图书，如有质量问题请与本社营销中心联系调换
电话：010 – 84083683
版权所有　侵权必究

序

不积小流，无以成江海

宁吉喆

回想起来，我和深圳的缘分着实不浅。从 20 世纪 80 年代起我在中国人民大学读研究生和在前国家计委等单位部门工作时，曾多次到过深圳调查研究。2016 年 2 月兼任国家统计局局长之后，得知深圳作为我国改革开放的"排头兵"，在推动统计方法制度改革创新上颇有建树，我邀请了深圳局的局长杨新洪同志来参加 3 月份的国家统计局常务会议，介绍深圳统计改革创新的情况、经验和想法。

改革创新是统计发展的不竭动力。我国经济发展进入新常态，正处于速度变化、结构优化、动能转换的关键时期，以新产业、新业态、新商业模式为代表的新动能新经济加速发展，大众创业、万众创新蓬勃兴起，经济新常态对统计改革创新提出了新课题。深圳统计敏锐把握经济脉动，较早开展"三新"统计改革，探索出"试点、试行"的"两试"统计改革创新方法。听取新洪同志介绍之后，我和国家统计局的同志们都认为深圳统计"三新·两试"的做法不错，值得在全国范围内复制和推广。于是，在 4 月份，我们就给深圳发出了全国首个"三新"和新经济统计改革试点批文，希望深圳在加强名录库更新维护、"双创"调查、完善指标体系等方面开展试点。

深圳统计行动迅捷有效，很快便出台了相应制度并试行试算，为国家层面提供了有益的经验。于是，在 7 月底，我们又再次邀请新洪同志参加国家统计局 2016 年统计工作务虚会，专题汇报深圳统计改革创新成果。8 月 18 日，马兴瑞（时任深圳市委书记，现任广东省省长）和许勤（时任深圳市市长，后任市委书记，现任河北省省长）同志率队来京，我们就深圳经济社会发展和统计改革创新进行了深入的交流，并初步敲定了试点事项。9 月 8 日，我应邀回访。在与马兴瑞同志等深圳党政主要领导会面并实地调研新业态、新商业模式企业以及详细听取深圳市统计局工作汇报后，对于深圳经济社会变化和统计改革创新情况有了更为直观的认知。

两次会面都非常愉快。就深圳统计改革创新，我们提出"试点不封口、不断有任务"的做法。回京后，我们先后给深圳统计下达了"未观测金融"内部统计调查、500万元以下固定资产统计调查等紧急任务。深圳统计决心大、动作快，短时间内见成果，其统计方法给了我们较大的启示，也成为中央了解地方相关领域情况的其中一扇窗口。期间，我们还邀请新洪同志在不同场合推介深圳做法和经验。11月，发出将房屋租赁、R&D、SPI、"三新"统计、"五大发展理念"评价、基本单位方法制度、500万元以下固投、"未观测金融"、资产负债表编制等9项统计方法制改革创新试点涵盖在内的一揽子批文，提出试点成果应"可复制、可推广"的更高要求。

2016年年底到2017年年初，深圳局又接连向国家统计局报送了多项试点任务的初步研究成果，期间又多次与国家统计局业务司探讨，国家统计局青联也组织青年业务骨干赴深交流，在方法制度改革方向上达成了共识，在"思想成果"上实现了融合提升。

回首深圳统计改革创新这两年，在贯彻落实中央深改组要求、深化统计管理体制改革、提高统计数据真实性等方面取得了明显的成绩，体现了脚踏实地、志在不舍的干事创业精神，其先行先试成果，为国家统计方法制度改革创新提供了鲜活可用的经验，统计系统各单位应认真研究、积极吸收、推广应用。

不积跬步无以成江河。只要我们有毅力、有韧性，再大的难题都能攻克，深化统计管理体制改革、提高统计数据真实性的历史性任务必将心想事成。

2017年4月22日

脚踏实地求与索　砥砺奋进启新篇
深圳"9＋n"项国家级统计改革创新试点任务记事

罙充十

一

近年来，国家统计局厚爱深圳。2011年赋予房屋租赁业调查制度试点任务、2014年赋予研发支出纳入GDP核算试点任务并延续执行至今，2015年赋予服务业生产指数编算试点任务。

2016年开春以来，国家统计局宁吉喆局长对深圳统计改革创新高度关注，多次作出重要批示，"点名"深圳参与国家级会议汇报成果、介绍经验。4月，国家统计局再次赋予深圳"三新"及新经济统计改革试点任务。8月18日，宁吉喆局长等国家局主要领导同志在京会见深圳党政主要领导同志一行。9月8日，宁吉喆局长一行莅深调研经济形势和统计调查工作。两次会谈中，宁吉喆局长要求深圳统计在巩固完善拓展现有统计改革创新成果基础上，可在方法制度和统计调查类别等方面持续深入开展改革创新，除赋予原有试点任务新内容外，还赋予另外5项（"五大发展理念"统计评价指标体系、基本单位方法制度改革创新、500万元以下固定资产投资抽样调查、"未观测金融"专项调查、地方资产负债表编制）改革创新试点任务，特准深圳改革创新试点不封口，改革创新在路上。2016年11月29日，国家统计局下发《关于同意深圳开展统计改革创新试点的批复》（国统设管函〔2016〕164号），对深圳9项国家级统计改革创新试点任务提出要求，期待深圳取得可推广、可复制的改革创新成果。至此，"深9＋n项"框架定型、目标定性、任务定位。

二

深圳统计改革创新缘起于深圳实践及城市特质。在实践中，我们发现存在"几个深圳现象"："**先**"**现象**。较全国先出新个类，如优必选（春晚机器人），涉及机器人、教育、智能三门类，处于爆发式增长当中。"**特**"**现象**。较全国更多出现的供应链企业，连着上中下游、贯穿组织"一、二、三"产业链，是"四不像"企业，如朗华、一达通、怡亚通、顺丰。"**外**"**现象**。公海上多视觉立体式产业，如哈基斯石油、光汇企业（离岸金融）归属"工、商、服"统计问题，又如"一带一路"上的华为、中兴通讯、比亚迪等大企业，还如法人在港澳台的"三来一补"企业。"**新**"**现象**。创新引领，制高点——华为石墨稀、大疆无人机、光启院超导材料、华大基因、梦网科技，大众创业——深港青年创业梦工场，众筹——孵化器、前海微众银行，现代服务业——腾讯科技与计算机。深圳统计在实践中唯有脚踏实地、求变求新，方可取得统计改革创新成果，才能朝着科学、准确、实事求是反映深圳新经济变化方向前行。此为深圳统计改革创新缘起之一。

深圳是我国改革开放的前沿阵地，是社会主义市场经济的发展重地，是小平同志选中建设的经济特区，是十八大胜利召开之后习近平总书记视察的第一站，是国家创新型城市试点，也是第一个以城市为主体的国家自主创新示范区。2016年全国大众创业、万众创新活动周在深圳主会场成功举办，李克强总理也莅深出席活动。

经过30多年开放包容、兼收并蓄的急速发展，创新已然成为深圳最为重要的城市特质，深圳的发展离不开创新驱动。2015年，深圳市第六次党代会提出建设"创新型现代化国际性城市"，对城市定位、发展驱动以及生态营造等多个方面内容进行了明确界定。"深圳人的十大特征"——敬业专业、公民责任、冒险敢闯、快速高效、创新创意、拼搏实干、公益关怀、开放包容、自我激励、忧患意识，与城市特质紧密相依，有力地推动了深圳各项事业发展。

深圳统计系统干部职工亦如是，我们引西点军校22条军规为我所用，无条件执行、不找借口、专注细节、立即行动；充分发扬"马上就办、办就办好"精神，树立指令性、自主性、复杂性、广泛性、权威性之"五性"新工作状态，以良好的统计文化氛围助推事业发展。此为深圳统计改革创新缘起之二。

三

"深9+n项"任务,绝大部分聚焦统计方法制度改革,但各个不同,既有深化运用,也有长期攻坚,还有破冰点题。深圳统计迅速反应,并联各类资源,针对不同任务波浪形渐次推进,取得了一定的工作成效。

"五大发展理念"统计评价指标体系。深圳局经过半年多时间的不断努力、深入研究、征求意见、反复修订完善,目前,已从全面性、代表性、适用性原则出发,设立了涵盖创新驱动、结构协调、绿色低碳、开放发展、包容共享5方面内容37个代表性指标,完成体系设计与制定整体工作。现已提交市政府常务会议审议并进行修订完善并报市政府。研究成果也已专题呈报国家局。在2016年8月18日会谈中,宁吉喆同志对于此项工作给予高度肯定:"深圳在指数编制方面走在前列,国家统计局会将深圳作为试点,搞得好了要在全国推广。"2017年1月5日,宁吉喆同志作出批示:"深圳市率先建立新发展理念统计评价指标体系并做了试算,一目了然,所探索创造的经验值得借鉴。这篇报告压缩整理上一期专报。"

研发支出核算方法改革研究。2016年7月5日,国家统计局正式发布了《国家统计局关于改革研发支出核算方法修订国内生产总值核算数据的公告》,在国家层面正式实施R&D支出核算方法改革,地区层面暂不实施。按照国家统计局宁吉喆局长的指示,在国家层面正式实施R&D支出核算方法改革后,深圳市在前期开展R&D支出纳入GDP核算方法研究的基础上,继续按国家局R&D支出核算方法并结合地区实际情况进行研究,为下一步国家统计局制定地区版的R&D支出核算方法提供有益的探索和有价值的参考。深圳市统计局根据国家局核算司提供的资料,严格按照国家统计局的测算思路和方法对深圳市的数据进行了研究、试算,并于10月向国家统计局汇报阶段性进展情况和研究成果。2017年1月4日,宁吉喆同志作出批示:"深圳试点试算提出的两点建议值得重视。"

新动能新经济统计方法改革创新。深圳局按照《国家统计局办公室关于同意开展"三新"统计改革试点的函》(国统办设管函〔2016〕137号)的要求开展研究。《深圳市"三新"统计报表制度》试行情况良好,大部分指标已在2016年全市季度、半年度、全年经济形势分析会上予以体现,得到市委、市政府主要领导同志高度评价。2017年1月5日,宁吉喆同志作出批示:"深圳开展'三新'统计改革试点不断深入,取得新成果。改革的探索和发现的情况看后很开眼界,对指导面上'三新'统计改革推进很有意义，所反映的一些情况我们要深入研究。此报告主要内容上一期要情专报。"

房屋租赁业统计调查。深圳局采用市场租金法着手试算深圳市2012—2015年的年度居民自有住房服务价值；修订并逐步完善2016年度深圳市房屋租赁业统计调查方案；下一步，还将结合如何有利于房地产长期健康发展加强研究，把统计工作与经济实践、调控内容结合起来。2017年4月18日，宁吉喆同志作出批示："这篇报告很耐读，深圳这方面试点研究调查相当深入。统计方法制度改革要提倡这种精神。"

基本单位方法制度改革试点。2016年年初深圳局已在基本单位方法制度改革试点方面着手探索研究，并形成初步研究成果。8月18日后，按照北京会谈精神要求，在原有研究成果基础上，以国家"五证合一、一照一码"改革创新工作为依托，结合部门行政登记资料数据库和深圳统计实际，完成试点工作方案。10月底，艾学峰副市长与市统计局杨新洪局长赴京专题汇报。目前正按会谈精神继续深入推进，测算相关数据并进一步完善试点工作方案。2017年1月16日，深圳市委书记许勤同志作出批示："此项工作抓得很有意义，请学峰同志抓紧落实。各区各部门都必须要动起来。"2017年4月18日，宁吉喆同志作出批示："对深圳市统计局推进基本单位方法制度改革试点中遇到的问题要予以重视，所恳求事项及时研复。"

500万元以下固定资产投资项目抽样调查。按照国家统计局对500万元以下固定资产投资项目抽样调查的专业和时间节点要求，深圳局于2016年8月底前完成调查方案、调查表、过录表设计和样本单位抽选，组织各区开展调查数据采集及目标量、方差估计，获取各区抽样样本数据后于9月中旬提前完成调查报告并上报国家局。此项工作获宁吉喆同志高度肯定："深圳市开展500万元以下固定产投资项目抽样调查试点决心大、动作快、成果已见，向市统计局同志们和杨局长致敬！几点建议对整个投资统计工作有意义，抽样调查在投资统计中的运用有启示，局里相关改革工作要抓紧推进。"

地方资产负债表编制试点。经汇报对接，国家统计局核算司已明确对深圳地方资产负债表编制改革试点工作提出具体要求。目前正按照有关要求，进行专业研讨，将结合深圳实际加快切入探索，取得改革试点成效，为国家提供有益方法和主要数据成果。现已启动国有企业股权、中小企业股份转让系统（新三板）和区域性股权交易市场（四板）股权核算方法研究相关工作，形成新三板股权资产负债核算方法研究成果报国家统计局。2017年1月25日，宁吉喆同志批示："**请认真审阅，研复建议。**"

服务业生产指数编算试点。初步探索出一套既与国家方法一致，又与深圳实际相结合的服务业生产指数编制方法，对2014年至今的服务业生产指数进行了初步测算，2016年11月已上报试点研究报告，获宁吉喆同志批示："**深圳在试编SPI中解决和遇到的问题值得我们重视。希加强上下联系，把局里相关工作和市里改革试点推向深入。**"

"未观测金融"测试探索。2016年7月全国统计工作务虚会后，深圳局立即按照国家局指示要求迅速破题"来观测金融"测试探索。短期内发起4次统计专业（咨询）委员会会议，就本次调查流程进行推演，研究确定数据获取渠道、测算推算方法以及主要指标数据。按照"专业、实效、快速、简约和可操作"原则，完成调查工作方案和调查表表式起草工作后已于9月底获国家局试点批文，目前已形成工作成果并报国家统计局。此项工作获宁吉喆同志充分认可："**深圳统计局这项工作抓得紧，有初效，希按进度实施。**"

有使命，就需有担当。既要有快速反应能力，还需秉持精雕细琢的"工匠"精神方可取得成果。如500万元以下固定资产投资项目调查，国家统计局2016年8月布置"考题"，9月深圳统计就交出"答卷"，得到宁吉喆局长"动作快、成果已见，向市统计局同志们和杨局长致敬"的批示肯定。"高效、优质"成果的背后，是深圳统计在机制创新上探索发力成效的显现。

在取得9项改革突破基础上，国家局对深圳改革试点"不封顶"。先后又实行地方资产负债的股权、债券债权、建筑业按产业活动单位统计、绿色低碳经济统计、"外单内共"统计数据共享应用系统、规范引领统计中介（民间）服务、GDP统一核实等8项改革，形成"9＋n"深圳统计改革新格局。

宁吉喆同志对"9＋n"深圳改革创新统计，都做了一一批示，要求认真阅研，高度重视，研究吸收，不断推动顶层与底层改革互动全面进行。

四

统计基础建设破难题。2016年2月，深圳市统计局以深圳市政府办公厅名义向各区印发《关于进一步加强统计基层基础建设工作的通知》。文件下发后，引起各区高度重视。目前，行政区中没有设立街道统计机构的两个区，南山区已完成街道统计机构设置工作，盐田区相关工作也正在促进推进中，全市基本完成街道一级统计机构配置。

统计专业水平大提升。2016年3月，深圳市统计局成立统计专业（咨询）委员会，在扁平化管理、内部资源整合共享方面展开积极探索。委员会实行主任负责制，下设委员和专员队伍，建立日常综合与委员牵头双重业务机制。设不固定执行主任，任何一委员依业务需要动议和发起综合或单一统计业务时，即为该项任务执行主任。依托若干各类专员启动专业工作，执行主任开展工作时，可跨专业跨部门即时调动专员参与。委员会设立以来，全力配合全局中心任务要求开展工作，业务范围覆盖全市综合或单一统计业务，同时积极与上级统计部门对接，迄今已召开101次专业委员会会议，大大缩短了办事流程，提高了办事效率。

统计改革创新方法出实招。在国家局的重视和大力支持下，深圳市统计局积极探索"试点、试行"并联的"两试"统计改革创新方法。获国家局批准开展的试点项目，相应建立试行方案，为国家统计方法制度改革做了有益探索，积累了较为可行的先行经验。

统计数据质量聚合力。与各区、各部门主要负责人就统准统全统计数据、扎实做好数据上报工作进行沟通交流。与有关部门敲定建立了并联合作统计机制，在处室对接、名录库对比、统计数据共享、企业成果体现、统计培训等方面取得新突破。

"上予支持，下固根基；内增效能，外引助力"，此为深圳统计改革创新方法机制实打实的做法。在深圳这片充满改革创新因子的沃土上，在深圳人冒险敢闯、快速高效、创新创意、拼搏实干的基因中，深圳统计系统引西点军校22条军规为我所用，无条件执行、不找借口、专注细节、立即行动，取得了一定的成果。

而国家统计局对深圳实践、深圳经验的推介也给深圳统计改革创新提供了跃升的平台。受命参加国家统计局常务会、全国统计工作务虚会、联合国世界数据论坛、全国建设领域统计改革创新会和全国2017年方法制度布置会后，已有几十个省市统计部门莅深交流、互通有无。兄弟部门输入的宝贵经验，已经成为深圳统计改革创新之补益，在探索中我们少走了很多弯路。在此一并感谢。

下一步，深圳统计将以"深9+n项"为改革创新主体内容，持续纵深推进，以为国家提供鲜活可用经验为使命，以"科学度量"为己任，更为科学、准确、实事求是地发挥地方统计部门在度量经济社会发展成果方面的作用。

总 目 录

上卷目录

"九 + n"（导言） ……………………………………………………………… （1）
一　"五大发展理念"统计评价指标体系 ……………………………………… （3）
二　R&D 支出纳入 GDP 核算方法研究 ……………………………………… （20）
三　新动能新经济统计方法改革创新 ………………………………………… （238）

中卷目录

四　房屋租赁业调查核算方法 ………………………………………………… （299）
五　基本单位方法制度改革 …………………………………………………… （387）
六　500 万元以下固定资产投资抽样调查方法应用 ………………………… （407）
七　新三板股权资产负债核算方法研究 ……………………………………… （465）
八　债券债权资产负债核算方法研究 ………………………………………… （474）
九　服务业生产指数测算 ……………………………………………………… （532）
十　未观测金融测算探索 ……………………………………………………… （564）
十一　深圳市社会性别统计报告 ……………………………………………… （584）

下卷目录

十二　规范引领发展统计中介（民间）服务 ………………………………… （691）
十三　"外单内共"统计数据共享应用系统建设 ……………………………… （708）

十四	绿色低碳经济统计创新	(747)
十五	深圳市GDP"统一核算,下算一级"情况报告	(814)
十六	深圳市统计事业发展"十三五"规划纲要	(830)
十七	"求人先求己、求上先求下"的深圳统计增能力强基础创新机制与做法	(876)
十八	防治假数,构筑以"三个没有纯粹"为主题主线的数据质量生命安全底线	(883)
十九	深圳市规模以下企业研发统计抽样调查试点情况报告	(890)
二十	2017年深圳"三新"统计数据与相关情况	(988)

附录一　国家统计局关于同意深圳开展统计改革创新试点的批复 ………… (997)

附录二　国家统计局宁吉喆局长关于深圳统计改革创新试点的批示 ……… (999)

附录三　榜样的力量 ……………………………………………………………… (1000)

参考文献 …………………………………………………………………………… (1005)

跨入2017"金鸡报福":怎么大风越狠,你心会越静 …………………………… (1011)

走近分享中国统计改革落地深圳,与有荣焉(代后记) ………………………… (1015)

上卷目录

"九+n"(导言) ·· (1)

一 "五大发展理念"统计评价指标体系 ····························· (3)
(一)建立《指标体系》的意义和指标选取原则 ····················· (3)
(二)《指标体系》的主要内容 ·· (4)
(三)《指标体系》的指标诠释 ·· (6)
(四)试算结果及对奇异值统计方法的应用 ·························· (11)
(五)起草过程和说明 ·· (13)
附录1-1 肯定评价 ·· (17)

二 R&D 支出纳入 GDP 核算方法研究 ································ (20)
(一)绪论 ··· (20)
(二)R&D 资本化核算的基本范畴与理论基础 ····················· (27)
(三)R&D 资本化核算的基本方法 ···································· (57)
(四)R&D 资本化核算中关键参数确定 ······························ (75)
(五)深圳市 R&D 支出纳入 GDP 的测算方法 ····················· (85)
(六)深圳及全国 R&D 资本化对 GDP 影响程度测算 ············· (139)
(七)国家现行 R&D 支出纳入 GDP 核算方法 ····················· (161)
(八)按国家现行 R&D 支出纳入 GDP 核算法深圳测算实践 ···· (170)
(九)试点研究的结论和启示 ·· (184)
附录2-1 相关数据 ·· (185)

附录2-2 评审意见、相关批复及肯定评价 …………………………… (227)

三 新动能新经济统计方法改革创新 …………………………………… (238)
(一)新动能新经济定义及特征 ………………………………………… (238)
(二)新动能新经济给政府统计带来的挑战 …………………………… (239)
(三)深圳先行先试开展新动能新经济统计改革 ……………………… (242)
(四)以获国家批准试点为契机,全面推进新动能新经济统计工作 …… (245)
(五)现行统计方法制度下,深圳市新动能新经济GDP测算情况 …… (247)
(六)新动能新经济统计业务创新机制与做法 ………………………… (249)
(七)新动能新经济统计面临的问题及启示 …………………………… (250)
附录3-1 深圳市"三新"统计报表制度(试行) …………………… (253)
附录3-2 相关批复和肯定评价 ………………………………………… (295)

"九+n"（导言）

中国的深圳，因新动能新经济引发的统计改革创新，在其进行"三新·两试"（新产业、新业态、新商业模式，试行、试点）阶段，就得到由国家发改委副主任兼任国家统计局局长不久的宁吉喆同志敏锐发现并钦点，于2016年春季获得全国首个批准开展"三新"经济统计改革试点。

半年之后，国家统计局一揽子发文批准九项中国统计改革落地深圳，并赋予深圳改革上不封顶"尚方宝剑"。此后，深圳统计领头人杨新洪同志紧紧把握这一难得机会，立足深圳经济业态多样性复杂性以及统计条件利弊这一实际，纵横展开独立思考，善于从思维方法顶层，原创性地设计并施行九项统计改革获得成果，并由此一一推开九项之外富有实际意义的改革创新，适时地把它们一块纳入改革揽子中，简称"九+n"项中国统计改革。

"九+n"里的每项改革都充满着挑战性与复杂性，从未有过既定的方向轨迹与可复制做法，需下大决心、鼓足勇气、凝神聚力地进行前所未有的攻克和先行先试。当每一项改革展开时，都面临横亘着的各式各样的难点与热点问题的挑战，需深圳统计这个专业团体中的"领头羊"与引领者去思辨、去把握、去纵深，去原创设计与付之行动。统计改革创新因其专业性强而决定其不是一蹴而就的，对于每个不同改革创新项目，深圳统计都要紧紧依靠"领头羊"的带领，自力更生，致力于提升应对各项改革的统计能力，脚踏实地、一步一个脚印采取精细动作，以针线活儿的"大妈功力"与精湛技术的"工匠精神"完成每一项改革，在推进庞大的"九+n"改革创新工程中打造深统计的自我强大，使深圳统计真正成为中国统计改革落地深圳的探路先锋与"尖兵"。

也正因此，"九+n"项中国统计改革先后逐一落地深圳后，很快陆续获得意想不到的硕果与反响。经过实施各项改革创新，可从深圳这一窗口有针对性地描述反映当下国内经济转型中的各类经济存在形态、总量和结构变化，并从统计口径范围与方式方法上提出解决现实问题的路径与实操可能。

仅 2016 年,有全国近 50 个省、自治区、直辖市和计划单列市、省会城市、沿海沿江城市纷至深圳统计局,既学习借鉴改革创新方法,也传经布道探索各地做法,在国内尤为城市统计间产生较为广泛的传播影响与实践效用。

一 "五大发展理念"统计评价指标体系

为进一步贯彻落实党的十八届五中全会和广东省委十一届五次、六次、七次全会精神,坚持"创新、协调、绿色、开放、共享"发展理念,结合深圳实际,建立《深圳市"五大发展理念"统计评价指标体系》(以下简称《指标体系》)。

(一) 建立《指标体系》的意义和指标选取原则

1. 建立《指标体系》的意义

《指标体系》是衡量和监测深圳贯彻落实"五大发展理念"的评价体系,也是深圳各级党政领导干部工作决策的重要参考,既为科学评价"五大发展理念"落实成效提供参考标准,也为及时了解贯彻"五大发展理念"中的短板和问题提供指标尺度。制定《指标体系》,是深圳深入贯彻落实党的十八大和十八届三中、四中、五中全会,习近平总书记系列重要讲话及对深圳工作重要批示精神的具体体现,有利于促进深圳各级党政领导班子和各职能部门加快形成新的决策导向和政绩观导向,对于推进"五大发展理念"的贯彻落实和努力建成现代化国际化创新型城市具有重要意义。

2. 指标选取原则

(1)全面性。"五大发展理念"内涵丰富,指标选取力求系统全面,又突出前瞻性。

(2)代表性。选取具有高度代表性的指标,以充分反映"五大发展理念"的主要内涵。

(3)适用性。按照指标的准确性、可获得性和可操作性,客观真实地反映深圳"五大发展理念"贯彻落实情况。

（4）深圳特色。《指标体系》既紧扣中央提出的"五大发展理念"，又紧密结合深圳实际和特色。

（二）《指标体系》的主要内容

1. 指标设置

《指标体系》以统计学、经济学主要理论方法为依据，紧紧围绕"五大发展理念"深刻内涵，立足深圳实际，体现深圳特色，凸显创新发展，共设置37个评价指标，从创新、协调、绿色、开放、共享五个部分构建，其中创新部分共设置7个指标，权重为24%；协调部分共设置6个指标，权重为19%；绿色部分共设置9个指标，权重为19%；开放部分共设置9个指标，权重为19%；共享部分共设置6个指标，权重为19%（见表1-1）。

表1-1　　　　深圳市"五大发展理念"统计评价指标体系

类别	序号	指标	权重	标准值	指标类型
创新（24%）	1	R&D经费支出占GDP比重（%）	5	4.05	正向型
	2	万人发明专利拥有量（件）	4	73.73	正向型
	3	PCT国际专利申请量（件）	4	13308	正向型
	4	平均受教育年限（年）	2	11.04	正向型
	5	进入世界500强企业数量（家）	1	4	正向型
	6	国家级高新技术企业数量（家）	3	5524	正向型
	7	新兴产业增加值占GDP比重（%）	5	40.0	正向型
协调（19%）	8	第三产业增加值占GDP比重（%）	4	58.8	正向型
	9	产业结构与就业结构偏离度（%）	2	10.8	逆向型
	10	现代服务业增加值占服务业增加值比重（%）	4	69.4	正向型
	11	高技术制造业增加值占规模以上工业增加值比重（%）	5	66.2	正向型
	12	东部五区固定资产投资额占全市比重（%）	1	36.5	正向型
	13	居民消费支出占GDP比重（%）	3	43.0	正向型

续表

类别	序号	指标	权重	标准值	指标类型
绿色（19%）	14	万元GDP能耗（吨标准煤）	3	0.252	逆向型
	15	万元GDP水耗（立方米）	2	11.37	逆向型
	16	万元GDP二氧化碳排放量（吨）	2	0.90	逆向型
	17	万元GDP污染物排放量（吨）	2	10.38	逆向型
	18	PM2.5年均浓度（微克/立方米）	2	29.8	逆向型
	19	空气质量优良率（%）	2	99.73	正向型
	20	水环境质量综合指数	3	118	正向型
	21	建成区绿化覆盖率（%）	2	45.1	正向型
	22	生活垃圾资源化利用率（%）	1	61.6	正向型
开放（19%）	23	一般贸易出口额占出口总额比重（%）	3	39.9	正向型
	24	服务贸易进出口额占对外贸易总额比重（%）	3	20.7	正向型
	25	对外经济辐射供应链企业发展速度（%）	3	121.4	正向型
	26	境外游客占旅游游客比重（%）	3	22.7	正向型
	27	外商直接投资发展速度（%）	2	130.0	正向型
	28	对外直接投资发展速度（%）	2	128.9	正向型
	29	国际航线数（条）	1	21	正向型
	30	在深常住外国人（万人）	1	2.79	正向型
	31	在深国际组织（个）	1	2	正向型
共享（19%）	32	居民人均可支配收入（万元）	4	4.46	正向型
	33	新增供应人才住房和保障性住房（套）	3	21417	正向型
	34	城镇登记失业率（%）	3	2.34	逆向型
	35	公共交通占机动化出行分担率（%）	3	56.1	正向型
	36	千人病床数（张）	3	3.40	正向型
	37	亿元GDP生产安全事故死亡人数（人）	3	0.032	逆向型

2. 指标标准值的确定

落实"五大发展理念"是一个长期的过程，也是实施深圳"十三五"规划的基本要求。为更好地反映和监测"十三五"规划完成情况，选取2015年（"十三五"规划基期年）指标的实际完成值作为标准值。个别在五年间由于口径变化或者受非经济因素影响而波动较大的指标，对其进行平滑处理，如对"外商直接投资和对外直接投资发展速度"进行发展指数化处理。

3. 综合评价方法

综合评价以总指数和分项指数形式体现"五大发展理念"的总体变化和各部

分变化，据此分析深圳市贯彻落实"五大发展理念"的年度总体情况和分项情况。

定基总指数是以各项指标当年数值除以基期数值（逆向型指标的当年数值和上年数值均采用倒数形式）再乘以权重加总后得到。

年度变化评价总指数是以当年定基总指数除以上年定基指数乘以 100% 得到。计算公式如下：

$$DI = DI_1 \sum_{K=1}^{37} \left[(A/B)Q + \left(\frac{1/A}{1/B}\right)Q \right] / DI_0 \sum_{K=1}^{37} \left[(A/B)Q + \left(\frac{1/A}{1/B}\right)Q \right] \quad (1-1)$$

式（1-1）中：

DI 代表总指数，反映落实"五大发展理念"的总体变化；

DI_1 代表由 37 项指标构成的报告期总指数；

DI_0 代表由 37 项指标构成的基期总指数；

A 代表每项指标报告期实际值，B 代表基期标准值，Q 代表指标的权重；

$1/A$、$1/B$ 代表逆向性指标。指标体系的逆向指标有产业结构与就业结构偏离度、万元 GDP 能耗、万元 GDP 水耗、万元 GDP 二氧化碳排放量、万元 GDP 污染物排放量、PM 2.5 年均浓度、城镇登记失业率、亿元 GDP 生产安全事故死亡人数等。

（三）《指标体系》的指标诠释

1. 创新指标

（1）R&D 经费支出占 GDP 比重：是指一定时期科学研究与试验发展（简称 R&D）经费支出占同期 GDP 比重。研究与试验发展是指在科学技术领域，为增加知识总量以及运用这些知识去创造新的应用所进行的系统的创造性活动。它包括基础研究、应用研究和试验发展三类活动。其计算公式为：

$$\text{R\&D 经费支出占 GDP 比重} = \text{R\&D 经费支出}/\text{GDP} \times 100\% \quad (1-2)$$

（2）万人发明专利拥有量：是指每万人拥有经国内知识产权部门授权且在有效期限内的发明专利件数。它是衡量一个国家或地区科研产出质量和市场应用水平的综合指标，单位：件。其计算公式为：

万人发明专利拥有量 = 年末有效发明专利拥有量/年末常住人口（万人）

（3）PCT 国际专利申请量：是指通过《专利合作条约》（PCT）途径提交的国际专利申请数量，单位：件。它可以反映一个国家或地区的创新能力和水平。

（4）平均受教育年限：是指一定时期某地区 15 岁及以上人口人均接受学历教

育（包括成人学历教育，不包括各种非学历培训）的年数，单位：年。其计算公式为：

$$平均受教育年限 = \sum P_i E_i / P \qquad (1-3)$$

式（1-3）中，P 为本地区 15 岁及以上人口，P_i 为具有 i 种文化程度的人口数，E_i 为具有 i 种文化程度的人口受教育年数系数，i 根据我国的学制确定。

（5）进入世界 500 强企业数量：是指深圳市进入美国《财富》杂志每年公布的世界 500 强排行榜的本土企业数量，单位：家。

（6）国家级高新技术企业数量：是指深圳辖区内的国家级高新技术企业（工业和服务业）数量。国家级高新技术企业又称国家高新技术企业，是根据《高新技术企业认定管理办法》的规定，在国家重点支持的高新技术领域内，持续进行研究开发与技术成果转化，形成企业核心自主知识产权，并以此为基础开展经营活动，在中国境内（不包括港、澳、台地区）注册一年以上的居民企业。

（7）新兴产业增加值占 GDP 比重：是指在 GDP 中，新兴产业增加值所占比重。其计算公式为：

$$新兴产业增加值占 GDP 比重 = 新兴产业增加值 / GDP \times 100\% \qquad (1-4)$$

2. 协调指标

（1）第三产业增加值占 GDP 比重：是指在 GDP 中，第三产业增加值所占比重。其计算公式为：

$$第三产业增加值占 GDP 比重 = 第三产业增加值 / GDP \times 100\% \qquad (1-5)$$

（2）产业结构与就业结构偏离度：是指三次产业的 GDP 结构与从业人员结构差距百分点的总和。其计算公式为：

$$产业结构与就业结构偏离度 = \sum |三次产业 GDP 比重 - 三次产业从业人员比重| \qquad (1-6)$$

（3）现代服务业增加值占服务业增加值比重：是指服务业增加值中现代服务业的占比。现代服务业按照广东省统一的统计标准进行汇总。其计算公式为：

$$现代服务业增加值占服务业增加值比重 = 现代服务业增加值 / 服务业增加值 \times 100\% \qquad (1-7)$$

（4）高技术制造业增加值占规模以上工业增加值比重：是指规模以上工业增加值中高技术制造业增加值的占比。高技术制造业按照广东省统一的统计标准进行汇总。其计算公式为：

高技术制造业增加值占规模以上工业增加值比重 = 高技术制造业增加值/规模以上工业增加值×100% (1-8)

(5) 东部五区固定资产投资额占全市比重：是指深圳罗湖区、盐田区、龙岗区、坪山新区和大鹏新区的固定资产投资额之和占全市固定资产投资总额的比重。其计算公式为：

东部五区固定资产投资额占全市比重 =（罗湖区固定资产投资额 + 盐田区固定资产投资额 + 龙岗区固定资产投资额 + 坪山新区固定资产投资额 + 大鹏新区固定资产投资额）/全市固定资产投资总额×100% (1-9)

(6) 居民消费支出占 GDP 比重：也即消费率，是指按支出法核算的 GDP 中，居民消费支出所占的比重。其计算公式为：

居民消费支出占 GDP 比重 = 居民消费支出/GDP×100% (1-10)

3. 绿色指标

(1) 万元 GDP 能耗：是指在一定时期内每生产万元生产总值（GDP）所消耗的能源数量，单位：吨标准煤/万元。其计算公式为：

万元 GDP 能耗 = 能源消耗数量/GDP (1-11)

(2) 万元 GDP 水耗：是指在一定时期内每生产万元生产总值（GDP）所消耗的水资源量，单位：吨/万元。其计算公式为：

万元 GDP 水耗 = 水资源消耗数量/GDP (1-12)

(3) 万元 GDP 二氧化碳排放量：是指在一定时期内每生产万元生产总值（GDP）所排放的温室气体的二氧化碳当量，单位：吨/万元。其计算公式为：

万元 GDP 二氧化碳排放量 = 二氧化碳排放当量/GDP (1-13)

(4) 万元 GDP 污染物排放量：是指在一定时期内每生产万元生产总值（GDP）所排放的二氧化硫、氮氧化物、化学需氧量和氨氮四类主要污染物总量，单位：吨/万元。其计算公式为：

万元 GDP 污染物排放量 = 二氧化硫、氮氧化物、化学需氧量和氨氮四类主要污染物排放总量/GDP (1-14)

(5) PM 2.5 年均浓度：是指直径小于或等于 2.5μm 的尘埃或飘尘在环境空气中的年平均浓度，单位：微克/立方米。

(6) 空气质量优良率：是指达到《环境空气质量标准》（GB 3095-2012）二级以上标准的天数占全年有效天数的比例。其计算公式为：

空气质量优良率 = 本年度达到《环境空气质量标准》(GB 3095 – 2012) 二级以上标准的天数相加之和/全年有效天数 × 100%　　　　　　　　(1 – 15)

(7) 水环境质量综合指数：由于深圳市不同区域间的环境功能区划要求、水环境质量状况、水环境治理工作成效等方面均存在差异，为科学评价水环境质量，全面反映深圳市的水环境质量状况和治理工作成效，选取水环境质量状况指数、水环境治理措施指数两个参数综合计算得出水环境质量综合指数。其计算公式：

水环境质量综合指数 = 水环境质量状况指数 + 水环境治理成效指数

(1 – 16)

其中，水环境质量状况指数反映水环境达标状况，权重占50%，包含水环境达标状况与水环境质量改善2个参数；水环境治理成效指数反映水环境治理工作的成效，权重占50%，包含污水处理规模指数、管网增加指数2个参数。

(8) 建成区绿化覆盖率：是指城市建成区内绿化植物的垂直投影面积占城市总用地面积的比值。其计算公式为：

建成区绿化覆盖率 = 城市建成区内绿化植物垂直投影面积/城市建成区面积 × 100%　　　　　　　　(1 – 17)

(9) 生活垃圾资源化利用率：是指通过再生资源回收、焚烧、生物处理等方式资源化利用的生活垃圾量占全市生活垃圾产生总量的比例。其计算公式为：

生活垃圾资源化利用率 = 年度生活垃圾再生资源回收、焚烧、生物处理等方式利用生活垃圾量/年度生活垃圾产生量 × 100%　　　　　　　　(1 – 18)

4. 开放指标

(1) 一般贸易出口额占出口总额比重：是指在一个地区出口总额中，一般贸易出口额所占比重的大小。其计算公式为：

一般贸易出口额占总出口额比重 = 一般贸易出口额/出口总额 × 100%

(1 – 19)

(2) 服务贸易进出口额占对外贸易总额比重：是指在对外贸易总额（包含服务贸易和货物贸易）中服务贸易进出口总值的占比。其计算公式为：

服务贸易进出口额占对外贸易总额比重 = 服务贸易进出口额/对外贸易总额 × 100%　　　　　　　　(1 – 20)

(3) 对外经济辐射供应链企业发展速度：是指体现经济对外影响和辐射的深圳商业供应链企业销售额和服务业供应链企业营业收入的发展速度。

（4）海外游客占旅游游客比重：是指旅游游客中海外游客的占比。其计算公式为：

$$\text{海外游客占旅游游客比重} = \text{海外游客}/\text{旅游游客} \times 100\% \tag{1-21}$$

（5）外商直接投资发展速度：是指以上年为100，外商直接投资增长率的指数化。由于注册资本认缴制改革，目前外商投资企业的到资率普遍下降，但新设项目数、合同外资仍在增长，如仅以实际使用外资增长率作为评价指标，不能真实反映外商投资情况，因此取新设项目数、合同外资、实际使用外资平均增长率的加权合计数，其中新设项目数平均增长率占25%权重，合同外资平均增长率占10%权重，实际使用外资增长率占65%权重。其计算公式为：

$$\text{外商直接投资发展速度} = 1 + (\text{新设项目数增长率} \times 25\% + \text{合同外资增长率} \times 10\% + \text{实际使用外资增长率} \times 65\%) \tag{1-22}$$

（6）对外直接投资发展速度：是指以上年为100，对外直接投资增长率的指数化。

（7）国际航线数：是指深圳与国外的航空运输线，包括客运航线和货运航线，单位：条。

（8）在深常住外国人：是指持半年以上有效签证或居留许可的在深圳的外国人，单位：万人。

（9）在深国际组织：是指在深圳设立的国际组织总部及分支机构数量，单位：个。

5. 共享指标

（1）居民人均可支配收入：是指调查户可用于最终消费支出和其他非义务性支出以及储蓄的总和，即居民家庭可以用来自由支配的收入。它是家庭总收入扣除缴纳的个人所得税、个人缴纳的社会保障支出以及调查户的记账补贴后的收入，单位：万元。其计算公式为：

$$\text{居民人均可支配收入} = \text{家庭总收入} - \text{缴纳的个人所得税} - \text{个人缴纳的社会保障支出} - \text{记账补贴} \tag{1-23}$$

（2）新增供应人才住房和保障性住房：是指本年新增供应的人才住房和保障性住房数量，单位：套。

（3）城镇登记失业率：是指报告期内在劳动保障部门登记的失业人数占期末从业人员与期末实有登记失业人数之和的比。其计算公式为：

城镇登记失业率＝城镇登记失业人口/（城镇登记失业人口＋城镇就业人口）×100%　　　　　　　　　　　　　　　　　　　　　　　　　　（1－24）

（4）公共交通占机动化出行分担率：是指城市居民出行方式中选择公共交通（包括公共汽电车、城市轨道交通、出租车）的出行量占机动化出行总量的比率。这个指标是衡量公共交通发展、城市交通结构合理性的指标。其计算公式：

公共交通占机动化出行分担率＝公共交通出行量/机动化出行总量×100%

（1－25）

（5）千人病床数：是指每千人的卫生机构病床数，单位：张。其计算公式为：

千人病床数＝卫生机构病床数/年末常住人口（千人）　　（1－26）

（6）亿元GDP生产安全事故死亡人数：是指报告期内生产安全事故死亡人数与GDP之比，单位：人。其计算公式为：

亿元GDP生产安全事故死亡人数＝生产安全事故死亡人数/GDP（亿元）

（1－27）

（四）试算结果及对奇异值统计方法的应用

利用2011—2015年的统计数据，按照深圳市"五大发展理念"统计评价指标体系，分别试算年度变化发展指数和定基发展指数。个别数据缺失指标，暂用相邻年份数据代替，2011年PM2.5年均浓度暂用2012年数据代替等。

1. 年度变化统计评价

根据定基发展总指数和分项指数，可计算得出2012—2015年深圳市"五大发展理念"年度变化总指数及分项指数（见表1－2）。

表1－2　深圳市2012—2015年落实"五大发展理念"年度变化统计评价

类别	2012年	2013年	2014年	2015年
总指数	104.9	106.2	108.0	110.1
创新指数	110.6	112.0	112.2	113.2
协调指数	99.5	101.3	102.4	103.5
绿色指数	105.9	106.4	109.1	110.1
开放指数	101.8	102.8	107.1	114.0
共享指数	106.0	106.8	107.8	107.8

试算结果显示，2012—2015 年深圳市"五大发展理念"总指数年度分别增长 4.9%、6.2%、8.0%、10.1%，说明"五大发展理念"总指数年度增长加快趋势。

2. 定基发展指数

考虑到党的十八大是在 2012 年召开，因此，以 2012 年为基期，以 2012 年的实际值作为标准值进行试算。深圳市 2011—2015 年"五大发展理念"定基指数测算结果如表 1-3 所示。

表 1-3　　深圳市 2011—2015 年落实"五大发展理念"定基发展指数

类别	2011 年	2012 年	2013 年	2014 年	2015 年	2015 年比 2012 年提升点（+、-）
总指数	95.3	100.0	106.2	114.7	126.3	26.3
创新指数	90.4	100.0	112.0	125.7	142.3	42.3
协调指数	100.5	100.0	101.3	103.7	107.4	7.4
绿色指数	94.4	100.0	106.4	116.2	127.8	27.8
开放指数	98.2	100.0	102.8	110.1	125.5	25.5
共享指数	94.3	100.0	106.8	115.1	124.2	24.2

试算结果表明，深圳市"五大发展理念"统计评价指标体系总指数逐年提升，2015 年比 2012 年提升 26.3 个点，这是因为除协调指数提升幅度较低外，其他各分项指数均有较大幅度提升。其中，创新指数提升最快，2015 年比 2012 年提升 42.3 个点，这与创新作为深圳的灵魂、深圳一直把创新作为驱动发展主导战略紧密相关。绿色指数提升较快，2015 年比 2012 年提升 27.8 个点，这是近年来深圳落实建设美丽中国的战略部署，实施大气环境、水环境、绿化美化三大提升行动所取得的成果的具体体现。开放指数提升较快，2015 年比 2012 年提升 25.5 个点，这与近几年深圳贸易结构不断优化有关，特别是在近年来深圳来料加工和进料加工贸易增速和比重不断下降的情况下，一般贸易和服务贸易增速和比重不断提升，对外直接投资迅猛增长。共享指数提升较快，2015 年比 2012 年提升 24.2 个点，这是因为近几年来深圳把为民惠民作为工作的出发点和落脚点，不断增加公共产品和

服务供给，努力率先全面建成小康社会，使广大市民更多地分享到经济发展成果。协调指数提升较慢，2015年比2012年提升7.4个点，这主要是受产业结构与就业结构偏离度有所扩大、东部五区固定资产投资额占全市比重不断下降、现代服务业增加值占服务业增加值比重和居民消费支出占GDP比重提升缓慢影响，随着东进战略的推进、现代服务业的迅速发展、扩大内需政策的持续实施，此项指标未来有望逐步提升。

3. 关于试算中对奇异值统计方法的应用

在试算过程中，由于个别指标出现奇异值，所以需要进行平滑处理。比如由于统计口径的变化，2015年万元GDP能耗为0.252吨标准煤，较之2011—2014年万元GDP能耗0.472吨标准煤、0.451吨标准煤、0.428吨标准煤、0.404吨标准煤出现奇异值，在此以原口径进行平滑处理，将其调整为0.382吨标准煤；比如对外直接投资发展速度，2011—2015年深圳对外直接投资增速分别为35.6%、235.1%、14.8%、65.8%、28.9%，该指标虽然权重较小（2%），但增速变化幅度太大，影响该项指标各年度分值的大起大落，经平滑处理和指数化处理以后得出2011—2015年深圳对外直接投资发展速度为135.6、136.3、114.8、165.8、128.9。

（五）起草过程和说明

1. 起草目的与背景

（1）起草目的

《指标体系》是一项探索性、前瞻性、创新性的工作，是衡量和监测中央在十八届五中全会上提出的"五大发展理念"贯彻落实的"度量器"。建立《指标体系》的目的就是通过准确描述、评价和监测"五大发展理念"的贯彻落实过程，确保党政部门及时了解"五大发展理念"贯彻落实过程中的短板和问题，为指导和推进深圳各项工作提供决策依据。

通过定期发布有关深圳市"五大发展理念"统计评价有关数据，促进和激励社会各界齐心协力投身到贯彻落实"五大发展理念"的伟大实践中去，共同推动深圳经济社会全面协调发展。

建立《指标体系》，不仅为深圳贯彻落实"五大发展理念"提供新的统计考量方法和坐标，也为国家层面的探索创造积累新经验。

(2) 起草背景

十八届五中全会提出的"创新、协调、绿色、开放、共享"五大发展理念，是关系我国发展全局的一场深刻变革，是指导"十三五"发展的核心理念。贯彻落实"五大发展理念"是深圳落实党中央提出的"四个全面"战略布局的具体体现，是彰显"四个自信"的具体行动，也是深圳率先全面实现小康社会、努力建成现代化国际化创新型城市、实现有质量的稳定增长和可持续全面发展的必然要求。党的十八届五中全会以来，深圳牢固树立"五大发展理念"，在全市"十三五"规划纲要中明确提出"突出创新驱动，汇聚高端发展新动能；突出协调均衡，提升城市发展质量；突出绿色低碳，提高可持续发展能力；突出开放共赢，打造'一带一路'战略枢纽；突出共建共享，增进市民群众福祉"。为更好地反映和监测深圳"五大发展理念"贯彻落实情况，按照市政府年度重点工作安排，在准确把握"五大发展理念"内涵的基础上，深圳市统计局初步制定了凸显创新的深圳市"五大发展理念"统计评价指标体系。

2. 起草过程

为科学建立《指标体系》，2016年3月初深圳市统计局就迅速成立了工作小组负责此项工作的组织、协调及把关。工作小组通过对"五大发展理念"的科学内涵和相关内容进行深入研究和学习，同时参考深圳市第六次党代会报告、"十三五"规划纲要、2016年政府工作报告、全面建成小康社会统计监测报表制度等内容，紧密结合深圳市实际，诸如供给侧结构性改革、创新驱动、新兴产业、东进战略、现代化国际化创新型城市建设等，于4月份初步提出《指标体系》主体内容，5月份初步建立《指标体系》，并明确相关统计指标口径。5—6月，先后两次征求市发展改革委等29个市直部门和10个区（新区）统计局（机构）的意见和建议，共收回22份书面修改意见，并逐条研究是否采纳。与此同时，充分发挥统计专业委员会这一组织创新优势，共召开4次统计专业委员会会议，由委员和专员在指标设置、标准值的确定、权重分配、计算方法等方面提出意见建议。与此同时，根据近五年历史数据，以2011—2015年数据对《指标体系》进行初步试算，取得总指数和分项指数的年度变化统计评价结果。7月份，就《指标体系》最新成果征求市人大代表、政协委员以及民盟盟员、民建会员意见建议。7月30日至8月1日，向国家统计局局长宁吉喆进行专题汇报，宁吉喆局长指示"支持深圳用总指数和分项指数的评价方法先行先试，为全国这方面探索创造积累新经验"，同时还获得了国家统计局党组成员、总统计师鲜祖德的关心、支持、帮助；经过提前联系和当面拜访，分别得到国家统计局副局长、高级统计师许宪春，总经济师、高级统计师李晓超，总工程师、高级统计师宋跃征，综合司司长、高级统计师盛来运，贸易司司长、高级统计师孟庆欣，投资司司长、高级统计师贾海，服务业司司长、高级统计师许剑毅以及国家统计科研所所长、高级统计师万东华等中国统计顶层高级专家以及中国人民大学经济学院、深圳研究院常务副院长、教授、博士生导师陈建的充分肯定和相关评审意见。8月3日，就此统计评价指标体系向省统计局局长幸晓维进行专题汇报，获得了高度评价。8月9日，许勤市长就此指标体系批示"很好，要不断完善指标体系，使其更能客观准确地反映实际状况，为决策和研判形势提供支撑"。8月17日，廷忠秘书长批示"先搞开，再逐步完善"。同日，兴瑞书记就指标体系补充完善做出具体指示，要求创新方面增加创新型企业，绿色方面增加反映水环境方面的指标，开放方面新增国际航班数、在深常住外国人、在深国际组织指标和反映经济辐射力方面的指标。据此，我们再次对《指标体系》进行修改完善。8月21日，深圳市统计局在市委六届第四十二次常委会议上做了专项汇报，得到书记、市长的一致充分肯定，同日永航秘书长批示："上次（2007）曾出过《民生净福利指标体系》，是经市委全会审议通过的。看这次会能否也提交本次全会来审议通过。请书记定。"翌日，兴瑞书记批示："以市委、市政府的名义向外发布。"8月30日，市政府常务会上，针对许勤市长的指示，市发展改革委、市经贸信息委、市科技创新委、市人居环境委五个部门分别对协调和共享、开放、创新、绿色部分深入研究，使指标体系更加符合"五大发展理念"的内涵。10月11日，艾学峰副市长主持召开专题会，进一步分项研究《指标体系》，经过认真讨论研究，认为试算结果能较好反映过去五年深圳发展成果，预判未来五年深圳"五大发展理念"指数仍有较大提升，并对个别指标的权重进行适当调整。至此，《指标体系》日臻完善。

通过前段时间的紧张工作，取得了以下成绩：一是作为许勤市长亲自指示和市委、市政府重点工作，深圳市统计局高度重视，把《指标体系》设计工作作为一件大事，组织精兵强将进行精心设计，多次召开研讨会、统计专业委员会会议，反复修改完善；二是广泛征求市直有关部门和专家、人大代表、政协委员、民盟盟员、民建会员的意见和建议；三是取得了中国统计顶层高级专家的充分肯定和高度评价,并听取了著名高校教授的相关建议;四是行政领导和专家意见充分衔接,并进行多次试算,以确保此指标体系的科学性和可操作性;五是兴瑞书记、许勤市长亲自批示和指示,要对指标体系进行修改完善。至此,《指标体系》的设计工作基本完成。

3. 主要内容与"五性"特点

(1) 主要内容

《指标体系》以统计学、经济学主要理论方法为依据,紧紧围绕"五大发展理念"深刻内涵,立足深圳实际,体现深圳特色,凸显创新发展,"创新、协调、绿色、开放、共享"五个部分共设置37个指标,其中创新部分共设置7个指标,考虑到创新是深圳的灵魂和发展主导战略,故其指标权重定为24%;协调部分共设置6个指标,以反映产业之间、产业内部、产业与劳动力、区域发展、消费与GDP之间协调性,其指标权重定为19%;绿色部分共设置9个指标,考虑到绿色是深圳今后的发展方向,其指标权重定为19%;深圳开放时间较早、较彻底,故将开放部分设置9个指标,其指标权重定为19%;共享是经济发展的出发点和落脚点,共设置6个指标,其权重为19%。最终以总指数和分项指数度量、监测深圳"五大发展理念"贯彻落实情况。

在指标设计上充分考虑了指标的全面性、代表性、前瞻性和可操作性,同时充分考虑深圳特色和当前全市战略重点。"五大发展理念"内涵丰富,涉及经济、社会、科技、生态、民生等多方面内容,所选取的37个指标力求系统、全面,同时具有高度代表性,以充分代表"五大发展理念"的内涵。在指标设计上充分考虑了前瞻性和可操作性,比如紧密结合深圳第六次党代会报告、"十三五"规划纲要、政府工作报告、全面建成小康社会统计监测报表制度等内容,做到所选用指标既与深圳"十三五"调控指标相衔接,又确保后续的可操作性。同时突出深圳特色和当前全市战略重点,比如在权重设置上给予24%的较高权重以凸显创新主导战略,以"东部五区固定资产投资额占全市比重"作为区域协调指标体现东进战略。

(2) "五性"特点

作为被赋予新常态下需跟进"采集、测度、观察、评价"功能的深圳统计,由此进入"五大发展理念"之"五性"新工作状态:指令性,全面深刻解读;自主性,自力更生操作;复杂性,倾心聚力聚慧;广泛性,内外征得意见;权威性,寻求顶级评定。在"五性"操作中,深圳市统计局克服人力偏紧而专业任务又重的难题,秉持 GTD 核心理念,专注追求、高效推进,紧张中贯穿举重若轻、快中行慢,较好地完成了《指标体系》的设计工作。

附录 1-1 肯定评价

1. 国家统计局宁吉喆局长的批示

2. 时任深圳市委书记马兴瑞的批示

兴瑞书记并永航常委秘书长好！

根据 8 月 17 日下午兴瑞书记在赴京航班上对《深圳市"五大发展理念"统计评价指标体系》（以下简称《体系》）作出的补充完善具体指标要求，落地北京当夜，我们迅即分头组织力量对《体系》进行可比可操作性筛选修订。具体**新增创新方面的"国家级高新技术企业占规上企业比重（%）"**、水环境方面的"集中式饮用水水源地水质达标率(%)"、开放方面的"国际航班数（条）"、"在深常住外国人（万人）"、"在深国际组织（个）"和经济辐射力方面的"对外经济辐射供应链企业发展速度(%)"等 6 项指标，并对相应权重进行重新微调。

同时，依据各相关部门提供的数据测算试算，其总体结果比较理想，符合深圳实际。补充完善后的《体系》能更加充分体现深圳的创新贡献力、技术自给力、对外经济辐射力，使深圳践行"五大发展理念"的成果得到更为**准确全面的科学度量**。

3. 时任深圳市市长许勤的批示

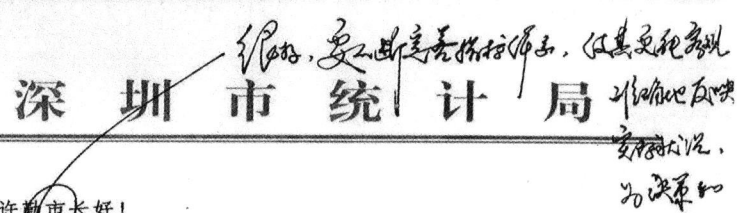

许勤市长好！

为切实落实您的指示要求和 2016 年市政府重点工作任务，我局立足深圳发展特色，凸显"科技创新、质量引领和全面可持续发展"这一主线，经半年多时间的不断努力、深入研究、反复修订完善，完成《深圳市"五大发展理念"统计评价指标体系》（以下简称《体系》）设计与制定整体工作。并以 2012 年度（十八大召开年度）为基期，对近 5 个年度进行试算，总体年度变化评价总指数呈现逐年提高的较好试算结果，符合深圳发展实际。近日，《体系》顺利通过国家、省统计部门及中国人民大学高级专家评审。

8 月 8 日上午，我局在参加徐安良、艾学峰副市长交接工作时，也重点向学峰副市长汇报了此事。至此，我局已完成《体系》的各项工作，现拟以快报件上报市政府审定。

妥否，请指示。

附：深圳市统计局关于审定《深圳市"五大发展理念"统计评价指标体系》的请示

市统计局 敬上
2016 年 8 月 8 日

二 R&D 支出纳入 GDP 核算方法研究

（一）绪论

1. 研究背景和意义

2008 年，由联合国统计署（UNSD）发起，世界银行（WB）、国际货币基金组织（IMF）、经济合作与发展组织（OECD）、欧洲经济共同体委员会（Commission of the European Economic Community）等多个国际组织的参与，共同对《1993 年国民账户体系》（System of National Accounts 1993，以下简称 SNA1993）进行了更新，形成了《2008 年国民账户体系》（System of National Accounts 2008，以下简称 SNA2008）。2009 年年初，现行的国民账户的国际统计标准 SNA2008 在联合国的统计委员会第 40 届会议上得以通过，虽然延续了该账户体系 SNA1993 的基本框架和思路，但在许多方面也进行了修订和进一步完善。2008 年国民经济核算体系对生产资产分类进行了较大幅度的修订，并扩展了资产边界，主要包括：生产资产不再区分为有形资产和无形资产，将 SNA1993 中固定资产下的无形资产更改为知识产权产品，将该类资产划分为研究与开发（Research and Development，以下简称 R&D）、矿藏勘探与评估、计算机软件与数据库以及娱乐文学或艺术原作等。其中在 R&D 资本化方面，SNA1993 中已提出 R&D 具有改进效率或生产率，并为其设置一个相对独立的基层单位。但 SNA1993 并未将 R&D 纳入生产资产分类中，而是在生产账户中将 R&D 作为中间消耗处理且作为固定资本形成计入国内生产总值（Gross Domestic Product，以下简称 GDP）。而 SNA2008 对 R&D 有了新的界定，将 R&D 产出作为资本形成纳入 GDP 核算，不再作为中间消耗处理。

多年来，许多 OECD 国家（Organization for Economic Co-operation and Development，经济合作与发展组织，简称 OECD），如美国、加拿大、澳大利亚、荷兰、芬兰等，已编制了 R&D 卫星账户，通过卫星账户测算 R&D 支出资本化对经济产生的影响，为将R&D列入国民核算核心账户做好了先期准备工作。2012年年底，加拿大对国民核算账户进行修订，将R&D支出列入固定资本。2013年7月，美国BEA（U.S. Bureau of Economic Analysis，美国经济分析局，简称美国BEA）公布国民收入和生产账户（NIPA）的全面修订结果，其中一个重大的修订是将R&D作为资本形成纳入GDP。2013年，欧盟统计局也要求欧盟国家从2014年开始提供基于2008年SNA计算的新数据。欧美国家的一系列率先举措表明各国进行国民账户体系的修订，启用SNA2008，以便于世界各国GDP口径一致，统一可比，已成为当务之急的态势。

R&D是指研究和发展。根据SNA2008中对R&D的定义，R&D是指一项有计划、有步骤地进行的创造性活动，其目的在于增加知识存量，并利用这些知识存量发现或开发新产品——包括改进现有产品的版本和质量，或是发现和开发新的或更有效的生产工艺。

SNA2008对R&D的新界定，将R&D产出作为资本形成纳入GDP，不再作为中间消耗处理。其研究的直接意义在于：第一，与国际接轨，遵循SNA2008，使得中国核算具有国际可比性；第二，可以测算出R&D支出的纳入对GDP的贡献率；第三，可以为国家早日将R&D纳入国民账户体系进行一系列探索性研究。

此外，这项研究还有更深远的意义：第一，只有将R&D纳入GDP核算后，R&D支出才能成为GDP的一部分，R&D经费占GDP的比重才具有真正的统计意义（分子才是分母的一部分）；第二，鼓励研发创新发展的今天，将R&D研发纳入GDP核算，将有力地肯定创新对经济产生的效应，将更好地解释当前创新驱动的经济发展模式；第三，引导全社会提升研发对于经济发展的作用，有利于全社会加大R&D投入力度，推动技术进步。

2. 国内外研究现状综述

在1968年修订SNA体系的时候，修订者就已经意识到R&D活动的资本属性。在SNA1968中就已经考虑将R&D产出作为资本形成纳入到SNA体系中。但由于界定的困难，最终没能将R&D产出作为资本形成进行处理。直到20世纪90年代，随着统计技术和手段的不断发展与完善，国际上对于R&D活动的认识也日趋统一，2002年，经济合作与发展组织（OECD）编辑出版了《弗拉斯卡蒂手册》（研究与试验发展调查实施标准），文中正式提出了R&D统计的标准与规范。在修订SNA2008时，克服了R&D统计方面的困难，把R&D产出视为资本形成纳入核算。

首先来看国际上的研究状况，尤其是其他发达国家在将 R&D 纳入 GDP 后对 GDP 的影响。在数据测算上，国外的研究者已经做过大量的工作。通过测算，澳大利亚将 R&D 支出资本化导致 2002—2008 年其 GDP 现价总量平均增加 1.43%。加拿大将 R&D 支出资本化导致 2006—2011 年其 GDP 现价总量平均增加 1.29%。在美国，将 R&D 支出资本化导致 2002—2012 年其 GDP 现价总量平均增加 2.38%。OECD 国家在 2011 年年底对 OECD 国家实施 SNA2008 的情况及可能带来的影响做了一个问卷调查，据 OECD 成员国对问卷的回应，将 R&D 支出资本化将使 GDP 现价总量平均增加 0.3%—3.5%，且平均值为 1.5% 左右，影响的大小取决于 R&D 活动占整体经济的比重。

再从测算方法和资本化理论等技术细节上来看国际上的研究状况。一是初始资本存量的计算。该指标的选择对后续资本存量有着重要影响，尤其是在数据资料的时间序列较短情况下，影响比较大；随着时间的延长，初始资本存量对后续年份的影响会越来越小。早些年，对初始资本存量的研究主要采取经验比例的定性方法。如美国的 BEA 就采用过几何平均法和线性回归法来测算初始存量和初试增长率，美国的经济学家 Griliches（1984）则提出了真实 R&D 投资的增长率与 R&D 资本存量的增长率相等来推算初始的 R&D 存量。尤其还有一些国外学者对中国的数据作过分析和测算，比如 Chow（1993）利用一些私人可得的数据进行经验推算，得出中国 1952 年资本产出比为 2.58 的假设。帕金斯 Perkins（1998）通过经验估算，得出中国 1953 年资本产出比为 3 的假设；后来发展到数学模型测算的定量方法，如 Young（2000）利用初始年份投资额与投资增长的几何平均数加上折旧率进行对比的基本思路，对中国的固定资本存量进行了定量测算。

二是看价格指数。对于 R&D 资本存量测算来讲，各国或地区统计部门普遍缺乏相应的价格指数，这就使得在测算不变价格 R&D 存量时，不得不用其他指数代替或借助其他价格指数进行构造。如 Jaffe（1972）、Griliches（1980a）、Jensen（1987）采用非金融企业的工资价格指数和 GNP 价格指数的加权平均构造 R&D 支出价格指数，二者的权重分别为 0.49 和 0.51；Loeb and Lin（1977）采用 R&D 人员工资价格指数和设备投资的 GNP 价格指数进行加权平均，权重分别为 0.55 和 0.45；美国 BEA 则在 2007 年的卫星账户中，采用了 R&D 产出综合价格指数。

三是看折旧率。Lev and Sougiannis（1996）的研究是建立在假定 R&D 资本的摊销率与资产的收入存在某种关系的基础上的，试图将 R&D 资本在某个期限内进行摊销而推算出折旧率。根据 Griliches 和 Lichtenbegr（1984）等学者的研究，在计算 R&D 资本存量时，提出资本折旧率固定值可以定为 15%。关于折旧率的计算方法，主要有：生产函数法、分期摊销模型、专利展望模型和市场估计模型（Mead, C., 2007）。还有学者采用知识生产函数，在一定的假设条件下，进行折旧率水平的估计。但由于这种方法采用生产函数，而需要满足的基本条件恰巧不符合 R&D 折旧活动特征。在美国商务部经济分析局的实务统计工作中，在折旧率上选择了区间测定的方法：首先基于不同的研究人员研究得出的各种折旧率数据，确定相关行业的折旧率的区间，然后在区间内对相关行业的 R&D 资本折旧率进行设定。具体设为：运输行业折旧率为 18%、计算机和电子行业折旧率为 16.5%、化学行业折旧率为 11%、其他行业折旧率为 15%。根据 Wendy（2012）的研究结果，企业部门中美国 R&D 密集度高的十大行业的平均 R&D 折旧率为 25.8%；而美国政府部门中 R&D 平均折旧率为 13.6%（Marissa et al., 2014）。

相比于国际，国内专门研究 R&D 支出资本化理论和方法的文献并不多见，有代表性的研究成果主要有：王俊（2009）、吴延兵（2006、2008）等对 R&D 进行了资本化。王孟欣（2011）分析了 R&D 资本存量测算中存在的困难，并对 BEA 关于 R&D 资本存量测算方法进行了介绍与分析，同时指出我国 R&D 资本存量测算需要进一步改进的工作。魏和清（2012）依据 SNA2008 对 R&D 资本化核算的相关问题进行理论探讨，包括 R&D 资本化核算可能对国内生产总值、资本存量与结构、经济增长率等宏观经济指标的影响。倪红福等（2014）以北京地区为例，测算了 R&D 资本化对 GDP 和经济增长的影响，结果表明：资本化 R&D 将使北京地区的 GDP 提高大约 3.4%；2002—2011 年，R&D 资本拉动了 GDP 增长幅度达 0.56%，对经济增长的贡献率达 5% 左右。朱发仓（2014）研究了 R&D 投入价格指数和产出价格指数的构造方法，并给出了我国大中型工业企业的 R&D 指数。许宪春阐述了一些重点修订内容，包括引入知识产权产品概念，将研发支出计入 GDP。

总的来说，我国近年来的研究动向主要集中在两个方面：一是对一些发达国家测算或者实施情况进行的研究；二是对中国如何应对所展开的探索。对于第二点，研究者除了陈述 R&D 资本化这一问题外，主要还对 GDP 的影响、所面临的问题及对我国今后的核算工作的启示做出了分析。

在对资产结构的影响上，专家学者们均认为，SNA2008 对于资产边界的重新划分，使得专利实体从非生产资产中消失，被重新归为固定资产下的 R&D，这必将导致市场资产在非金融资产中的比重加大，结构发生变化。其中，魏和清

(2012)还从国民经济行业和机构部门等角度讨论了资产结构的变化情况，得出知识密集型行业资产占比较大，创新活跃地区的资产比重不断上升，企业部门的资产比重大于其他部门。

但在对资产规模的影响上，专家学者们却持不同意见。刘伟（2010）认为在宏观上，总体的资产规模保持不变；而魏和清（2012）却持反对意见，认为规模也会发生一定的变化，但两人都没有展开详述。而在对GDP的影响方面，大家都持一致的观点，认为R&D资本化后，GDP会增加。其中魏和清（2012）分别利用GDP的多种测算方法做了分析，并以美国经济分析局和欧盟学者的实证研究结果为例进行了说明。中国国家统计局的"SNA的修订与中国国民经济核算体系改革"课题组则从机构部门角度作了阐述，他们认为不论政府部门和非营利机构还是企业，都会在R&D支出资本化后，增加其所在部门的GDP。应该说，资产增加，则GDP增加，资产减少，则GDP减少，资产的增或减，取决于R&D支出资本化带来资产增加值和专利实体消失造成的资产减少的差额。

在国内展开的R&D估值和存量测算方面，在估价问题上，我国R&D交易市场匮乏，估价没有标准可循，很难准确定价（王孟欣，2011），魏和清（2012）则指出可以根据生产者的类型对R&D支出进行估价。在价格指数问题上，王孟欣（2011）参考了我国在《中国科技统计年鉴》中公布的1995—2007年全国层面可比价R&D经费指数，而魏和清（2012）指出用劳动用工价格指数、原材料价格指数及固定资产价格指数来加权合成R&D价格指数。

综上，学术界的相关成果均散见于一些文章，鲜有系统论述R&D资本化核算理论与方法的专著；无论在理论上还是在实践上，中国R&D资本化核算还很欠缺，面临着许多亟待解决的问题。基于以上研究背景，探索SNA2008下R&D支出纳入GDP核算方法、测算其对经济影响程度有利于加大R&D投入力度、推动技术进步；为各地区测度R&D对经济增长的影响关系提供相应的理论依据，从而为政府、企业部门提供决策和管理方面的支持。因此，全面系统地研究中国R&D资本化核算理论和方法在理论和实践上均具有重要意义。

3. 主要研究内容

本书的主要目标是提供一个全面讨论中国和深圳R&D支出纳入GDP核算的方法论系统。该系统以一定的理论为基础，明确规定R&D资本化核算的基本范畴、重要概念、测度方法及对经济的影响，为中国R&D资本化并纳入GDP核算实践提

二 R&D 支出纳入 GDP 核算方法研究

供借鉴和参考。因此，该研究属于方法论研究，把 R&D 资本化核算放在中国 SNA2008 的框架下，其基本研究思路与技术线路图如 2-1 所示。

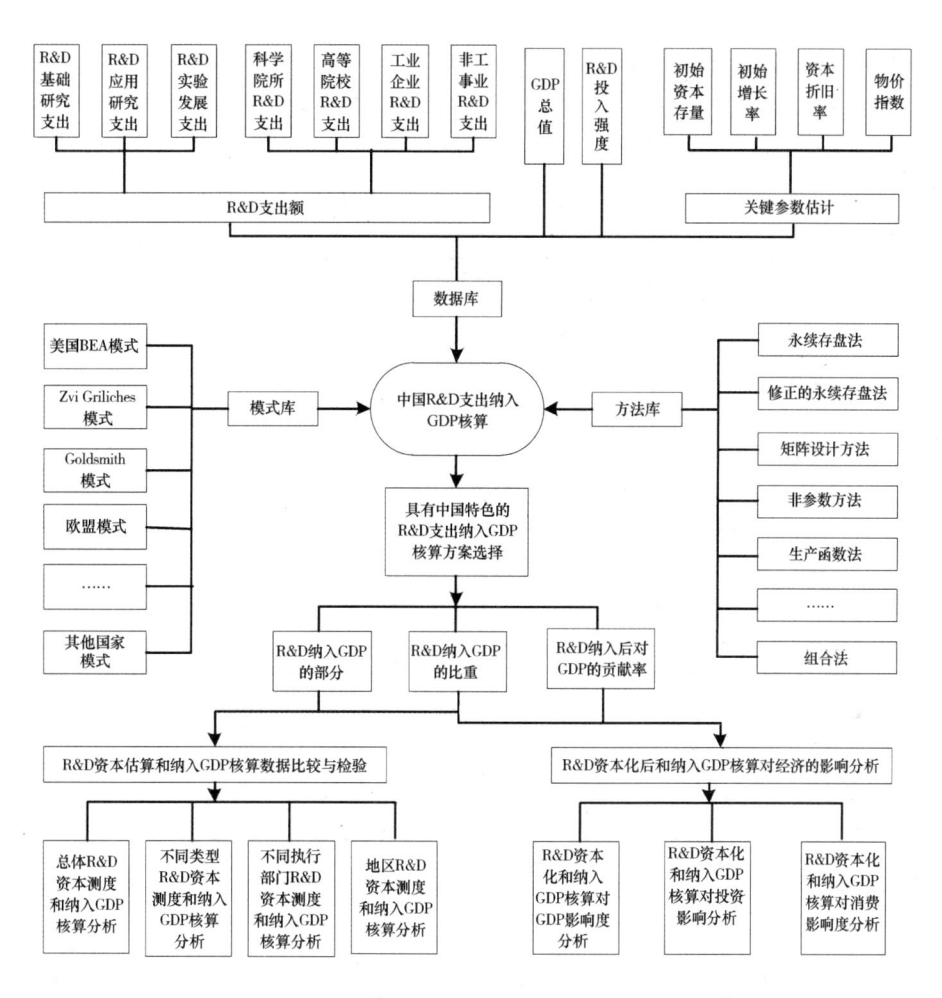

图 2-1 R&D 支出纳入 GDP 核算的方法的技术路线图

从图 2-1 所给出的技术路线图可以看出，整个研究体需要三个方面的基础支撑：第一方面是完整丰富的数据，需要大量的数据整理和预处理工作，具有较大的工作量，这也是展开研究的基础。该研究需要整理的数据包含：R&D 支出额及其细分类型、支出主体等方面，国内生产总值（GDP），R&D 投入强度，初始资本存量、初始增长率、资本折旧率、物价指数等关键参数。第二方面是运用多种研究的方法，科学测算 R&D 资本存量。该研究主要涉及永续存盘法、修正的永续盘存法、矩阵设计方法、非参数方法、生产函数法以及组合法等。第三方面是考虑采用和国际接轨的模式方法，运用美国、欧盟等多个经济体测算 R&D 纳入 GDP 核算的模式，主要有美国 BEA（美国商务部经济分析局）模式、Zvi Grilches 模式、Goldsmith 模式、欧盟模式等。在完善三个基础方面后，对具有中国特色的 R&D 支出纳入 GDP 核算方案进行选择，采用组合决策等方式测算 R&D 纳入 GDP 的部分、R&D 纳入 GDP 的比重、R&D 纳入后对 GDP 的贡献率等，最后通过非参数和参数经验比对各种方法，并采用生产函数等方法分析 R&D 资本化对经济的影响。

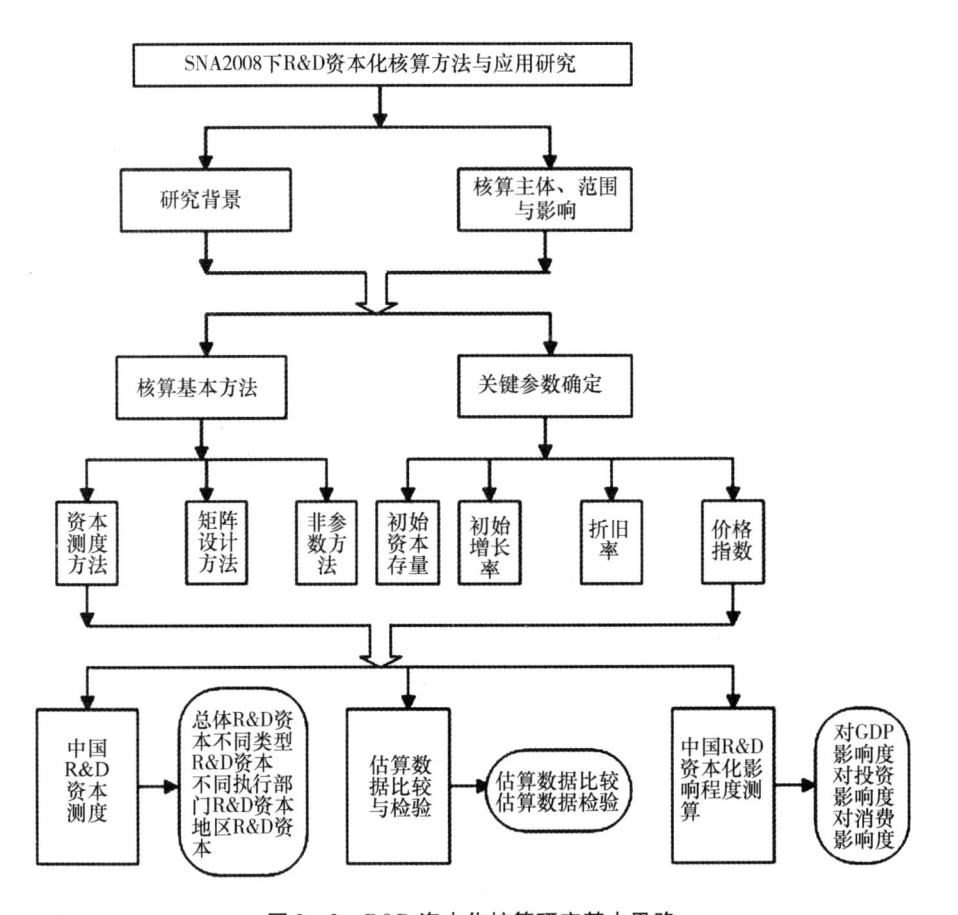

图 2-2　R&D 资本化核算研究基本思路

从图 2-2 所给出的研究思路中可以看出：在对 R&D 资本化核算基本范畴研究的基础上，着重采用数量方法对 R&D 资本化进行系统的定量研究，具体包括：通过对资本化测度方法、矩阵与非参数方法设计来对 R&D 资本化进行测算；在对已

有方法比较与现有研究成果的基础之上,对关键参数进行设定。根据研究思路,本章共分十一部分,各部分具体内容如下:

第一部分提出本章研究的问题,同时在系统评述 R&D 纳入 GDP 核算研究成果的基础上,梳理国内外 R&D 投入变化趋势,并提出本章的研究思路。

第二部分对 R&D 资本化纳入 GDP 核算的基本范畴与理论基础进行研究。分别对 R&D 活动、R&D 资本化核算的核算主体与核算范围进行界定,并对 R&D 资本化核算产生的影响进行详细的理论阐述。

第三部分研究 R&D 资本化核算的基本方法。分别对 R&D 资本存量测度方法、矩阵方法以及非参数统计方法进行系统设计。

第四部分对 R&D 资本化核算中关键参数进行研究。根据相关研究成果,结合中国经济核算实践,分别对初始资本存量、初始增长率、折旧率以及价格指数进行科学设定。

第五部分是深圳 R&D 支出纳入 GDP 的测算方法。利用美国 BEA 核算方法、Goldsmith 核算方法以及组合法〔(Goldsmith 核算方法+美国 BEA 核算方法)/2〕对深圳 R&D 支出纳入 GDP 进行测算,并运用同样方法利用全国和各地区数据进行测算。

第六部分对深圳和全国 R&D 资本化影响程度进行测度,具体包括对 GDP、投资、消费的影响度进行测算。

第七部分是国家现行 R&D 支出纳入 GDP 的核算方法。

第八部分是按国家现行 R&D 支出纳入 GDP 核算方法进行的深圳测算实践。

第九部分为结论与启示。

第十部分为相关数据。

第十一部分为评审意见、相关批复及肯定评价。

(二) R&D 资本化核算的基本范畴与理论基础

古典经济学家把资本积累看作是经济增长的驱动力,同时,由于边际报酬递减规律的作用,将对经济增长的前景产生悲观的预期,即经济增长终将停止。但是,这似乎并不符合当前经济增长的现实。日本第二次世界大战后的经济腾飞、亚洲"四小龙"的迅速崛起、改革开放后中国经济的飞速发展无不表明经济在持续不断地增长,至少现在看来,仍没有停滞的迹象。随着内生增长理论的出现,给予这一现象较好的解释，该理论认为技术进步将为经济增长提供源源不断的动力。特别是在高度发达的知识经济时代，技术进步与创新式经济发展将成为经济发展的驱动力，没有创新就没有经济发展。而在创新的过程中，研究与发展（R&D）是核心，是创新的源头和核心。当今世界，经济社会的发展越来越依赖于科学技术的研究创新，国际竞争越来越依赖于科学技术和研究创新，并越来越取决于不同国家研究创新能力的竞争。提高一个国家的研究创新能力，前提是其研发活动要保持在较高水平上，一个国家的 R&D 水平，体现着一国的综合实力。所以研究 R&D 资本化核算，用以衡量其对经济的影响，意义重大。

R&D 活动界定、核算主体与核算范围是研究 R&D 资本化核算方法的前提。基于此，本章将对其进行系统探讨，同时对 R&D 资本化核算的影响与理论基础进行详细阐述。

1. 概念界定与核算范围

（1）R&D 的定义及界定

OECD 在《弗拉斯卡蒂手册》中这样界定 R&D 活动："在科学和技术领域，增加了人类知识的总量，并运用这些知识创造新的应用程序和系统创造性的工作。"

SNA2008 中对 R&D 活动也有界定，R&D 是指为增加知识的总量，包括人类、文化和社会方面的知识，以及运用这些知识去创造新的应用而进行的系统的、创造性的工作。R&D 是一项有计划、有步骤地进行的创造性活动，其目的在于增加知识存量，并利用这些知识存量发现或开发新产品——包括改进现有产品的版本和质量，或是发现和开发新的或更有效的生产工艺。R&D 活动的基本特征是：创造性、新颖性、运用科学方法、产生新的知识或创造新的应用。R&D 不是一项辅助性活动，应当尽可能为此单独设立一个基层单位。

（2）R&D 活动与非 R&D 活动的本质区别

为了调查的目的，我们必须能够将 R&D 活动与那些范围广泛而又与科学技术有联系的其他活动区别开来。一般来讲，R&D 活动与非 R&D 活动的本质区别在于，R&D 活动的目的是探索和完善知识或技术以及探索知识或技术的新应用，因而具有创造性和新颖性，常常引起新的发现或发明，对预定目标的实现存在技术上的不确定性；而非 R&D 活动只涉及技术的一般性应用或是一些常规性活动。与科技教育、培训和科技服务的概念不同，以下四种活动的定义是专门排除在 R&D 活动之外的：①教育与培训。大学、高等和中等专科以上教育的全部人员在自然科学、工程技术、医学、农学、社会科学和人文科学等方面进行的教育与培训活动都要排除在R&D活动之外。②其他有关的科学技术活动。科技信息服务、通用资料收集、测试和标准化、可行性研究、专科医疗保健、专利和许可证工作、政策研究和常规的应用软件开发、计算机的日常维护、质量保证、日常数据收集和市场调查均应排除在R&D活动之外。③其他工业活动。除R&D以外的所有科学、技术、商业和金融活动，都是新的或改进的产品或服务的实现，以及新的或改良工艺的商业化应用所必需的。④管理和其他辅助活动。

SNA2008中要求将R&D支出作资本化处理，但并不意味着一切的R&D支出都是资本，它是有条件的资本化。SNA2008指出，关于R&D的资本价值应该按照它未来预期可提供的经济利益来决定。也就是说不向所有者提供经济收益的R&D，不能形成固定资产，只能作为中间消耗处理。如何界定一项活动是否会为研究者未来带来经济收益，这是R&D资本化面临的首要问题。现实中对一项R&D活动能否为研究者的未来带来收益很难界定，本书将从R&D活动的性质和目的出发，以界定R&D是否为资本。

（3）R&D三种活动类型及特点

上述提到对R&D的界定，需要从R&D活动的性质和目的出发。R&D活动根据其性质和目的分为基础研究、应用研究和试验发展三种类型。

①基础研究

基础研究是对所要研究的方面的一种探索，通过了解事物的客观现象，对现实中各种问题提出假设，以及对各种理论或者定律进行分析、验证，以求寻找内在事物运动的规律，为获得观察事实的基本原理的新知识而进行的实验性或理论性的工作，它不以任何特定的应用或使用为目的。

基础研究的特点是：以认识现象、发现和开拓新的知识领域为目的，即通过实验分析或理论研究，对事物的性质、结构和各种关系进行分析，加深对客观事物的认识，解释现象的本质，揭示物质运动的规律，或者提出和验证各种设想、理论或定律。由于基础研究没有任何特定的应用或者使用目的，所以在进行研究时对实际的研究前景并不清楚，只是一种理论的认识。其一般是科学家或科研人员进行研究，研究成果具有普遍的适用性与正确性，一般由科学家承担，他们在确定研究专题以及安排工作上有很大的自由，研究结果通常表现为一般的原则、理论或规律，并以论文的形式在期刊上发表或在学术会议上交流探讨。

②应用研究

应用研究是指为获得新的知识,针对某一特定的实际目的而进行的创造性研究,其成果是某一专门用途的新知识或模型。

应用研究的特点是:具有特定的实际目的或应用目标,如为了发现基础研究成果可能的用途,或是为达到预定的目标探索应采取的新方法(原理性)或新途径。与基础研究的根本不同之处就在于,应用研究是在解决实际问题的前提下进行的,是为了达到某种应用目标,是可以带来收益的,其研究结果一般只影响科学技术的有限范围,并具有专门的性质,针对具体的领域、问题或情况,表现为科学论文、专著、原理性模型或发明专利等形式。

③试验发展

应用研究一旦获得成功,就可以迅速进入试验发展阶段。试验发展是指利用现有的科学知识或实际经验,为了生产新的材料、产品和装置,建立新的工艺、系统和服务,或对已生产或建立的上述各项进行实质性的改进所进行的系统性的工作。

试验发展的特点是:运用基础研究、应用研究的知识或实际经验,以开辟新的应用为目的,如提供新材料、新产品和装置,新工艺、新系统和新服务,或对已有的上述各项进行实质性的改进。其成果形式主要是专利,专有知识、具有新产品基本特征的产品原型或具有新装置基本内特征的原始样机等。新产品开发出来一旦进入市场,就可以获得收益。

在上述三类 R&D 活动中,基础研究与研究者未来的经济收益不直接相关,它的资金来源以政府为主,政府是基础研究的主体,而企业则是应用研究和试验发展领域的主体。在实际 R&D 核算中,常常将基础研究作费用化处理,而将应用研究与试验发展作资本化处理。

(4) R&D 活动的类别与核算范围

SNA2008 中要求 R&D 作为资本化处理,而判断 R&D 活动是否形成资本的一个重要标准是能否向所有者提供经济利益,现实中对一项 R&D 活动能否为所有者的未来带来利益很难界定。从 R&D 活动的性质和目的出发,可以分为基础研究、应用研究和试验发展三种类型。其中,基础研究是为了获得新知识而进行的实验性或理论性研究,是对研究过程中认知的一种活动,在研究是对于实际应用的前景并不明确,没有任何特定和预设的应用及目的,在某种程度上说也谈不上为研究者带来经济收益,其研究成果更多地表现为一种理论形态,具有一定的公益性;应用研究是为了确定基础研究成果可能的用途,或是为达到预定的目标探索应采取的新方法(原理性）或新途径，它是为获得新知识，针对某一特定的实际目的而展开的创造性研究，其成果是为某一专门领域的新知识或模型，应用研究一旦获得成果，则可以迅速进入试验发展阶段，从而为企业开发新产品，使企业获得商业收益；试验发展是指利用从基础研究、应用研究和实际经验所获得的现有知识，为产生新的产品、材料和装置，建立新的工艺、系统和服务，以及对已产生和建立的上述各项作实质性改进而进行的系统性工作，试验发展就是利用已获得的科学知识，或者在已有的产品基础上通过整合再创造开发出的新产品，新产品一旦进入市场就会带来商业收益。

因此，在上述三类 R&D 活动中，基础研究与资本的收益关系不直接相关，它一般由政府承担，政府是基础研究投入的主体，而企业则更多的是偏向投入应用研究和试验发展。一般来讲，基础研究与研究者未来的经济收益不直接相关（魏和清，2012），其支出不能产生直接的经济效益，因此将其作费用化处理。但是在实际处理过程中，常常将基础研究纳入 R&D 资本化范围。这是因为：一方面，基础研究占全部 R&D 经费支出的比重非常小，2009—2013 年中国 R&D 活动类型中，基础研究经费支出所占比重平均约为 4.7%（见表 2-2），在实际核算过程中剔除基础研究并不容易。另一方面，从长远来看，基础研究能否带来经济利益尚无定论，因此笼统地将其剔除并不符合客观实际①；再者，我国原始创新能力相对薄弱，基础研究本身所占比重就微乎其微，在大力鼓励自主创新，依靠创新驱动发展的今天，从政府的导向和衡量 R&D 在经济发展中的作用上，我们都应该鼓励原始创新，肯定原始创新对于经济发展的推动力，在政策导向上，没有理由要特意剔除基础研究。应用研究用来反映对基础研究成果应用途径的探索，具有特定的应用目标；试验发展主要反映将科研成果转化为技术和产品的能力，是科技推动经济社会发展的物化成果。因此，应用研究和试验发展毫无疑问都是 R&D 资本化的对象。

关于基础研究是否纳入资本化核算范围国内外学者尚存在争论，本书认为应该考虑将基础研究纳入核算，除了上述两方面的原因外，从经济学理论出发，以下几点有力地支撑了基础研究对于未来的发展具有的广义经济效益。

第一，基础研究具有技术外部溢出效应。外部性是指一个从事一种影响旁观者

---

① OECD 国家均未特意剔除基础研究，因为基础研究没有确切地说对于未来没有收益，而且一旦基础研究产生经济效益，其效益回报远大于应用研究和试验发展，因为其理论具有更广的普适性，产生的影响也将更大，我们从投入一侧来计算基础研究，并不会夸大它的未来收益。并且这与 OECD 国家对 R&D 活动类型中基础研究的处理方式一致。

福利而对这种影响既不付报酬,又得不到报酬的活动。如果对旁观者的影响是不利的,就称为"负外部性";如果这种影响是有利的,就称为"正外部性"(曼昆,2002)。在外部性研究的基础上,曼昆对技术溢出做了简单论述:技术溢出效应是一种技术的设计,不仅有利于个人,而且有利于社会,增加了技术知识。在有正的生产外部性时,生产的社会成本小于私人成本,从而产生了技术外溢,如图2-3所示。

也有学者将技术溢出归纳为"外部经济",即个人从其活动中得到的私人利益小于该活动带来的社会利益;当个人为其活动所付出的私人成本小于该活动所造成的社会成本时,则被称为所谓的"外部不经济"。由此引申出"生产的外部经济",即当一个生产者采取的经济行动对他人产生了有力的影响,而自己却不能从中得到报酬时,便产生了生产的外部经济;当一个生产者采取的行动使他人付出了代价而又为给他人以补偿时,便产生了生产的外部不经济。

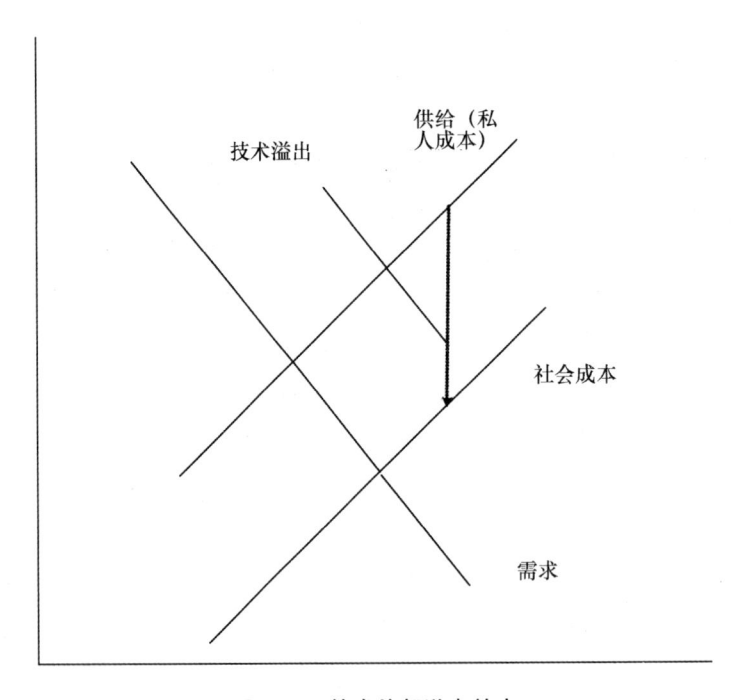

图2-3 技术外部溢出效应

基础研究作为基本的公共性理论,"旁观者"拥有的人数众多,而且理论的普适性高,运用的领域众多,收益面较广,其外溢性将有利于整个社会,具有较强的正外部性,可以产生有效的技术外溢。

第二,基础研究多为政府投入,具有较强的杠杆效应。

基于不同的 R&D 活动类型的分析,研发创新的矩阵分析模型构建如表 2-1 所示。

表 2-1　　　　　　　　　R&D 活动类型矩阵分析

战略＼政策	使命导向	市场导向
领先	政府主导自主创新	市场主导技术领先
跟随	政府引进吸收创新	市场跟随模仿创新

由表 2-1 可以看出,R&D 活动类型的四种创新研发的内涵:

政府主导自主创新是指通过国家技术政策和资助等其他措施的支持,以自主创新追求技术突破和技术领先,建立和保持所在技术领域的竞争优势和主导地位。其参与主体主要为国家机关、研究所和少数国有大型企业。技术代表有神舟系列和嫦娥工程的技术研发等。

政府引进吸收创新是指,国家或国有企业通过购买、合作等方式,引进吸收国外先进技术,缩小与技术领先国家的技术差距,并在引进吸收的基础上,进行技术创新。技术代表有仿制苏联雅克教练机成功的初教型教练机等。

市场主导技术领先是指,通过企业自身资源的投入,以自主创新或合作开发追求先进核心技术,提升企业的技术水平和服务能力,并以获取商业利益为最终目标。

市场跟随模仿创新是指,通过对先进技术的学习和与技术领先企业的合作,技术跟随企业通过修理制造实现模仿生产,增加投入力度,并最终实现模仿创新和自主研制。

由此可知,政府侧重基础研究,也会促进后续的应用研究和试验发展,具有较强的杠杆效应。

第三,基础研究对于企业参与研发活动的挤出效应小,诱导效应、示范效应强。

政府的基础研究资助并不会挤出企业投入,相反,还会促进企业增加对研发活动的支出,即存在"诱导效应"。该结论既回答了研究背景中提出的问题,又契合了先前学者的研究结论(Leyden and ink, 1991; Geroski, 1998; Lo, 1999; Lach,

2002；Almus and Czarnitzki，2003；Czarnitzki，2007；Guo，2008）。

基础研究的风险收益比并不低于应用研究和试验发展。

综上分析，在R&D资本化过程中，基础研究、应用研究和试验发展三种类型均需纳入其资本化核算范围，详见表2-2。

表2-2　　　　　　　　2009—2013年中国三种R&D活动类型经费支出

年份	R&D经费支出（亿元）				R&D经费支出所占比重（%）		
	合计	基础研究	应用研究	试验发展	基础研究	应用研究	试验发展
2009	5802.1	270.3	730.8	4801.0	4.66	12.60	82.75
2010	7062.6	324.5	893.8	5844.3	4.59	12.66	82.75
2011	8687.0	411.8	1028.4	7246.8	4.74	11.84	83.42
2012	10298.4	498.8	1162.0	8637.6	4.84	11.28	83.87
2013	11846.6	555.0	1269.1	10022.5	4.68	10.71	84.60

资料来源：《中国科技统计年鉴2014》，笔者计算整理。

表2-3　　　　　　　　　　　R&D资本化核算范围

核算范围	基础研究
	应用研究
	试验发展

2. R&D经费投入现状分析

（1）国际R&D投入强度分析

R&D经费支出，是指实际用于基础研究、应用研究和试验发展的经费支出。人员劳务费、原材料费、固定资产购建费、管理费及其他费用支出都是研究与试验发展活动经费的组成部分。研究与试验发展经费支出反映一个国家或地区R&D活动的总体规模。R&D投入强度即R&D经费支出与国内生产总值的比重，是指一个国家或者地区R&D经费支出与其国内生产总值之比，是现行国际上通用的衡量一个地区或国家科技投入强度的指标，也是评价其科技综合实力和科技核心竞争力的指标之一。

作为创新型国家的标准，一个基本的要求就是认为有较高的创新性投入，即国家的研发投入支出占GDP的比例一般在2%以上。

当今世界各国科技研发投入的主要特点如下。

当今世界科技研发投入已达到较高水平，第二次世界大战后，世界范围内的科学技术突飞猛进，自21世纪以来，以生命科学和生物技术、信息化技术和纳米技术为标志的科技创新飞速发展，世界各大主要国家的研发投入都不断加大，成为科学技术发展的坚实基础。

20世纪以来，美国一直是世界上最大的研发活动执行国。研发是美国重要的投入领域。美国的研发投入始终保持着稳定增长的态势。1995年，美国研发经费投入为1840.8亿美元；到2001年，达到2782.3亿美元；2009年达到4015.8亿美元。2007年，全球研发的经费总共为1.1万亿美元，而美国就达到了3775.9亿美元，占全球研发经费的比重为34%，比第二名的日本高出20个百分点。

日本企业一向重视新技术、新产品的研究开发，经济实力不是很强的中小企业对此也十分重视。尽管近10年来日本经济一直处于低迷状态，但企业始终保持着较高的技术研发投入。1998年以来，日本的技术研发投入一直占国内生产总值的3%以上，比例在主要发达国家中是很高的。日本的技术研发费用有70%是由民间企业自己支出，比例也高于美国、德国、英国等其他发达国家。

中国自进入21世纪后便加快了科技研发投入的步伐，从2000年的108亿美元，逐步增加至2011年的1347亿美元，年均增长25.8%；广东省亦不落后，科技研发经费从2000年的107亿元人民币，增长到2011年的1045亿元人民币，年均增长23.0%，2013年更是达到1443.5亿元人民币，比上年增长16.8%。若按当年美元对人民币的平均汇率（619.36元/100）计算，已达233亿美元，超过了2011年俄罗斯的研发投入水平（见表2-4）。

表2-4　　　　世界部分国家和地区R&D投入总量（现价）　　　　单位：亿美元

国家和地区	2000年	2005年	2009年	2010年	2011年
美国	2712	3066	4020	4089	4181
日本	1438	1518	1692	1789	1989
中国	108	298	849	1044	1347
德国	462	686	930	919	1028
法国	285	449	592	574	624
韩国	127	252	297	380	450
英国	273	401	404	396	433

续表

国家和地区	2000年	2005年	2009年	2010年	2011年
加拿大	139	228	257	285	302
意大利	116	195	266	257	274
俄罗斯	27	82	153	173	203
西班牙	53	127	202	192	198
奥地利	37	74	104	104	115
比利时	46	69	96	93	104
丹麦	—	63	95	96	103
芬兰	41	68	94	92	101
挪威	—	46	67	71	81
土耳其	17	28	52	61	66
新加坡	18	28	39	45	53
墨西哥	22	39	39	48	50
捷克	7	18	29	31	40
波兰	11	17	29	35	40
爱尔兰	11	26	38	35	37
葡萄牙	9	16	38	36	36
匈牙利	4	10	15	15	17

资料来源：http://www.census.gov/。

  R&D投入是一个总量指标，当需要衡量研发投入和国民经济发展的关系时，常采用R&D投入占GDP的比重。值得注意的是，由于现在R&D投入尚未纳入GDP核算，故这个比重的R&D投入量是现价的，是没有经过资本化核算的，所以在某种程度上说不具备相比的前提，这也是SNA2008要将R&D纳入核算，以及本书要研究R&D纳入GDP核算的原因。当前，由于存在这种局限，仍只有使用研发（R&D）投入（当年现价）占其国内生产总值的比重，它是现阶段衡量GDP相对于经济总量的一个指标，在2011年全球领先的是韩国，达到4.03%；其次是芬兰、日本、丹麦和中国台湾，分别达到3.78%、3.39%、3.09%和3.02%；德国、美国、奥地利、法国、新加坡和比利时等国的比重都在2.0%以上（见表2-5）。

表2-5　部分国家和地区研究与试验发展（R&D）经费（当年现价）占国内生产总值（GDP）比重

单位：%

国家和地区	历年占比情况										
	2001	2002	2003	2004	2005	2006	2007	2008	2009	2010	2011
韩国	2.59	2.53	2.63	2.85	2.98	3.01	3.21	3.36	3.56	3.74	4.03
芬兰	3.30	3.36	3.43	3.45	3.48	3.48	3.47	3.70	3.93	3.88	3.78
日本	3.12	3.17	3.20	3.17	3.32	3.41	3.46	3.47	3.36	3.26	3.39
丹麦	2.39	2.51	2.58	2.48	2.45	2.48	2.58	2.85	3.06	3.06	3.09
中国台湾	2.08	2.18	2.31	2.38	2.45	2.51	2.57	2.78	2.94	2.90	3.02
德国	2.46	2.49	2.52	2.49	2.48	2.54	2.53	2.69	2.82	2.82	2.88
美国	2.76	2.66	2.66	2.59	2.62	2.64	2.70	2.84	2.90	2.83	2.77
奥地利	2.03	2.12	2.26	2.26	2.44	2.44	2.51	2.67	2.72	2.76	2.75
法国	2.20	2.23	2.17	2.15	2.10	2.11	2.08	2.12	2.26	2.25	2.25
新加坡	2.11	2.15	2.11	2.20	2.30	2.16	2.37	2.65	2.24	2.09	2.23
比利时	2.08	1.94	1.88	1.87	1.84	1.86	1.89	1.97	2.03	1.99	2.04
捷克	1.20	1.20	1.25	1.25	1.41	1.49	1.48	1.41	1.48	1.56	1.85
中国	0.95	1.07	1.13	1.23	1.32	1.39	1.40	1.47	1.70	1.76	1.84
英国	1.82	1.82	1.78	1.71	1.76	1.75	1.78	1.79	1.86	1.76	1.78
加拿大	2.09	2.04	2.03	2.05	2.01	2.00	1.96	1.90	1.92	1.81	1.74
爱尔兰	1.10	1.10	1.17	1.24	1.26	1.24	1.28	1.45	1.70	1.70	1.70
挪威	1.59	1.66	1.71	1.59	1.52	1.48	1.59	1.58	1.78	1.69	1.66
葡萄牙	0.80	0.76	0.74	0.77	0.81	0.99	1.17	1.50	1.64	1.59	1.50
西班牙	0.91	0.99	1.05	1.06	1.12	1.20	1.27	1.35	1.39	1.39	1.33
新西兰	1.14	—	1.19	—	1.16	—	1.19	—	1.30	—	1.30
意大利	1.09	1.13	1.11	1.10	1.09	1.13	1.17	1.21	1.26	1.26	1.25
匈牙利	0.92	1.00	0.93	0.88	0.94	1.01	0.98	1.00	1.17	1.16	1.21
俄罗斯	1.18	1.25	1.28	1.15	1.07	1.07	1.12	1.04	1.25	1.16	1.09
土耳其	0.72	0.66	0.48	0.52	0.59	0.58	0.72	0.73	0.85	0.84	0.86
波兰	0.62	0.56	0.54	0.56	0.57	0.56	0.57	0.60	0.68	0.74	0.77
墨西哥	0.39	0.44	0.40	0.43	0.46	0.39	0.37	0.41	0.44	0.46	0.43

注：国际数据存在一定的滞后性，且部分国家数据不全，2011年是可比性最好、资料最全的年份。

资料来源：http：//www.census.gov/。

①高收入国家增速放缓，中等收入国家增速加快

研发（R&D）投入在世界各国都得到重视，每年均有不同程度的增长，但是伴随经济的发展，科技研发（R&D）投入占其国内生产总值的比重的提升还是遵循着一定的客观规律，即研发（R&D）投入占其国内生产总值的比重总体在逐步提高，当占比达到一定比例时，又有一个较长的稳定期。如从20世纪90年代开始，美国研发经费投入占GDP的比重开始超过2.5%；到2001年，这一指标就达到了2.76%。2005年以来，美国研发经费投入占GDP的比重呈现稳步提升的态势，2009年达到2.90%的历史最高水平，而2011年又回到了2.77%。2001年，日本的科技研发（R&D）投入占其国内生产总值的比重就已经达到3.12%，而10年之后的2011年，其占比也只有3.39%，10年间这一比例只提高了0.27个百分点。

从2001年到2011年，研发（R&D）投入占其国内生产总值的比重提高最快的是韩国，10年间共提高1.44个百分点；其次是中国台湾、中国，分别提高0.94个和0.89个百分点；奥地利、葡萄牙和丹麦分别提高0.72个、0.70个和0.70个百分点；捷克和爱尔兰分别提高0.65个和0.60个百分点；美国、日本、德国和法国等发达国家只提高0.01个至0.48个百分点不等；而比利时、英国、俄罗斯和加拿大四国的比重分别下降0.04个至0.35个百分点不等。

研发（R&D）投入占国内生产总值的比重，2000年世界平均为2.13%，到2005年下降为2.04%，2008年又回升至2.14%。其中高收入国家2000年平均为2.42%，到2005年下滑至2.32%，2008年继续回升至2.43%；中等收入国家2000年为0.66%，到2005年升至0.86%，2008年则提高到1.07%。可见，世界平均水平和高收入国家的研发（R&D）投入占国内生产总值比重在21世纪初出现波动，而中等收入国家则有较快的增长。

②发达国家R&D投入结构比较合理

科技研发（R&D）投入主要分为基础研究、应用研究和试验发展三大部分。基础研究是指为了获得关于现象和可观察事实的基本原理的新知识（揭示客观事物本质、运动规律，获得新发展、新学说）而进行的实验性或理论性研究，它不以任何专门或特定的应用或使用为目的；应用研究是指为了确定基础研究成果可能的用途，或是为达到预定的目标探索应采取的新方法（原理性）或新用途而进行的创造性研究，它主要针对某一特定的目的或目标；试验发展是指利用从基础研究、应用研究和实际经验所获得的现有知识，为产生新的产品、材料和装置，建立

新的工艺、系统和服务，以及对已产生和建立的上述各项作实质性的改进而进行的系统性工作。三部分的结构可以反映出某一国家或地区的研发深度和对经济的驱动力。

从近年世界一些主要国家的科技研发（R&D）投入结构看，发达国家的结构比较合理，即对生产力推动较深远的基础研究占比较高，虽然应用研究和试验发展还是研发投入的主体，但对于长远的具有前瞻性的基础研究投入也较高。例如瑞士、法国、意大利和捷克，基础研究占科技研发（R&D）投入之比分别为26.8%（2008）、26.3%（2010）、25.7%（2010）和25.5%（2011），也就是说四分之一的科技研发（R&D）投入都是放在基础研究上；而澳大利亚、俄罗斯、奥地利、美国、韩国、丹麦等国近年也都在17%到20%之间。2013年中国基础研究占比仅为4.7%，广东省更低，为2.3%。

应用研究在发达国家占有较大的比重。一些高技术产品的核心技术，如芯片制造、高性能发动机制造等技术研究都为一些发达国家所掌握和控制。近年发达国家的应用研究一般都在17%至50%之间，最高的几个国家如意大利、英国、法国和澳大利亚分别达到48.6%（2010）、40.7%（2010）、39.5%（2010）和38.6%（2008）；而中国2013年仅为10.7%，相对于发达国家，具有较大差距（见表2-6）。

表2-6　　部分国家和地区研究与试验发展（R&D）活动的结构比较　　单位：%

国家和地区 研究类型	中国	美国	日本	英国	法国	澳大利亚	意大利
	2013年	2009年	2010年	2010年	2010年	2008年	2010年
基础研究	4.7	19.0	12.7	8.9	26.3	20.0	25.7
应用研究	10.7	17.8	22.3	40.7	39.5	38.6	48.6
试验发展	84.6	63.2	65.0	50.4	34.2	41.4	25.7
国家和地区 研究类型	瑞士	奥地利	捷克	丹麦	韩国	俄罗斯	
	2008年	2009年	2011年	2010年	2010年	2010年	
基础研究	26.8	19.1	25.5	17.6	18.2	19.6	
应用研究	31.9	34.8	32.2	26.7	19.9	18.8	
试验发展	41.3	46.1	42.3	55.7	61.8	61.6	

资料来源：http://www.census.gov/。

（2）国内各地区 R&D 投入强度分析

从全国 2014 年科技研发统计年报的数据来看，全国 R&D 经费已经达到 1.3 万亿元，主要集中在东部地区，占全国的比重达到 67.2%。而东部地区中又以江苏、广东、山东、北京四个地区最高，均达到千亿元的级别（见表 2-7）。

表 2-7 全国各地区 2014 年 R&D 经费情况　　　　　单位：万元

地区	R&D 经费内部支出	基础研究支出	应用研究支出	试验发展支出
全国	130156297	6135429	13985283	110035587
东部地区	87506587	3860154	8288674	75357761
中部地区	19777472	708237	1936639	17132596
西部地区	15599675	1095815	2429763	12074097
东北地区	7272563	471223	1330207	5471133
北京	12687953	1594874	2749447	8343632
天津	4646868	160803	612554	3873512
河北	3130881	58946	275703	2796232
山西	1521871	62643	156391	1302837
内蒙古	1221346	22368	93516	1105462
辽宁	4351851	200110	623236	3528505
吉林	1307243	147066	401103	759074
黑龙江	1613469	124047	305869	1183554
上海	8619549	611998	1044349	6963202
江苏	16528208	458508	948983	15120717
浙江	9078500	219520	410998	8447982
安徽	3936070	224460	411041	3300569
福建	3550325	75427	162333	3312565
江西	1531114	42839	96845	1391431
山东	13040695	243948	794643	12002104
河南	4000099	76770	177064	3746265
湖北	5108973	186200	691267	4231507
湖南	3679345	115326	404031	3159989
广东	16054458	424125	1264989	14365344
广西	1119033	78630	129914	910488

续表

地区	R&D经费内部支出	基础研究支出	应用研究支出	试验发展支出
海南	169151	12005	24674	132472
重庆	2018528	69354	189040	1760134
四川	4493285	400876	883571	3208838
贵州	554795	59759	63827	431209
云南	859297	84966	134435	639896
西藏	23519	3999	5408	14112
陕西	3667730	195419	688142	2784169
甘肃	768739	111549	116062	541129
青海	143235	16886	27924	98426
宁夏	238580	18555	22618	197407
新疆	491587	33453	75308	382826

资料来源:《中国科技统计年鉴》。

从R&D占GDP比重来看,2013年全国的比重达到2.01%,标志着我国开始进入创新驱动发展阶段(国际通行标准为2%)。截至2014年,全国范围内比重超过2%的省份有北京、天津、上海、江苏、浙江、山东、广东、陕西(见表2-8)。

表2-8　　　　　全国各地区历年R&D经费占GDP比重情况　　　　单位:%

地区	2007年	2008年	2009年	2010年	2011年	2012年	2013年	2014年
全国	1.38	1.46	1.68	1.73	1.79	1.93	2.01	2.05
北京	5.13	4.95	5.50	5.82	5.76	5.95	5.98	5.95
天津	2.18	2.32	2.37	2.49	2.63	2.80	2.96	2.96
河北	0.66	0.68	0.78	0.76	0.82	0.92	0.99	1.06
山西	0.82	0.86	1.10	0.98	1.01	1.09	1.22	1.19
内蒙古	0.38	0.40	0.53	0.55	0.59	0.64	0.69	0.69
辽宁	1.48	1.39	1.53	1.56	1.64	1.57	1.64	1.52
吉林	0.96	0.82	1.12	0.87	0.84	0.92	0.92	0.95
黑龙江	0.93	1.04	1.27	1.19	1.02	1.07	1.14	1.07
上海	2.46	2.53	2.81	2.81	3.11	3.37	3.56	3.66
江苏	1.65	1.88	2.04	2.07	2.17	2.38	2.49	2.54

续表

地区	2007年	2008年	2009年	2010年	2011年	2012年	2013年	2014年
浙江	1.50	1.61	1.73	1.78	1.85	2.08	2.16	2.26
安徽	0.98	1.11	1.35	1.32	1.40	1.64	1.83	1.89
福建	0.89	0.94	1.11	1.16	1.26	1.38	1.44	1.48
江西	0.84	0.91	0.99	0.92	0.83	0.88	0.94	0.97
山东	1.21	1.40	1.53	1.72	1.86	2.04	2.13	2.19
河南	0.67	0.68	0.90	0.91	0.98	1.05	1.10	1.14
湖北	1.19	1.32	1.65	1.65	1.65	1.73	1.80	1.87
湖南	0.78	0.98	1.18	1.16	1.19	1.30	1.33	1.36
广东	1.27	1.37	1.65	1.76	1.96	2.17	2.31	2.37
广西	0.38	0.47	0.61	0.66	0.69	0.75	0.75	0.71
海南	0.21	0.22	0.35	0.34	0.41	0.48	0.47	0.48
重庆	1.00	1.04	1.22	1.27	1.28	1.40	1.38	1.42
四川	1.32	1.27	1.52	1.54	1.40	1.47	1.52	1.57
贵州	0.48	0.53	0.68	0.65	0.64	0.61	0.58	0.60
云南	0.54	0.54	0.60	0.61	0.63	0.67	0.67	0.67
西藏	0.20	0.31	0.33	0.29	0.19	0.25	0.28	0.26
陕西	2.11	1.96	2.32	2.15	1.99	1.99	2.12	2.07
甘肃	0.95	1.00	1.10	1.02	0.97	1.07	1.06	1.12
青海	0.48	0.38	0.70	0.74	0.75	0.69	0.65	0.62
宁夏	0.81	0.63	0.77	0.68	0.73	0.78	0.81	0.87
新疆	0.28	0.38	0.51	0.49	0.50	0.53	0.54	0.53

资料来源：《中国科技统计年鉴》。

同时，R&D经费主要集中在国家中心城市、一线城市和直辖市，其占GDP的比重也较高。在大城市中，从城市间对比可以看出北京在R&D投入强度上是一枝独秀，这主要得益于许多国字号科研院所、一流的高等院校的大量投入。北京是全国基础研究和应用研究最活跃的城市，而上海、深圳的投入强度则与日韩处于同一水平，这主要是依靠科技型企业作为投入的主体，天津则是高于全国的平均水平。而广州是东部地区大城市中R&D投入强度较弱的一个城市，位于西部的重庆则反映出西部地区总体上R&D投入强度较低的情况。

北京的占比最高，主要是由于拥有全国一流的高等院校和许多国字号的科研院所，这些院所主要从事基础研究，是我国自主创新的总引擎，所以北京的R&D经费投入中高等院校和科研机构比重较大，同时也就造就了北京的基础研究经费和应用研究经费占据全国的半壁江山。占比比北京略低的是深圳，深圳与北京的结构不同，R&D 经费主要来源是企业，企业占据全社会 R&D 经费的 95% 以上，在企业中尤以华为、中兴为代表，2014 年两个企业的总量接近 300 亿元，比重庆全市的 R&D 经费投入还高，与河北一省的投入总量水平相当，反映出深圳的民营企业在全球经济的竞争大潮下，充分意识到自主创新对于自身的重要性。其投入的来源主要依赖于自身，而非政府，其 R&D 投入对于加强企业竞争力、打破西方国家的专利壁垒等方面具有至关重要的作用。从 R&D 投入的发展来看，全世界的国家都从起初依赖国家投入，以国家投入为主体逐渐转入到以企业投入为主体。同时，深圳的基础研究和应用研究相对较少，在经费的纵向结构上还有待提升。上海的 R&D 经费结构则兼具北京、深圳两方面的特点，相对更加平衡，总量也接近千亿元。在这些一线城市和直辖市中，值得关注的是广州、重庆 R&D 投入比重较低，两市的投入水平低于全国平均水平。重庆位于西部，西部省份的 R&D 投入主要和产业结构有关，其 R&D 集中的行业相对较少，总量受到一定的限制；而广州地处珠三角发达地区，其投入占比与珠三角的深圳、珠海、佛山相比都存在差距，主要有两方面的原因：第一，广东高等院校和科研院所投入相对较低，与同为 R&D 投入的第一大省江苏相比，其科研院所和高等院校的投入超过广东数十亿元，这将直接影响作为教育和院所集中的广东省省会——广州；第二，广州缺乏龙头型的 R&D 投入企业，由于广州的经济主要依靠第三产业，而像深圳一样的民营制造业（华为、中兴）企业相对较少，经济增长需要依靠实体制造业企业，那么 R&D 研发的投入也需要实体的制造业企业贡献。R&D 经费较集中的几大城市的对比情况如表 2-9 所示。

表 2-9　　　　　　全国部分主要城市 R&D 投入强度　　　　　　单位：%

年份	北京	上海	广州	深圳	天津	重庆
2009	5.50	2.81	1.87	3.41	2.37	1.22
2010	5.82	2.81	1.81	3.47	2.49	1.27
2011	5.76	3.11	1.93	3.62	2.63	1.28
2012	5.95	3.37	1.90	3.77	2.80	1.40
2013	5.95	3.56	1.90	4.03	2.96	1.38
2014	5.95	3.66	2.00	4.00	2.96	1.42

资料来源：《中国科技统计年鉴》《广东科技经费投入统计公报》。

3. 核算的主体

与 R&D 资本化核算相关的另一个重要问题是核算主体的确定。基于不同角度，R&D 资本化核算主体将有所不同。从 R&D 经费来源角度看，R&D 资本化核算主体可划分为政府、企业和其他三类；从 R&D 经费执行角度看，R&D 资本化核算主体可划分为高等院校、科研机构、企业三类。表面上看，无论从来源角度还是从执行角度，R&D 资本化核算主体大致相同，但由于同一执行主体可能具有不同的经费来源，而同一经费来源可能资助不同的执行主体，因此其内涵并不一样，它是从来源和使用两个角度来看待问题的。

根据中国国民经济核算的实践，中国 R&D 支出是从执行角度展开的，缺乏从来源角度展开的 R&D 经费数据资料，因此，R&D 资本化核算主体只能按执行者划分。由于政府部门是高等院校与科研机构 R&D 活动的资金来源者，且均具有公共产品性质，因此将高等院校与科研机构统一归并为一般政府部门。这样，中国 R&D 资本化核算的主体为一般政府部门与企业部门。

不同执行者是中国国民经济核算中 R&D 资本化核算的主体，其活动类型则决定了 R&D 资本化核算的范围。

4. 纳入核算后的影响

（1）对 GDP 核算方法的影响

在国民经济核算中 GDP 有三种计算方法，分别为收入法、支出法、生产法。下面分别用三种计算方法来分析 R&D 资本化对地区生产总值的影响。

①支出法

根据 R&D 活动界定与核算主体，从事 R&D 活动的主体为企业部门和一般政府部门。根据国民经济核算的基本原理，R&D 资本化将对不同主体产生不同的影响。对于企业部门而言，SNA1993 中 R&D 支出是作费用化处理的，因此，R&D 资本化后将增加固定资产投资，从而增加 GDP。对于一般政府部门而言，R&D 支出在 GDP 核算中已经纳入到总产出中，从而包括在政府消费中，这就需要将其调整为固定资本形成；同时依照相应固定资产计算固定资产消耗，并将其计入政府消费中，从而增加 GDP（"SNA 的修订与中国国民经济核算体系改革"课题组，2012）。此外，由于一般政府部门的 R&D 资本通常没有市场价格，具体处理过程中往往假定一般政府部门的产出等于其投入成本。因此，对于一般政府部门来说，R&D 资本化后还需要考察其产生的投资收益①，且这部分投资收益计入政府消费中，从而增加 GDP（Barbara and Sumiye，2005；倪红福等，2014）。

②收入法

从收入法角度看，GDP = 劳动者报酬 + 固定资产折旧 + 生产税净额 + 营业盈余。由于 R&D 资本化将增加固定资产投资，从而固定资产折旧也相应增加；同时，由 R&D 资本化产生的投资收益将导致营业盈余增加。因此，GDP 的增加值等于营业盈余增加值加上 R&D 固定资产折旧额。

③生产法

从生产法的角度看，GDP = 总产出 - 中间消耗。企业 R&D 先前是作为中间产品，其支出作为中间消耗被扣除；现在中间消耗减少，其总产出将增加。而一般政府部门 R&D 资本化将产生投资收益，这部分需要计入其总产出中。因此，GDP 的增加值等于总产出增加值。

用以上三种方法计算的 GDP 可能会不一致，这是由于在核算中数据的来源渠道不同所产生的误差。但是从理论上讲，这三种方法得到的数值应该是相同的。

根据 SNA2008 中所述，只有能带来经济效益的 R&D 支出才能进行资本化，但在实际中很难严格地区分哪些 R&D 支出会带来收益。R&D 进行资本化后，实际调整后的 GDP 就为原生产总值加上企业 R&D 资本化产生的固定资本形成额再加上高等院校和科研机构的私人 R&D 收益额。即：

调整后的 GDP = 原 GDP + 企业 R&D 资本化产生的固定资本形成额 + 高等院校、科研机构的私人 R&D 收益额

（2）对投资与消费的影响

从支出法角度看，GDP 等于最终消费（包括政府消费和居民消费）、资本形成总额（包括固定资本形成总额和存货增加）、货物和服务净出口三者之和。R&D 支出资本化导致消费与投资数额比例发生变化。R&D 支出部门有企业部门、科研机构和高等院校部门。R&D 资本化后，企业部门的 R&D 支出额由费用额转化为投资额，投资增加，固定资本形成增加；科研机构与高等院校部门 R&D 支出由消费转化为投资，最终消费减少，投资增加，固定资本形成增加，其产生的私人 R&D 收益计入消费中，消费额增加。因此，投资增加额等于企业 R&D 资本形成额加上科研机构和高等院校 R&D 资本形成额；消费减少额等于科

---

① 即私人收益，其溢出收益已经包含在 GDP 中。

研机构与高等院校部门 R&D 资本形成额减去科研机构和高等院校 R&D 私人收益额。并且，R&D 资本化以后，投资额与消费额的改变会导致投资率与消费率发生改变。即：

消费减少额 = 科研机构和高等院校 R&D 资本形成额 - 科研机构和高等院校 R&D 私人收益额

投资增加额 = 企业 R&D 资本形成额 + 科研机构和高等院校 R&D 资本形成额

调整后的消费额 = 原消费额 - R&D 资本化后消费减少额

调整后的投资额 = 原投资额 + R&D 资本化后的投资增加额

调整后的消费率 = 调整后的消费额/GDP

调整后的投资率 = 调整后的投资额/GDP

通过以上几个等式，可以清楚地了解各个指标的含义以及如何获得各个指标的具体数值，从而进一步了解 R&D 资本化对经济结构中消费和投资的影响。

综合以上分析，R&D 资本化对 GDP、投资与消费的影响汇总如表 2-10 所示。

表 2-10　　　　　　R&D 资本化对 GDP、投资与消费的影响

指标	核算主体	影响	投资变化	消费变化	GDP 变化
投资	一般政府部门	由消费转为投资	增加	—	不变
	企业部门	重新纳入投资	增加	—	增加
消费	一般政府部门	由消费转为投资	—	减少	不变
		纳入私人收益	—	增加	增加

（3）R&D 资本化对基本核算表的影响

在 R&D 资本化后，原本全部计入中间投入的研发费用根据活动性质的改变和产出性质的不同而部分归为资本，因此也会对核算表中的国内产出表、资金流量表、投入产出表以及资产负债表产生影响。我国国民经济核算体系主要由基本核算表、国民经济账户及其附属表这三个部分构成。R&D 资本化后主要涉及的是基本核算表中的"国内生产总值表""投入产出表""资金流量表"和"资产负债表"，以及国民经济账户中的"生产账户""资本账户"和"资产负债账户"。原来 R&D 费用是计入中间消耗部分，R&D 资本化后，根据活动性质和产出性质的不同，R&D 费用也不能全视作资本，因此会对基本核算表中"国内生产总值表""投入产出表""资金流量表"和"资产负债表"造成影响。

①R&D资本化对国内生产总值表的影响

R&D资本化后,国内生产总值表的结构没有变化,而是生产法国内生产总值、收入法国内生产总值和支出法国内生产总值的构成和结果发生了变化(见表2-11)。

表2-11　　　　　　　　　　国内生产总值表

生产	金额	使用	金额
一、生产法国内生产总值		一、支出法国内生产总值	
(一)总产出		(一)最终消费	
(二)中间投入(-)		居民消费	
二、收入法国内生产总值		城镇居民消费	
(一)劳动者报酬		农村居民消费	
(二)生产税净额		政府消费	
生产税		(二)资本形成总额	
生产补贴占(-)		固定资本形成总额	
(三)固定资产折旧		存货增加	
(四)营业盈余		(三)净出口	
		出口	
		进口(-)	
		二、统计误差	

②R&D资本化对投入产出表的影响

投入产出表一方面能反映国民经济各部门的产出情况,以及这些部门的产出是怎么分配给其他部门用于生产或怎么分配给居民和社会用于最终消费或出口到国外的;另一方面它还能反映各部门为了自身的生产又是怎么从其他部门获得中间投入产品和其最初投入的状况。投入产出表中的部门分为产品部门和产业部门。因为我国是按企业为单位而不是产业部门进行统计调查的,所以在投入产出核算中按照行业分类而不是按照传统的产业部门分类。

产品部门的投入产出表结构如表2-12所示,原来R&D经费支出是计入中间使用和中间投入的,R&D资本化后,能够带来预期经济利益的R&D经费支出将计入固定资本形成总额和总产出,同时根据支出情况计入增加值中的固定资产折旧部分。

表 2-12　　　　　　　　　产品部门的投入产出表

投入产出		中间使用			最终使用							出口	最终使用合计	进口	总产出
		产品部门1	…	产品部门n	中间使用合计	最终消费				资本形成总额					
						居民消费		政府消费	合计	固定资本形成额	存货增加	合计			
						农村居民消费	城镇居民消费	小计							
中间投入	产品部门1	第Ⅰ象限				第Ⅱ象限									
	⋮														
	产品部门n														
	中间投入合计														
增加值	劳动者报酬	第Ⅲ象限													
	生产税净额														
	固定资产折旧														
	营业盈余														
	增加值合计														
总投入															

③R&D 资本化对资金流量表的影响

R&D 资本化对资金流量表的影响主要是在实物交易部分，实物交易的资金流量表结构如表 2-13 所示。与 R&D 活动有关的是资本形成总额中的固定资本形成总额部分，资金流量表主要核算各部门资金的来源和使用，R&D 资本化后，R&D 费用按使用和来源的部门分别计入非金融企业部门、金融机构部门和政府部门。

表 2-13　　　　　　　　　实物交易的资金流量表

交易项目	机构部门						住户部门		国内合计		国外合计		合计	
	非金融企业部门		金融机构部门		政府部门									
	使用	来源	使用	来源	使用	来源	使用	来源	使用	来源	使用	来源	使用	来源
一、净出口														
二、净增加														

续表

交易项目	机构部门						住户部门		国内合计		国外合计		合计	
	非金融企业部门		金融机构部门		政府部门									
	使用	来源	使用	来源	使用	来源	使用	来源	使用	来源	使用	来源	使用	来源
三、劳动者报酬														
（一）工资及工资性收入														
（二）单位社会保险付款														
四、生产税净额														
（一）生产税														
（二）生产补贴														
五、财产收入														
（一）利息														
（二）红利														
（三）土地租金														
（四）其他														
六、初次分配总收入														
七、经常转移														
（一）收入税														
（二）社会保险缴款														
（三）社会保险福利														
（四）社会补助														
（五）其他														
八、可支配总收入														
九、最终消费														
（一）居民消费														
（二）政府消费														
十、总储蓄														
十一、资本转移														
（一）投资性补助														
（二）其他														
十二、资本形成总额														
（一）固定资本形成总额														
（二）存货增加														
十三、其他非金融资产获得减处置														
十四、净金融投资														
十五、统计误差														

④R&D 资本化对资产负债表的影响

资产负债核算是以经济资产存量为对象的核算。由于 R&D 活动的特殊性，R&D 资本在一个核算期内以流量的形式消耗，因此 R&D 资本化后会对资产负债表造成影响。

资产负债表结构如表 2-14 所示，从表中可以看出，和 R&D 活动相关部分是非金融资产中的固定资产部分，R&D 资本化后，R&D 费用按使用和来源部门的不同分别计入非金融企业部门、金融机构部门和政府部门。

表 2-14 资产负债表

	非金融企业部门				金融机构部门				政府部门		住户部门		国内部门合计				国外部门		合计	
	使用		来源		使用		来源						使用		来源					
		其中：国有企业		其中：国有企业		其中：国有企业		其中：国有企业	使用	来源	使用	来源		其中：国有企业		其中：国有企业	使用	来源	使用	来源
一、非金融资产																				
（一）固定资产																				
其中：在建工程																				
（二）库存																				
其中：产成品和商品库存																				
（三）其他非金融资产																				
其中：无形资产																				
二、金融资产与负荷																				
（一）国内金融资产与负荷																				
通货																				
存款																				
长期																				
短期																				
贷款																				
长期																				
短期																				
证券（不含股票）																				

续表

	非金融企业部门				金融机构部门				政府部门		住户部门		国内部门合计				国外部门		合计	
	使用		来源		使用		来源						使用		来源					
		其中：国有企业		其中：国有企业		其中：国有企业		其中：国有企业	使用	来源	使用	来源		其中：国有企业		其中：国有企业	使用	来源	使用	来源
股票及其他股权																				
保险准备金																				
其他																				
（二）国外金融资产与负债																				
直接投资																				
证券投资																				
其他投资																				
（三）储备资产																				
其中：货币黄金外汇储备																				
三、资产负债差额（资产净值）																				
四、资产负债与差额总计																				

⑤R&D资本化对国民经济账户的影响

国民经济账户以账户的形式对国民经济运行过程和结果进行描述。针对国民经济运行的各个环节有不同的账户，即生产账户、收入分配及支出账户、资本账户、金融账户、资产负债账户和国外部门账户。

第一，R&D资本化对生产账户的影响。生产账户是对一国一定时期生产成果和价值形成的核算，它反映的是生产活动的产出和各项投入。SNA2008中对R&D活动的资本化处理后涉及了生产账户。生产账户分为两部分：使用方和来源方。使用方记录增加值和经济总体的中间消耗；来源方记录经济总产出；总增加值是总产出减去中间消耗价值后的余额，增加值是生产账户的平衡项。

SNA2008中R&D资本化后生产账户的结构没有变化，主要的变化是在生产账户的填制上，具体体现在以下两个方面。

一是根据R&D活动性质不同，R&D活动的费用将不再全部计入生产账户的使用方的中间消耗部分。根据是否在本核算期消耗和是否会带来预期的经济收益来决定R&D活动的投入费用支出和R&D活动使用的货物和服务费用记入哪个部分：在本核算期消耗完且没有带来预期经济收益的R&D活动费用计入中间消耗部分，在本核算期没有消耗的R&D活动费用作为累积消费计入资本账户中的资本形成总额部分，在本核算期消耗完且带来了预期的经济收益的R&D活动费用计入生产账户的总产出部分。

二是生产账户在来源方的总产出填制部分也会发生变化。一般金融公司和为住户服务的非营利机构总产出部分和之前相同。非金融公司部门和一般政府部门的总产出中能够直接测算出市场产出的部分是根据所属部门进行统计；非金融公司部门市场产出、一般政府部门市场产出是根据产出性质进行统计；自行使用的产出和非市场产出部分。根据SNA2008的建议，R&D活动的产出根据生产目的区分：自行使用的R&D活动产出很难按照商业转包支付的价格进行估算，所以只能用生产总成本来估价；专门的商业性研究部门和研究机构的R&D活动产出通过对其销售收入、所支付的佣金收入、按照合同的支出和提供的服务费用综合估价；而包括政府单位、大学等非营利性机构的R&D活动产出按照生产总成本来估价（见表2-15）。

表2-15　　　　　　　　　　生产账户

使用	来源
一、增加值	总产出
（一）劳动者报酬	
（二）生产税净额	
（三）固定资产折旧	
（四）营业盈余	
二、中间消耗	
合计	合计

第二，R&D资本化对资本账户的影响。资本账户记录国内机构部门可用于资本形成的资金来源、资本形成的规模与资金余缺规模。资本账户的一边记录资产使用，另一边记录资产积累的资金来源，结构如表2-16所示。SNA2008中R&D资本化后，R&D不再全部计作中间消耗，一部分作为资本形成，直接影响

了资本账户。是否计入资本形成总额的关键在于：R&D 活动使用的货物和服务是否在一个核算期内被完全消耗。在一个核算期内消耗完，没有带来预期经济收益的费用计入为中间消耗，带来预期经济收益的费用通过测算产出计入生产账户总产出部分；在一个核算期内没有消耗的是积累交易，记入资本账户的资本形成额部分。

表 2-16　　　　　　　　　　　　　资本账户

使用	来源
一、资本形成总额	一、总储蓄
二、其他非金融资产获得减处置	二、资本转移收入净额
三、资金余缺	
合计	合计

因此，SNA2008 中 R&D 资本化后，不仅影响生产账户的中间消耗，而且也影响资本账户，主要体现在以下两个方面。

一是如果按资产分类细化账户的结构，固定资本形成总额部分的知识产权产品下的研究与开发这一交易项是 SNA1993 版本中所没有的，该交易项主要记录非金融公司、金融公司、一般政府、住户和 NPISHs 在研究与开发活动中的固定资本形成总额。

二是核算来源方有关货物和服务资本形成总额中的固定资本形成总额部分时，也要考虑 R&D 活动的货物和服务的资本形成总额。

而 R&D 资本化会对资产负债账户产生影响，资产负债账户是反映国内机构部门核算初或期末的资产负债存量。起初资产负债账户的某一项目加上资本账户、金融账户和非交易因素引起的资产负债变化，就等于期末资产负债账户。资产负债表的特点是将存量与流量结合起来进行核算，通过流量累计汇总为存量。资产负债账户如表 2-17 所示。

SNA2008 中 R&D 资本化后，资产负债账户中非金融资产中的固定资产部分发生了变化，其中根据合同实施的研究与开发支出以合同价格进行估价；自行开展的研发按照生产成本进行估价。并且这两种估价都要考虑随着资产使用寿命的减少而产生的固定资产消耗和价格变化的影响。

表 2-17　　　　　　　　　　　　资产负债账户

使用	来源
一、非金融资产	一、国内金融负债
（一）固定资产	（一）通货
（二）存货	（二）存款
（三）其他非金融资产	（三）贷款
二、金融资产	（四）证券（不含股票）
（一）国内金融资产	（五）股票及其他股权
通货	（六）保险准备金
存款	（七）其他负债
贷款	二、国外金融负债
证券（不含股票）	（一）直接投资
股票和其他股权	（二）证券投资
保险准备金	（三）其他投资
其他金融资产	小计
（二）国外金融资产	三、资产负债差额
直接投资	
证券投资	
其他投资	
三、储备资产	
合计	合计

5. 资本化核算的理论基础

R&D 资本化核算需要对 R&D 投入进行定性分析与定量描述。因此，SNA2008 体系、统计学理论、经济计量学理论、会计学理论、经济学理论是 R&D 资本化核算的理论基础。

（1）SNA2008 体系

SNA2008 是 R&D 资本化核算的重要理论依据。与 SNA1993 相比，SNA2008 更是对 R&D 资本化理念的反映。与此同时，SNA2008 对核算主体、核算范围、核算原则等概念进行了详细的阐述；对相关经济活动构建了有机的账户体系，其在核算方法和核算工具方面更是对前面版本的优化。特别是 SNA2008 更加注重经济与 R&D 资本化之间的关联。因此，SNA2008 不仅在 R&D 资本化核算概念方面提供原则性的指导，还为其提供了方法论依据。

（2）统计学理论和经济计量学理论

统计学对 R&D 资本化核算的理论指导，主要体现在两个方面。第一是抽样调查技术，尽管借鉴了复式记账原理，但对 R&D 支出数据的搜集方式依然是统计调查方法，其所涉及的统计理论有：抽样分布理论、参数估计、假设检验等。第二是数据整理与分析，需要借助于统计学方法，具体有：R&D 支出数据的整理离不开指标和分布数列等统计工具的运用；描述 R&D 支出数据分布特征需要选用总量指标、相对指标、平均指标、变异度指标等统计方法；此外，指数分析、方差分析、非参数检验以及多元统计等方法也为进一步分析 R&D 支出数据提供了拓展性的研究思路。

同时，为分析 R&D 资本化与外部相关因素之间的内在关系，需要构建相应的分析模型，此时离不开经济计量学的理论指导。利用 R&D 资本化核算框架内编制的数据，在定性分析的基础上设计合适的经济计量模型，采用合理的估计方法估算出不同经济变量之间的函数关系，从而定量研究经济现象间的内在本质。

（3）会计学理论

如前所述，R&D 资本化核算在体系设计方法上选用了会计学的 T 形账户形式。通过借鉴会计的复式记账原理，R&D 资本化在不同方面被记录两次，由此使其核算成为相互联系的数据系统。同时，从核算实践来看，企业微观会计核算数据是 R&D 资本化核算的主要数据来源，这在一定意义上构成了企业会计对 R&D 资本化核算的基础性作用，因此，R&D 资本化核算与微观会计核算之间具有重要的内容联系。

对比会计核算与国民经济核算中关于研发（R&D）的定义，我们可以发现两点区别。首先，在会计核算中，虽然不同国家关于研发的具体表述有所区别，但其一般都将研发分成研究阶段和开发阶段，并从两个阶段的目的出发对研究和开发的概念做了说明：研究主要是为了获得新知识，而开发主要是对研究获得的知识和成果的运用。但在国民核算中则将研究与开发作为一个整体，统一定义，并不强调区分研究和开发的概念。通过研究发现，之所以有这个区别，主要是因为两者对研发支出的核算处理不同。在会计核算中，对研究支出和开发支出进行了不同的处理，而在国民经济核算中对于二者给予了相同的处理，这才导致没有细分的事实。其次，国民核算中所定义的研发活动要比会计核算范围宽广。国民经济核算的研发包含了所有的科学领域，既包括了自然科学领域，也包括了社会科学领域。会计核算主要针对有账记录的机构和部门。原则上，在国民经济核算中，也只有那些目的在于将来能提高生产力的研发支出才可以成为资本，但在实际中那些不能算作资本的部分非常小，如果要将其从中分离出来，成本过高。因此，国民经济核算将其包含在内。

从目前国际上来看，对于研发支出的处理，大致可以分为三种主要方法：费用化、资本化和有条件的资本化。费用化，是一种基于悲观的预期，是一种对企业当前研发项目能开发成功的信心不足，同时也是会计的谨慎性原则的要求，认为当前的各项研发支出不一定能固化到企业的无形资产中，因此在发生的当期就将其费用化，直接计入了损益。但完全的费用化会使得研发项目在开发和使用的整个生命周期内，费用与收益没有合理比例，从而影响了企业利润的真实性和可比性，同时也不符合划分收益支出和资本支出的原则。资本化，则是一种乐观的预期，是对企业充满自信，认为研发投入一定会成功，当前发生的各项研发支出都会固化到企业的无形资产中，因为企业将来会产生经济效益，所以就将研发支出全部归集起来，将其资本化，并在等到开发成功获得效益时开始进行折旧摊销。这种处理方法固然符合权责发生制原则，但不加区别地将其全部资本化会导致虚增资产和收益，有违配比原则和稳健性原则。有条件的资本化则是将研究阶段中不能给未来生产带来效益的部分全部费用化，而开发阶段的支出，对于未来经济资源的流入或经济效益有实质性提高的部门将其资本化。这种方法摒弃了"一刀切"的刻板，但在实际中对于资本化条件的确定却很难把握，在某种程度上容易造成会计处理的混乱。

（4）经济学理论

经济核算是为服务于宏观经济分析和管理而设计的，因此，其在框架设计、概念界定、类别划分等方面都是以经济理论和经济原则为依据的，而R&D资本化核算作为经济核算原理重要应用领域也必然要以经济学理论为指导。特别是产业经济学作为应用经济学的一个重要分支，在产业关联理论、发展理论等方面都对R&D资本化核算研究提供了理论依据。

总之，R&D资本化核算与SNA2008体系、统计学理论、经济计量学理论、会计学理论、经济学理论之间存在着取长补短的交叉关系，其研究离不开其他学科的理论支持，同样，它也为其他学科开拓了新的研究领域，一定意义上有利于促进新学科点的拓展。

(三) R&D 资本化核算的基本方法

　　R&D 资本化测算过程中往往涉及 R&D 资本存量的核算、R&D 初始资本存量的计算、R&D 资本存量折旧的确定以及 R&D 支出价格指数的测算等。现有的相关研究并没有统一的标准，几乎都采取了各自不同的变通和处理方法，往往对于同一问题（或数据）在不同处理方式下，得出不同的结果。根据已有国外相关研究成果，R&D 资本化基本测算方法主要有三种：Goldsmith 关于资本化的测算方法、Griliches 关于 R&D 资本化的测算方法、BEA[①] 关于 R&D 资本化的测算方法。

　　对资本存量的测算，首先要知道资本的价格。有形的物质资本一般是固定的，比如机器设备、建筑物、仪器等；且交易买卖一般在成熟的市场进行，有比较完善的价格机制，能够准确、公平地确定交易的公平价格。而 R&D 活动的产出则是无形的，其载体也往往是专著、专利、模型设备或样机等。这些载体本身是有价值的，但物质载体的价值并不能反映其所代表的知识价值。比如一张带有软件的光盘，从物质成本来说，只是一张光碟，价值微不足道，但其内部的软件，经过在计算机上的运行，将产生巨大的知识价值，并且现实中许多 R&D 产品的交易市场并不成熟，或者有些 R&D 产品本身就是自身核心竞争力的代表，并不是以交易作为目的的，而是为保护企业的专有知识而产生的。同时，现有的 R&D 资本交易市场也十分匮乏，导致 R&D 资本形成后价值没有相应的参照标准，也就难以确定准确的价格。另外，由于相关知识经济数据的缺乏，R&D 资本未来的收益和折旧率也不容易确定，也难以采用未来收益的折现值作为其价值的确定依据。

　　为了测算 R&D 产出的价值，在 SNA 体系中一般采用以投入成本来测定 R&D 活动的产出，即使用 R&D 活动的投入量作为 R&D 资本价值的度量，这也符合 SNA 体系中对非市场产出核算的一般原则。这样处理存在两个不足：一是没有剔除未成功的 R&D 活动，扩大了测算范围。二是不能反映 R&D 活动带来的生产率的变化，导致 R&D 资本价值的低估。

　　当然也有学者主张仍应从产出的角度考虑问题，提出了从专利等 R&D 活动产出成功着手，通过表 2-18 中固定资产及知识产权产品分类可见，在知识产权产品下的 R&D 理应是与 R&D 有关联的知识产权产品，而不应包括与 R&D 无关的知识

---

① 即美国商务部经济分析局（Bureau of Economic Analysis，BEA）。

产权产品。从这一角度看,只能是两类,一类是通过 R&D 产生的专利或非专利发明,另一类是通过 R&D 发表的论文,其中"能够为所有者带来经济利益"的只能是通过 R&D 产生的专利和非专利发明。再进一步分析,"能够为所有者带来经济利益"的,通过固定资产中的 R&D 等产生的专利和非专利发明包括两部分,一部分是通过专利和非专利发明的销售或转让获得的收入;另一部分是企业自身使用的专利或专有技术。企业自身使用的专利或专有技术必须通过有关统计,并采取有效方法与 R&D 支出相联系进行估值。通过销售或转让获得的收入又可分为两部分,一部分是从国际市场获得的收入,这需要从国际收支账户中进行提取;另一部分是从国内市场获得的收入,这需要从国内技术市场统计资料中提取。这种方法虽然避免了"能够为所有者带来经济利益"的主观判断,但仍存在一些问题。由于在为自身使用研发专利和专有技术的估价上仍存在一定的主观性,建立科学合理的评估体系是估算的关键。而当前我国这方面的基础较为薄弱,且与现行的国民经济核算思路相距甚远,所以本书还是采用以投入成本来测定 R&D 活动的产出的方法。

表 2-18　　　　　　　　SNA2008 固定资产及知识产权产品分类

固定资产	住宅	
	其他建筑物和构筑物	非住宅建筑
		其他构筑物
		土地改良
	机器和设备	运输设备
		ICT 设备
		其他机器和设备
	武器系统	
	培育性生物资源	重复产生产品的动物资源
		重复产生产品的林木、庄稼和植物资源
	非生产资产所有权转移的费用	
	知识产权产品	研究与发展（R&D）
		矿藏勘探与评估
		计算机软件与数据库
		娱乐、文学或艺术品原件
		其他知识产权产品

资料来源:联合国等:《国民账户体系 2008》,中国统计出版社 2012 年版。

其实当把 R&D 活动作为一种投资性活动来处理时，R&D 产出的评估本身就是一个难题，由于 R&D 的产出既有直接产出，又有间接产出，并且其产出都有滞后性，至今统计上仍无法对其产出进行精确计量，一般都只有通过论文发表数、专利数、新产品数等来作计量指标，但这些都是实物量指标，没有全面反映其产出的价值量指标。我们确定从投入角度进行测度的思路后，将阐述资本化测度的一些基本方法。

1. R&D 资本基本测度方法设计

（1）测度方法基本原理

①Goldsmith 关于资本化的测算方法

关于资本存量的核算，应用最为广泛的是永续盘存法（Perpetual Inventory Method，PIM）。永续盘存法是美国耶鲁大学教授戈德史密斯（Raymond W. Goldsmith）于 1951 年开创并用于估计固定资产存量的核算方法。国内学者利用该方法对中国资本存量进行了估计，如张军、章元（2003）；张军、吴桂英、张吉鹏（2004）等。

永续盘存法的实质是通过对过去购置的并估算出使用年限的资产进行累加来完成的。永续盘存法的理论基础来自耐用品生产模型，耐用资本品在使用过程中，其效率会随着使用年限的增加而发生改变，即资产能够提供的生产能力会发生改变，由此其资产价值也会发生改变，因而永续盘存法在对资产进行累加时根据耐用品生产模型考虑了资产效率的改变（向蓉美、叶樊妮，2011）。

与新资本品相比，设旧资本品的相对效率为 d_τ，其中 τ 为已使用时间；$E_{(t-\tau)}$ 为过去投资不同使用时间的资产额，则其资本存量的估算公式为：

$$K_t = \sum_{\tau=0}^{\infty} d_\tau E_{(t-\tau)} \qquad (2-1)$$

其中：当资本品处于全新状态时，即 $\tau = 0$，意味着此时该资本品相对效率 $d_\tau = 1$；随着资本品的不断应用，其相对效率 d_τ 则呈现递减的态势；而当该资本品处于退役状态时，其相对效率 $d_\tau = 0$，即：

$$\begin{cases} d_0 = 1 \\ d_\tau - d_{\tau-1} \leq 0 \quad \tau = 0, 1, 2, \cdots, \infty \\ \lim_{\tau \to \infty} d_\tau = 0 \end{cases} \qquad (2-2)$$

设 m_τ 为 d_τ 的效率减少量（或称役龄死亡率），即：$m_\tau = d_{\tau-1} - d_\tau = -(d_\tau -$

$d_{\tau-1}$），$\tau = 0,1,2,\cdots,L$。其中 L 是资本品的寿命期，所以，所有役龄死亡率之和为 1，即：

$$\sum_{\tau=1}^{\infty} m_{\tau} = -\sum_{\tau=1}^{\infty}(d_{\tau} - d_{\tau-1}) = d_0 = 1 \qquad (2-3)$$

设 δ_{τ} 为初始投资购置后第 τ 期需要重置比例（或称重置率，也称折旧率），利用更新方程，重置率可由役龄死亡率序列递归计算：

$$\delta_{\tau} = m_1\delta_{\tau-1} + m_2\delta_{\tau-2} + \cdots + m_{\tau}\delta_0, \tau = 1,2,\cdots \qquad (2-4)$$

由式（2-1），对相邻两期资本存量做一阶差分，得到：

$$\begin{aligned} K_t - K_{t-1} &= \sum_{\tau=0}^{\infty} d_{\tau}E_{(t-\tau)} - \sum_{\tau=0}^{\infty} d_{\tau}E_{(t-1)-\tau} \\ &= E_t + \sum_{\tau=1}^{\infty} d_{\tau}E_{(t-\tau)} - \sum_{\tau=1}^{\infty} d_{(\tau-1)}E_{(t-1)-(\tau-1)} \\ &= E_t - \left(\sum_{\tau=1}^{\infty} d_{(\tau-1)}E_{(t-\tau)} - \sum_{\tau=1}^{\infty} d_{\tau}E_{(t-\tau)}\right) \\ &= E_t - R_t \end{aligned} \qquad (2-5)$$

其中：令 $R_t = \sum_{\tau=1}^{\infty} d_{(\tau-1)}E_{(t-\tau)} - \sum_{\tau=1}^{\infty} d_{\tau}E_{(t-\tau)} = \sum_{\tau=1}^{\infty}(d_{(\tau-1)} - d_{\tau})E_{(t-\tau)} = \sum_{\tau=1}^{\infty} m_{\tau}E_{(t-\tau)}$，称 R_t 为 t 年资本品需要重置的价值（或称折旧额）。由此可得：

$$K_t = K_{t-1} + E_t - R_t \qquad (2-6)$$

在几何递减模式下，可以证明，平均重置率等于重置率，即：$\hat{\delta}_{\tau} = R_t/K_{t-1} = \delta$，带入上式，可得到戈德·史密斯（Goldsmith）的永续盘存法基本公式，即：

$$K_t = E_t + (1-\delta)K_{t-1} \qquad (2-7)$$

其中：K_t 表示第 t 年的资本存量，K_{t-1} 表示第 $t-1$ 年的资本存量，E_t 表示第 t 年的投资额，δ 表示第 t 年的折旧率。

②Griliches 关于 R&D 资本化核算的方法

美国哈佛大学教授 Zvi Griliches（1980）指出，R&D 投入是一种流量，只有投资主体通过 R&D 活动形成并拥有的创新产出才是 R&D 的存量。根据 Griliches（1980，1998）和 Goto and Suzuki（1989）等的研究成果，提出 R&D 资产存量的估算公式为：

$$K_t = \sum_{k=1}^{n} U_k E_{t-k} + (1-\delta)K_{t-1} \qquad (2-8)$$

其中:K_t、K_{t-1} 分别是 t 期和 $t-1$ 期的 R&D 资本存量,δ 是 R&D 资产的折旧率,k 是滞后期数,E_{t-k} 是 R&D 经费投入数,U_k 为 R&D 费用投入滞后 k 期后转化为 R&D 资本存量的系数。

由式(2-8)可知,R&D 资本存量由两部分组成:一是前面各期 R&D 支出在本期的积累额;二是上期期末资本存量减去固定资本消耗后的净值。关于 R&D 支出的平均滞后期,国外已有学者专门研究过。Ariel Pakes 和 Schankerman Mark(1979)首次对 R&D 支出滞后期进行了讨论,研究结果表明,R&D 产出由投入到产生资本存量,平均时间一般为 1 年左右。国内学者方面,吴延兵(2006)假定在中国各产业中平均滞后期为 1 年。若假定滞后阶数 $k=1$,转化系数 $U_k=1$,即 R&D 支出费用滞后一期全部转化为 R&D 资本存量,则 t 期 R&D 资产存量的基本公式为:

$$K_t = E_{t-1} + (1-\delta)K_{t-1} \tag{2-9}$$

③BEA 关于 R&D 资本化的核算方法

美国 BEA 于 1994 年、2006 年和 2007 年三次发布了美国 R&D 卫星账户,对 R&D 资本存量测算进行了系统深入的理论和实践研究。在 2007 年 R&D 卫星账户中,美国 BEA 对本国 1959—2004 年 R&D 资本存量数据进行了测算。其测算方法(Brian,2007)如下:

美国 BEA 对 R&D 资本存量的测算依然采用永续盘存法,但其公式区别于式(2-7)和式(2-9)。美国 BEA 提出的 R&D 资产存量的估算公式为:

$$K_t = K_{t-1} - D_t + E_t \tag{2-10}$$

其中:K_t、K_{t-1} 分别为不变价的相应年度年末净存量;E_{t-1} 代表不变价 R&D 投资额;D_t 代表不变价 R&D 折旧额,令:$D_t = \delta(K_{t-1} + E_t/2)$;$\delta$ 为折旧率。所以,t 期 R&D 资产存量的基本公式为:

$$K_t = (1-\delta)K_{t-1} + (1-\frac{1}{2}\delta)E_t \tag{2-11}$$

(2)测度方法基本特点比较

以上分析表明,Griliches 方法与 BEA 方法均建立在 Goldsmith 方法基础上[①],只是在处理细节上存在差异。总体来看,三种测算方法具有"求同存异"的基本

---

① 为表述方便,Goldsmith 关于资本化的测算方法、Griliches 关于 R&D 资本化的测算方法、BEA 关于 R&D 资本化的测算方法分别简称 "Goldsmith 方法" "Griliches 方法" "BEA 方法"。

特点,具体表现在以下几个方面。

①基本思想

由式(2-7)可知,Goldsmith 方法认为:第 t 期 R&D 资本存量与第 $t-1$ 期的 R&D 资本存量和第 t 期的不变价 R&D 投资额有关,在第 t 期 R&D 资本存量形成过程中,第 t 期 R&D 投资额不存在折旧,全部转化为 R&D 资本存量。假定滞后阶数 $k=1$,转化系数 $U_k=1$,Griliches 方法表明:当期的 R&D 资本存量的计算与前一期的基本存量和前一期的不变价 R&D 投资额有关,上期的 R&D 投资额全部纳入到当期的 R&D 资本存量中。BEA 方法中,当期的 R&D 资本存量与上一期的 R&D 资本存量和当期的不变价 R&D 支出额有关,但 BEA 的做法是其假定当期的 R&D 投资仅有 $1-\delta/2$ 形成了资本存量,将其中 R&D 投资的一半进行了折旧处理。

②R&D 初始资本存量确定

初始资本存量的选择对后续资本存量有着重要影响,尤其是在数据资料的时间序列较短情况下,影响比较大;随着时间的延长,初始资本存量对后续年份的影响会越来越小。早些年,对初始资本存量的研究主要采取经验比例的定性方法。如帕金斯(Perkins,1998)通过经验估算,得出中国 1953 年资本产出比为 3 的假设;Chow(1993)利用一些私人可得的数据进行经验推算,得出中国 1952 年资本产出比为 2.58 的假设。后来发展到数学模型测算的定量方法,如 Young(2000)利用初始年份投资额与投资增长的几何平均数加上折旧率进行对比的基本思路,对中国 1952 年固定资本存量进行了定量测算。张军、吴桂英、张吉鹏(2004)采用了与 Young(2000)相同的方法,即用全国各省市 1952 年的固定资本形成除以 10% 作为该省区市的初始资本存量,得出了中国 1952 年固定资本存量为 807 亿元(1952 年价格)的结果。

关于 R&D 初始资本存量,统计年鉴并没有公布,要确定 R&D 初始资本存量,基本上选用推算的方法。通常的做法是:假定 R&D 资本存量的增长率与真实 R&D 投资的增长率相等来推算初始 R&D 存量,令 g_k 为 R&D 资本存量增长率,则 $\dfrac{K_t - K_{t-1}}{K_{t-1}} = \dfrac{E_t - E_{t-1}}{E_{t-1}} = g_k$,分别根据 Goldsmith 方法、Griliches 方法、BEA 方法,经过推导,R&D 资本存量分别为:

$$K_{0-Goldsmith} = \frac{E_1}{g_k + \delta} \quad (2-12)$$

$$K_{0-Griliches} = \frac{E_0}{g_k + \delta} \qquad (2-13)$$

$$K_{0-BEA} = \frac{E_1(1-\delta/2)}{g_k + \delta} \qquad (2-14)$$

式（2-12）、式（2-13）、式（2-14）表明，利用三种方法推导出的 R&D 初始资本存量存在差异，由 Goldsmith 方法推导出的 R&D 初始资本存量与下一期 R&D 投资额有关；由 Griliches 方法推导出的 R&D 初始资本存量与期初 R&D 投资额有关；由 BEA 方法推导出的 R&D 初始资本存量与下一期 R&D 投资额有关，但需要扣除折旧。一般来说，$K_{0-Goldsmith} \geq K_{0-Griliches}$、$K_{0-Goldsmith} \geq K_{0-BEA}$。

③R&D 资本形成额确定

根据本年 R&D 资本存量减去上年 R&D 资本存量等于每年 R&D 资本的净增加量，可以测算出每年的资本形成额。据此，利用三种测算方法所估算的 R&D 资本形成额分别为：

$$Capital_{t\text{-}Goldsmith} = K_t - K_{t-1} = E_t - \delta K_{t-1} \qquad (2-15)$$

$$Capital_{t\text{-}Griliches} = K_t - K_{t-1} = E_{t-1} - \delta K_{t-1} \qquad (2-16)$$

$$Capital_{t\text{-}BEA} = K_t - K_{t-1} = (1-\delta/2)E_t - \delta K_{t-1} \qquad (2-17)$$

根据式（2-15）、式（2-16）、式（2-17），不难发现，R&D 投资额中未完全形成 R&D 资本，其主要的共同原因在于：由期初 R&D 资本存量转化为期末 R&D 资本存量过程中存在折旧。

④测算基本步骤

根据三种 R&D 资本化测算方法的基本原理与基本思路，测算 R&D 资本存量的基本步骤如下：

第一，查阅相关数据库和统计年鉴，整理出现价的 R&D 资本支出额或投资额；

第二，选择合适的平减价格指数，对现价投资额换算成定基的按可比价格计算的支出额；

第三，根据历史经验或资料选取合理的推算方法对 R&D 初始资本存量进行估算；

第四，计算 R&D 资本折旧值，其中需要估算或计算 R&D 资本的折旧年限及折旧率；

第五，根据式（2-7）、式（2-9）、式（2-11）分别求得 R&D 资本存量。

基于以上综合分析，对多种测算方法基本特征归纳如表 2-19 所示。

表2-19　　　　　　　　三种测算方法基本特征归纳比较

方法 代表者	Goldsmith	Griliches	BEA
研究主题	固定资产投资资本化	R&D 支出资本化	R&D 支出资本化
资本存量估计公式	$K_t = \sum_{\tau=1}^{\infty} d_\tau E_{(t-\tau)}$	$K_t = \sum_{k=1}^{n} U_k E_{t-k} + (1-\delta) K_{t-1}$	$K_t = K_{t-1} - D_t + E_t$
t 期资本存量基本公式	$K_t = E_t + (1-\delta) K_{t-1}$	$K_t = E_{t-1} + (1-\delta) K_{t-1}$	$K_t = (1-\delta) K_{t-1} + (1 - \frac{1}{2}\delta) E_t$
R&D 资本存量构成	当期 R&D 资本存量由当期不变价 R&D 投资额与扣除折旧后的上一期 R&D 资本存量两部分构成，且当期不变价 R&D 投资额全部转化为当期资本存量	当期 R&D 资本存量由上一期不变价 R&D 投资额与扣除折旧后的上一期 R&D 资本存量两部分构成，且上一期不变价 R&D 投资额全部转化为当期资本存量	当期 R&D 资本存量由当期不变价 R&D 投资额与扣除折旧后的上一期 R&D 资本存量两部分构成，且当期不变价 R&D 投资额的一半发生折旧
R&D 资本形成额	$E_t - \delta K_{t-1}$	$E_{t-1} - \delta K_{t-1}$	$(1-\delta/2) E_t - \delta K_{t-1}$
初始资本存量公式	$\dfrac{E_1}{g_k + \delta}$	$\dfrac{E_0}{g_k + \delta}$	$\dfrac{E_1(1-\delta/2)}{g_k + \delta}$
关键参数	R&D 资本存量增长率、R&D 资本折旧率、R&D 支出价格指数	R&D 资本存量增长率、R&D 资本折旧率、R&D 支出价格指数	R&D 资本存量增长率、R&D 资本折旧率、R&D 支出价格指数

由表2-19可知，三种测算方法既有相同点，又各具特色。在具体估算过程中，选用三种测算方法时均需要考虑关键参数的设定与处理；R&D 资本存量构成的基本形式相同，但其构成的基本内容存在差异。在对 R&D 资本存量和资本形成额的估算结果方面，总体上，选用 Goldsmith 方法进行估计的结果要大于利用其他两种方法进行估计的结果；从经济内涵的基本逻辑来看，与 Griliches 方法相比，Goldsmith 方法和 BEA 方法更符合客观经济发展的内在逻辑，但 BEA 方法中考虑的问题更加符合实际情况。

此外，为降低单个模型的随机性和提高测算精度，一种可供选择的方法是对不同测算模型进行合理组合，即组合法。该方法能够综合利用多种有用信息和充分发挥不同模型的优点。目前不论学术界还是实际统计工作者，都十分推崇组合法。大量的研究结果证明，在诸种测算方法各异且模型数据要求不同的情况下，组合法效果最好。

假设对一测算问题建立了 n 个测算模型，它们对目标变量的测算值分别为 $f_1(t), f_2(t), \cdots, f_n(t)$，则组合测算模型为：

$$f(t) = \sum_{i=1}^{n} W_i f_i(t) \qquad (2-18)$$

其中，$W_1, W_2, \cdots, W_n$ 为各种单项测算模型的测算值在组合测算中的权重。

在组合测算中确定各独立模型的权重是关键问题，在无法判断两种测算方法孰优孰劣，而测算结果又相近的情况下，按等权测算的组合法更客观、科学，可以消除人为赋权因素的影响。

2. R&D 资本化核算的矩阵分析方法设计

由于矩阵具有信息容量大的特点，因此，依据研究的目的，可设计相应的综合矩阵，以便反映经济交易之间的联系，具有清楚刻画研究对象存流量之间逻辑关系的作用。同时，对于构建相应的计量经济模型也具有显著辅助作用。

在 R&D 资本化核算中，重要的是核算范围与主体的分类。根据矩阵设计原理，基于 R&D 资本化核算的不同分类，可以构建出反映不同内容的矩阵。同时可将多个具有经济联系的子矩阵进行合并，进而设计出涵盖更多信息的综合矩阵。为此，根据 R&D 资本化核算主体与核算范围分类，其综合矩阵设计的一般表达式如表 2-20、表 2-21 所示。

表 2-20　　　　　　　R&D 经费来源与使用综合矩阵通式

使用部门		经费来源	政府			企业	其他			合计
			中央政府	地方政府	合计	可按不同标准进行划分	国外	其余	合计	
一般政府部门	高等院校	基础研究	e_{11}	e_{12}	$e_{1.1+2}$	e_{13}	e_{14}	e_{15}	$e_{1.4+5}$	$e_{1.}$
		应用研究	e_{21}	e_{22}	$e_{2.1+2}$	e_{23}	e_{24}	e_{25}	$e_{2.4+5}$	$e_{2.}$
		试验发展	e_{31}	e_{32}	$e_{3.1+2}$	e_{33}	e_{34}	e_{35}	$e_{3.4+5}$	$e_{3.}$
		合计	$e_{.1}$	$e_{.2}$	$e_{.1+2}$	$e_{.3}$	$e_{.4}$	$e_{.5}$	$e_{.4+5}$	$e_{..}$
	科研机构	基础研究	f_{11}	f_{12}	$f_{1.1+2}$	f_{13}	f_{14}	f_{15}	$f_{1.4+5}$	$f_{1.}$
		应用研究	f_{21}	f_{22}	$f_{2.1+2}$	f_{23}	f_{24}	f_{25}	$f_{2.4+5}$	$f_{2.}$
		试验发展	f_{31}	f_{32}	$f_{3.1+2}$	f_{33}	f_{34}	f_{35}	$f_{3.4+5}$	$f_{3.}$
		合计	$f_{.1}$	$f_{.2}$	$f_{.1+2}$	$f_{.3}$	$f_{.4}$	$f_{.5}$	$f_{.4+5}$	$f_{..}$

续表

使用部门		经费来源	政府			企业	其他			合计
			中央政府	地方政府	合计	可按不同标准进行划分	国外	其余	合计	
企业	可按不同标准进行划分	基础研究	g_{11}	g_{12}	$g_{1.1+2}$	g_{13}	g_{14}	g_{15}	$g_{1.4+5}$	$g_{1.}$
		应用研究	g_{21}	g_{22}	$g_{2.1+2}$	g_{23}	g_{24}	g_{25}	$g_{2.4+5}$	$g_{2.}$
		试验发展	g_{31}	g_{32}	$g_{3.1+2}$	g_{33}	g_{34}	g_{35}	$g_{3.4+5}$	$g_{3.}$
		合计	$g_{.1}$	$g_{.2}$	$g_{.1+2}$	$g_{.3}$	$g_{.4}$	$g_{.5}$	$g_{.4+5}$	$g_{..}$
合计			$h_{.1}$	$h_{.2}$	$h_{.1+2}$	$h_{.3}$	$h_{.4}$	$h_{.5}$	$h_{.4+5}$	$h_{..}$

表 2-21 R&D 资本综合矩阵通式

指标			期初R&D资本存量	核算期内 R&D 资本形成								期末R&D资本存量
				政府			企业	其他			合计	
				中央政府	地方政府	合计	可按不同标准进行划分	国外	其余	合计		
一般政府部门	高等院校	基础研究	k^{01}	k_{11}	k_{12}	$k_{1.1+2}$	k_{13}	k_{14}	k_{15}	$k_{1.4+5}$	$k_{1.}$	k^{11}
		应用研究	k^{02}	k_{21}	k_{22}	$k_{2.1+2}$	k_{23}	k_{24}	k_{25}	$k_{2.4+5}$	$k_{2.}$	k^{12}
		试验发展	k^{03}	k_{31}	k_{32}	$k_{3.1+2}$	k_{33}	k_{34}	k_{35}	$k_{3.4+5}$	$k_{3.}$	k^{13}
		合计	k^{00}	$k_{.1}$	$k_{.2}$	$k_{.1+2}$	$k_{.3}$	$k_{.4}$	$k_{.5}$	$k_{.4+5}$	$k_{..}$	k^{11}
	科研机构	基础研究	m^{01}	m_{11}	m_{12}	$m_{1.1+2}$	m_{13}	m_{14}	m_{15}	$m_{1.4+5}$	$m_{1.}$	m^{11}
		应用研究	m^{02}	m_{21}	m_{22}	$m_{2.1+2}$	m_{23}	m_{24}	m_{25}	$m_{2.4+5}$	$m_{2.}$	m^{12}
		试验发展	m^{03}	m_{31}	m_{32}	$m_{3.1+2}$	m_{33}	m_{34}	m_{35}	$m_{3.4+5}$	$m_{3.}$	m^{13}
		合计	m^{00}	$m_{.1}$	$m_{.2}$	$m_{.1+2}$	$m_{.3}$	$m_{.4}$	$m_{.5}$	$m_{.4+5}$	$m_{..}$	m^{11}
企业	可按不同标准进行划分	基础研究	n^{01}	n_{11}	n_{12}	$n_{1.1+2}$	n_{13}	n_{14}	n_{15}	$n_{1.4+5}$	$n_{1.}$	n^{11}
		应用研究	n^{02}	n_{21}	n_{22}	$n_{2.1+2}$	n_{23}	n_{24}	n_{25}	$n_{2.4+5}$	$n_{2.}$	n^{12}
		试验发展	n^{03}	n_{31}	n_{32}	$n_{3.1+2}$	n_{33}	n_{34}	n_{35}	$n_{3.4+5}$	$n_{3.}$	n^{13}
		合计	n^{00}	$n_{.1}$	$n_{.2}$	$n_{.1+2}$	$n_{.3}$	$n_{.4}$	$n_{.5}$	$n_{.4+5}$	$n_{..}$	n^{11}
合计			p^{00}	$p_{.1}$	$p_{.2}$	$p_{.1+2}$	$p_{.3}$	$p_{.4}$	$p_{.5}$	$p_{.4+5}$	$p_{.1}$	p^{11}

表 2-20 为 R&D 经费来源与使用综合矩阵一般表达式，其中：

高等院校 e_{ij}，从行来看，表示用于基础研究、应用研究和试验发展方面的经费数额；从列来看，表示来源于主体 j 的经费是数额。科研机构 f_{ij}、企业 g_{ij} 含义与之类似。根据表 2-20 中各项含义，以高等院校为例，存在如下关系等式：

$$e_{i.1+2} = e_{i.1} + e_{i.2}$$
$$e_{i.4+5} = e_{i.4} + e_{i.5} \quad i = 1, 2, 3 \quad (2-19)$$
$$e_{i.} = e_{i.1+2} + e_{i.3} + e_{i.4+5}$$

$$e_{.j} = e_{1.j} + e_{2.j} + e_{3.j}$$
$$e_{.1+2} = e_{.1} + e_{.2} = \sum_{i=1}^{3} e_{.1+2}$$
$$e_{.4+5} = e_{.4} + e_{.5} = \sum_{i=1}^{3} e_{.4+5} \quad j = 1, 2, 3, 4, 5 \quad (2-20)$$
$$e_{..} = \sum_{j=1}^{5} e_{.j}$$

$$h_{.j} = e_{.j} + f_{.j} + g_{.j}$$
$$h_{..} = \sum_{j=1}^{5} h_{.j} \quad (2-21)$$

进一步地，为反映综合矩阵中不同分类主体间的转移逻辑关系，可对其计算相应的转移系数。比如，对于高等院校而言：

$\dfrac{e_{11}}{e_{1.}}$ 表示高等院校基础研究中来自中央政府经费所占的比重。

$\dfrac{e_{11}}{h_{.1}}$ 表示中央政府 R&D 经费中用于高等院校基础研究的经费比重。

类似地，根据研究需要，可构造科研机构、企业的转移系数，以反映 R&D 经费来源与使用状况。

表 2 - 21 为 R&D 资本综合矩阵一般表达式，其中：

高等院校 k^{0i}（$i = 1, 2, 3$）分别表示 R&D 中基础研究、应用研究和试验发展核算期初资本存量；k^{1j} 分别表示 R&D 中基础研究、应用研究和试验发展核算期末资本存量。k_{ij} 表示核算期内高等院校 R&D 资本形成，从行来看，表示基础研究、应用研究和试验发展核算期内 R&D 资本形成；从列来看，表示核算期内不同主体来源下 R&D 资本形成。科研机构 m_{ij}、企业 n_{ij} 含义与之类似。

根据国民经济核算原理，按照资产负债存量与积累之间的关系，积累核算与存量核算之间存在如下平衡关系：

期初资产总量 + 核算期积累 = 期末资产总量

以此平衡关系为基础，R&D 资本形成（核算期积累）= 期末 R&D 资本存量 − 期初 R&D 资本存量。

因此，以高等院校为例，根据表 2 - 20 中各项含义，存在如下关系等式：

$$\sum_{j=1}^{5} k_{1j} = k_{1.} = k^{11} - k^{01} \qquad (2-22)$$

综合表 2-20 与表 2-21，根据研究目的和经济逻辑，可构建具有经济内涵的相应指标，如：$\dfrac{k_{11}}{e_{11}}$ 表示核算期内来源于中央政府且用于高等院校基础研究的经费中的 R&D 资本转化率。此外，关于科研机构和企业的相应指标构造原理与其相同，在此不再构建与阐述。

3. R&D 资本化核算的非参数统计方法设计

由测度方法基本原理可知，基于不同测度方法得到的测算结果会有差异，因此需要对各测度结果进行效果性检验。所谓效果性检验指的是对不同测度结果之间的一致性与可靠性进行检验。由非参数统计的基本理论可知，检验此可靠程度的方法通常是相关系数检验法，而相关系数检验法一般又有 Pearson 相关系数检验法和斯皮尔曼（Spearman）秩相关系数检验法，前者属于参数统计的一种检验方法；后者属于非参数统计的一种检验方法。

（1）Pearson 相关系数检验法

为检验不同测度方法的可靠程度，需要对各种测度方法进行比较。为此，需要检验不同测度方法的相关程度，若此相关性检验通过，表明利用不同测度方法得到的结果的可靠程度很高；若此相关性检验未通过，表明测度结果的可靠程度很低。而在参数统计中，描述和度量两个变量之间关系的方法就是相关分析。相关分析所要回答的问题主要包括以下几个方面：

①此两变量之间是否具有关系？若有，是什么样的关系？
②此两变量之间的关系程度如何？
③通过样本来反映的此两变量之间的关系是否能够代表总体变量之间的关系？

为回答以上问题，在进行相关分析时，需要对总体做如下假定：

①此两变量之间关系是线性关系。
②此两变量均为随机变量。

基于以上问题和假定，同时设此两变量分别为 X、Y，则 Pearson 相关系数定义为：

$$r_p = \dfrac{\sum_{i=1}^{n}(X_i - \bar{X})(Y_i - \bar{Y})}{\sqrt{\sum_{i=1}^{n}(X_i - \bar{X})^2 \sum_{i=1}^{n}(Y_i - \bar{Y})^2}} \qquad (2-23)$$

其中，$\bar{X}$ 表示变量 X 的算术平均数，$\bar{Y}$ 表示变量 Y 的算术平均数。根据式（2-23）计算的相关系数也称为线性相关系数。

通常情况下，现实中往往利用样本相关系数 r_p 作为对总体相关系数 ρ 的估计。但由于抽取的样本不同，根据样本数据计算的样本相关系数 r_p 的值也就不同，因此，样本相关系数 r_p 是一个随机变量。而要具体回答上面第 3 个问题，即样本相关系数能否代表总体的相关程度？就需要对样本相关系数 r_p 进行显著性检验。在参数统计中，要对样本相关系数 r_p 进行显著性检验，需要首先考察 r_p 的抽样分布。由数理统计的基本理论可知，r_p 的抽样分布受总体相关系数 ρ 和样本容量 n 的影响。t 分布检验的具体步骤如下。

第一，做出假设。原假设和备择假设的设定分别为：

$H_0: \rho = 0$

$H_1: \rho \neq 0$

第二，计算样本相关系数 r_p 的 t 统计量，即：

$$t = \frac{r\sqrt{n-2}}{\sqrt{1-r^2}} \sim t(n-2) \qquad (2-24)$$

第三，做出判断。根据给定的显著性水平 α 和自由度（$n-2$），查找 t 分布表中相应的临界值 $t_{\alpha/2}$，若 $|t| > t_{\frac{\alpha}{2}}$，则拒绝原假设 H_0，即 r_p 在统计上是显著的，从而表明两变量之间存在显著的线性关系；若 $|t| \leq t_{\frac{\alpha}{2}}$，则不拒绝原假设 H_0，即 r_p 在统计上是不显著的。

（2）Spearman 秩相关系数检验法

Spearman 秩相关系数又称 Spearman 等级相关系数，是基于秩的一种统计量。也就是说，它不是按观察值的实际数值进行计算，而是以观察值的秩次（即等级）作基础。因此，Spearman 秩相关系数既可以利用区间尺度或比率尺度的数据资料，又可以利用次序尺度的数据资料，但在具体计算 Spearman 秩相关系数时，均需要先将所研究的对象或个体排成两个有序的系列。Spearman 秩相关系数的基本原理如下。

假设将 n 个对象按两个变量评秩，并设这两个变量分别为 X、Y。在样本容量为 n 的样本中，对变量（X，Y）进行测度，则得到一个 n 对观察值（X_1，Y_1），（X_2，Y_2），…，（X_n，Y_n）的随机样本。同时将观察值 X_1，X_2，…，X_n 的评秩记为 x_1，x_2，…，x_n，相应地，将观察值 Y_1，Y_2，…，Y_n 的评秩记为 y_1，y_2，…，y_n，

依此就可以用秩相关度量来决定 X 和 Y 之间的相关性。

若 X 和 Y 之间具有完全的相关性,则此时对于所有的 i ($i=1, 2, \cdots, n$) 来说,均有 $x_i = y_i$,即差值 $d_i = x_i - y_i = 0$。受此启发,于是用各个差值来表示两组评秩之间偏离程度具有逻辑上的合理性,即差值计算公式为:

$$d_i = x_i - y_i \tag{2-25}$$

由式(2-25)出发,若秩次 x_i 为 11,对应的秩次 y_i 为 2,则差值 d_i 为 9,因此这一系列的 d_i 值具有测度 X 和 Y 之间偏离程度的合理性。d_i 值越大,表明两变量之间的相关程度就越低。

在具体计算 Spearman 秩相关系数时,为消除正值 d_i 和负值 d_i 相互抵消的影响,一般采取 d_i^2 的形式。显然,各个 d_i 值越大,$\sum_{i=1}^{n} d_i^2$ 值也就越大。

为更进一步揭示 Spearman 秩相关系数的本质,需对其计算公式进行推导。记 $h_i = x_i - \bar{x}, k_i = y_i - \bar{y}$,其中,$\bar{x}$ 表示秩次 $x_1, x_2, \cdots, x_n$ 的平均值,$\bar{y}$ 表示秩次 $y_1, y_2, \cdots, y_n$ 的平均值,则由一般相关系数的表达式可知,Spearman 秩相关系数的计算公式为:

$$r = \frac{\sum_{i=1}^{n} h_i k_i}{\sqrt{\sum_{i=1}^{n} h_i^2 \sum_{i=1}^{n} k_i^2}} \tag{2-26}$$

式(2-26)中,r 表示 Spearman 秩相关系数。

由于

$$\sum_{i=1}^{n} x_i = \frac{n(n+1)}{2} \tag{2-27}$$

$$\sum_{i=1}^{n} x_i^2 = \frac{n(n+1)(2n+1)}{6}$$

因此

$$\sum_{i=1}^{n} h_i^2 = \sum_{i=1}^{n} (x_i - \bar{x})^2 = \sum_{i=1}^{n} x_i^2 - \frac{(\sum_{i=1}^{n} x_i)^2}{n} \tag{2-28}$$

将式(2-27)代入式(2-28),并化简得:

$$\sum_{i=1}^{n} h_i^2 = \frac{n^3 - n}{12} \tag{2-29}$$

类似地有:

$$\sum_{i=1}^{n} k_i^2 = \frac{n^3 - n}{12} \tag{2-30}$$

又由于 $\bar{x} = \bar{y}$，所以

$$d_i = x_i - y_i = (x_i - \bar{x}) - (y_i - \bar{y}) = h_i - k_i \tag{2-31}$$

$$d_i^2 = h_i^2 + k_i^2 - 2h_i k_i \tag{2-32}$$

$$\sum_{i=1}^{n} d_i^2 = \sum_{i=1}^{n} h_i^2 + \sum_{i=1}^{n} k_i^2 - 2\sum_{i=1}^{n} h_i k_i \tag{2-33}$$

由式（2-26）可得：

$$\sum_{i=1}^{n} d_i^2 = \sum_{i=1}^{n} h_i^2 + \sum_{i=1}^{n} k_i^2 - 2r_s \sqrt{\sum_{i=1}^{n} h_i^2 \sum_{i=1}^{n} k_i^2} \tag{2-34}$$

将式（2-34）整理得：

$$r_s = \frac{\sum_{i=1}^{n} h_i^2 + \sum_{i=1}^{n} k_i^2 - \sum_{i=1}^{n} d_i^2}{2\sqrt{\sum_{i=1}^{n} h_i^2 \sum_{i=1}^{n} k_i^2}} \tag{2-35}$$

将式（2-29）和式（2-30）代入式（2-35），并化简得：

$$r_s = 1 - \frac{6\sum_{i=1}^{n} d_i^2}{n(n^2 - 1)} \tag{2-36}$$

式（2-36）是计算 Spearman 秩相关系数 r_s 的最简洁和最方便的公式。因为需求的变量 X 和 Y 对应秩的差值，然后对此差值进行平方，再对平方求和，最后将平方求和后的结果和样本容量代入式（2-36），即可求得 r_s。

同样，利用 Spearman 秩相关系数计算公式而得到的集聚 R 系数法与现有测度方法之间测度结果的相关程度也需要进行显著性检验。其检验步骤如下。

第一，设定原假设和备择假设，即：

H_0：X 与 Y 不相关。

H_1：X 与 Y 相关。

第二，根据样本，利用式（2-36）计算 Spearman 秩相关系数 r_s。

第三，进行判断。根据给定的显著性水平 α 和样本容量 n，查找 Spearman 秩相关系数检验临界值表中相应的临界值 $c_{\alpha(2)}$，若 $r_s > c_{\alpha(2)}$，则拒绝原假设 H_0，即 r_s 在统计上是显著的，从而表明两变量之间存在显著的相关关系；若 $r_s \leq c_{\alpha(2)}$，则不拒绝原假设 H_0，即 r_s 在统计上是不显著的，从而表明两变量之间不存在相

关关系。

综合以上分析,分别采用 Pearson 相关系数和 Spearman 秩相关系数两种方法来对不同测度方法下测算结果的效果性进行检验,可以起到相互校验的作用,从而使得测度方法的设计更为合理。不仅如此,同时采用上述两种方法也是基于以下方面的考虑:

Pearson 相关系数检验法作为参数统计的一种检验方法,所需要的数据类型是数值型的,而且在进行估计或推断过程时,需要对总体分布的具体形式做出假定,而现实中对总体分布的具体形式知之甚少;而非参数统计中的 Spearman 秩相关系数并不依赖于样本所属的总体的分布形式,且可以用区间尺度或比率尺度的资料,也可以用次序尺度的资料,尽管 Spearman 秩相关系数具有此方面的优势,但当将用区间尺度或比率尺度的资料转化为次序尺度表示的资料时,也会使得已搜集到的信息受到损失。因此,综合利用这两种方法才更加合理与可靠。

4. R&D 资本化核算的生产函数分析法

生产函数是生产理论的核心部分,生产函数的思想源于生物科学(黑递,1991)。它亦可反映经济技术关系,经济学家们之所以会对生产函数加以提炼,主要出于以下原因:一是生产函数的性质对经济的发展以及对于确定运用一定量的资源来增加国家的经济总产量来说是非常重要的;二是生产函数的大小是用以决定国家间或区域间贸易模式的基础;三是生产函数是对于收入如何归属到各投入要素所做的函数性分配的理论基础,依据这点,可以确定生产一定数量的产品需要投入的各生产要素的数量及配比;四是生产函数能为确定或专门说明生产资源利用和取得最大盈利模式这两方面提供所需的资料;五是供给函数的代数性质很大程度上依赖于生产函数的性质。

生产函数阐释了企业有效运行的状态,即厂商尽可能使得投入的每一份生产要素发挥最大效用,它反映的是投入和产出之间的关系,同时也表明了要素要转变为产品的比例关系,任何一种既定的投入—产出关系都对应一种特定的要素投入数量和质量。

生产函数表示在一定的生产技术条件下,特定的投入要素组合有效使用时所产生的最大的可能性产出。厂商总是在一定的经济技术条件下,根据利润最大化的原则,开展生产。生产要素数量的使用与该生产要素的相对价格有关。从本质上来讲，生产函数反映的是生产过程中投入要素与产出量之间的经济技术关系。一方面从实用的角度出发，生产函数必须与所研究的生产过程和条件相匹配。另一方面，生产函数必须展望未来或者用于预测，这样才能为将来提供有效的预测判断。

生产函数可以用方程式表示成如下形式：$Q = f(X_1, X_2, X_3, \cdots, X_n)$。其中 Q 为产出，$X_1, X_2, X_3, \cdots, X_n$ 为各项要素投入。函数符号"f"表示为投入转化为产出的关系形式。各项投入的每一种组合形式，都能有一个产出量。以上生产函数的形式并没有说明哪些投入要素是可变的，哪些投入要素是固定的。固定投入在生产中起着非常重要的作用，通常把它称作技术单位。不同的技术单位吸收并把可变投入转变为产出，具有不同的能力。固定投入也可以用符号表示，并记入生产函数式中，例如：$Q = f(X_1, X_2, X_3, \cdots, X_{n-1} \mid X_n)$，其中 X_n 就是固定投入（技术单位），其余的 X 表示可变投入。

柯布－道格拉斯是生产函数的创始人，数学家柯布和经济学家道格拉斯想借助经济计量学方法得到的生产函数来分析国民收入在工人和资本家之间的分配，并通过它来证实边际生产率原理的正确性。因此他们是为了考察收入分配而去考察生产关系的。后来他们的方法在收入分配方面失去了重要意义，现在已被广泛运用到研究生产投入和产出之间的关系。随着经济增长理论的不断发展，其应用范围得到了进一步扩大。

柯布－道格拉斯生产函数是使用最广泛的生产函数。它是由柯布和道格拉斯根据1899—1922年间美国制造业部门的有关数据构造出来的。其形式如下：

$$Q = AK^{\alpha}L^{1-\alpha} \qquad (2-37)$$

该函数形式是由维克塞尔（Wicksell）首先使用的。我们可以将此公式一般化为：$Q = AK^{\alpha}L^{\beta}$，也就是说，产量对于资本及劳动的弹性之和可以不等于1。其中 Q 是增加值，K 是资本存量，L 是雇佣的劳动，A 为效率参数，表示那些影响产量，但既不能单独归属于资本，也不能单独归属于劳动的因素。

最初的柯布－道格拉斯生产函数假设产量的变化仅仅由劳动和资本的数量来决定，不考虑技术进步，也不考虑劳动者素质变化，更不考虑研发的贡献。我们将把R&D的贡献纳入到生产函数中来，来考察其贡献。生产函数公式可以扩展为：

$$Q = Ae^{\lambda}K^{\alpha}L^{\beta}R^{\gamma}e^{\delta} \qquad (2-38)$$

其中，Q、A、K、L、R 分别代表产出、全要素生产率、有形的资本存量、劳动投入和研发资本存量。该生产函数有多个特点，它表示要素之间的替代是不受限制的，也就是说随着某种要素单方面的增加，它的边际生产下总保持为正，例如有形资本、劳动、R&D 资本的边际生产效率分别可表示为：

$$\frac{\partial Q}{\partial K} = \alpha \frac{Q}{K} \quad (2-39)$$

$$\frac{\partial Q}{\partial L} = \beta \frac{Q}{L} \quad (2-40)$$

$$\frac{\partial Q}{\partial R} = \gamma \frac{Q}{R} \quad (2-41)$$

从式（2-39）至式（2-41）亦可看出，三者均大于零，这样替代的范围不会受到特定的限制。

该生产函数的另一个特点是，它以一种独特的方式表示要素边际生产率的伸缩性，即有形资本、劳动、R&D 资本的百分比变动与要素边际生产率百分比变动之间的关系。如果劳动相对于有形资本增加 1%，劳动的边际生产率减少的百分比等于 1 与劳动的指数之差，而有形资本边际生产率增加的百分比等于劳动的指数。

我们假设经济体中只有三种产品：消费 C、有形投资 I 和 R&D 投资 N。当 R&D 支出被当作中间投入时，并将这些投入费用化时，劳动 L 和有形资本 K 用来生产三种产品，但 N 是生产 C 和 I 的中间投入。具体可表达如下：

$$N(t) = F^N(L_n(t), K(t), t) \quad (2-42)$$

$$P^N(t)N(t) = P^L(t)L_N(t) + P^K(t)K_N(t) \quad (2-43)$$

$$I(t) = F^I(L_I(t), K_I(t), N_I(t), t) \quad (2-44)$$

$$P^I(t)I(t) = P^L(t)L_I(t) + P^k(t)K_I(t) + P^N(t)N_I(t) \quad (2-45)$$

$$C(t) = F^c(L_c(t), K_c(t), N_c(t), t) \quad (2-46)$$

$$P^c(t)C(t) = P^L(t)L_c(t) + P^k(t)K_c(t) + P^N(t)N_c(t) \quad (2-47)$$

其中，$L = L_N + L_I + L^C$，$K = K_N + K_I + K^C$，$N = N_I + N^C$。

假设每种投入的边际收入与其边际生产产品价值相等，这样每一个生产方程都与一个恒等式相联系，当把 R&D 投入看作是中间投入时，$N(t)$ 既是产出，也是其他生产部门的中间投入。这样求和加总时，$N(t)$ 就相互抵消了，在恒等式中则没有 $N(t)$。我们可以得到如下等式：

$$P^Q(t)Q(t) = P^c(t)C(t) + P^I(t)I(t) = P^L(t)L(t) + P^K(t)K(t) \quad (2-48)$$

但当 R&D 支出进行资本化后,方程要做出如下调整,假设 R&D 资本化采用 Goldsmith 方法,即 $K_t = E_t + (1-\delta)K_{t-1}$,在这里为了和有形资本进行区分,将符号 K 调整为 R,期初的资本则用中间投入 $N(t)$ 代替,在这里即有 $R_t = N_{(t)} + (1-\delta)R_{t-1}$。

于是,R&D 资本化后的部门生产方程调整如下:

$$N_t = F^N(L_n(t), K(t), R_N(t), t) \qquad (2-49)$$

$$P^N(t)N(t) = P^L(t)L_N(t) + P^K(t)K_N(t) + P^R(t)R_N(t) \qquad (2-50)$$

$$I(t) = F^I(L_I(t), K_I(t), R_I(t), t) \qquad (2-51)$$

$$P^I(t)I(t) = P^L(t)L_I(t) + P^k(t)K_I(t) + P^R(t)R_I(t) \qquad (2-52)$$

$$C(t) = F^c(L_c(t), K_c(t), R_c(t), t) \qquad (2-53)$$

$$P^c(t)C(t) = P^L(t)L_c(t) + P^k(t)K_c(t) + P^R(t)R_c(t) \qquad (2-54)$$

另外,$R = R_N + R_I + R_C$,取代了前面的 $N = N_I + N_C$。因此,当资本化时,GDP 恒等式在生产部分就需要包括新的 R&D 投资品了。在收入部门就要纳入 R&D 资本的报酬,具体公式表达如下:

$$\begin{aligned} P^Q(t)Q(t) &= P^c(t)C(t) + P^I(t)I(t) + P^N(t)N(t) \\ &= P^L(t)L(t) + P^K(t)K(t) + P^R(t)R(t) \end{aligned} \qquad (2-55)$$

其中,$P^R(t)$ 为 R&D 资本的使用成本,当费用化支出时,这部分收益在 GDP 核算中不存在,在资本化后,扩展的 GDP 包含的内容丰富且要大于 R&D 费用化时的 GDP。

传统的 SOG（Source of Growth）的分析框架认为产出的增长率等于加权的投入要素增长率加上一个余项。

（四）R&D 资本化核算中关键参数确定

由 R&D 资本化核算的基本范畴和测算方法基本原理与基本特点可知,在利用三种方法计算 R&D 资本存量过程中,主要涉及以下参数的计算或选择:R&D 资本存量增长率;R&D 资本折旧率;R&D 支出价格指数以及私人收益率等。①

---

① 现实中,R&D 资本的滞后期也是一个关键参数。与一般物质资本不同,R&D 资本化过程往往需要较长的时期,但囿于理论与实践资料缺乏,选用合理的逻辑方式进行设置可能是较好的处理方式。

1. 初始增长率和初始资本存量的确定

在计算资本存量时，如果涉及的投资时间序列长，研究时期距离初始年份则比较远，早期初始存量的确定对近期资本存量的计算影响较小，反之则大。虽然合理的方法可以在一定程度上降低误差，但并无法完全消除影响。一般认为，应尽可能地获取较长时间的序列，以便相对准确地确定R&D初始存量。但从我国的实际情况出发，由于开展R&D统计的时期较短，全国层面精准界定R&D经费是从1995年开始的，准确的数据对于测算的准确性至关重要，考虑到这一点，我们不是用过多的替代数据区一味地追求长的时间序列，而是从精准数据出发，确定合适长度的时间序列。

另外，在实际处理过程中，我们统计的是R&D的投资量，往往只能假定资本存量的增长速度与R&D投资量增速相同，即K与E具有相同的增长率。据此，R&D资本存量增长率可由R&D投资的增长率替代。目前针对R&D资本存量增长率的计算方法主要有两种：一种是通用的几何平均法；另一种是BEA的线性回归法。

（1）几何平均法

几何平均法的计算公式如下：

$$g_k = \sqrt[t]{\frac{E_t}{E_{t-1}} \frac{E_{t-1}}{E_{t-2}} \cdots \frac{E_1}{E_0}} - 1 = \sqrt[t]{\frac{E_t}{E_0}} - 1 \qquad (2-56)$$

由几何平均法所计算的R&D资本存量增长率实质上是从期初到期末R&D投资的平均增长速度，在一定程度上具有代表性；但它忽视了从期初到期末之间R&D投资增长的差异性。

（2）线性回归法

BEA在具体计算R&D资本存量增长率时采用的是线性回归法，其计算公式如下：

$$g_k = e^m - 1 \qquad (2-57)$$

其中，斜率系数m由下列线性回归模型决定 $lnE_t = b + mt + \varepsilon_t$，$t$为时间变量，$\varepsilon_t$为随机误差项。由上述测算方法最终可获得R&D资本存量增长率。

由该线性回归方法所确定的R&D资本存量增长率容易受到样本区间的影响，不同的样本区间对测算结果影响较大；而且在具体测算过程中，不同行业之间具有差异性，因此，在实践中既要考虑行业间的差异性，又要对样本区间进行合理的确定与选择。

2. 折旧率确定

在计算资本存量时，折旧率是非常重要的参数，对测算的结果影响较大。折旧率的大小取决于折旧的模式，对一般的固定资本，现有研究和理论都已经比较成熟。折旧方法有直线折旧、年度加总折旧和几何折旧等方法；并且在企业的会计核算中会指定折旧的方法，处理起来也有一整套的流程。但对于无形的知识资产，折旧起来却相对困难，现代社会的知识更新速度快，新知识一旦出现，原来的知识即相对老化，因此 R&D 资本并没有一个相对固定的模式，其表现形式丰富多样，故难以提供一个合理的折旧方法。对于 R&D 折旧没有固定的模式，R&D 折旧率的选择也没有统一的标准，其数值的测算仍然是一个悬而未决的难题。根据 Griliches 和 Lichtenbegr（1984）等学者的研究，在计算 R&D 资本存量时，提出资本折旧率固定值可以定为 15%。关于折旧率的计算方法，主要有：生产函数法、分期摊销模型、专利展望模型和市场估计模型（Mead，2007），但每种方法都有各自的假设条件和限制因素，难以找到一个合适的测算方法（王孟欣，2011）。

（Hall，2007）采用生产函数方法确定折旧率，他假设：①厂商处于完全竞争的市场，②普通资本和 R&D 资本的产出弹性能够与它们的投入份额成正比。但这个假定存在缺陷：作为厂商进行 R&D 活动的目的，就是营造技术壁垒，故一般认为 R&D 活动会导致垄断收益的产生。所以 R&D 活动营造的就不是一个完全竞争的市场。同时生产函数法在测算折旧率时还需要对 R&D 产品未来的价格做出假定，这种假定又依赖于价格指数和资本存量，而这几个因素本身也存在不确定性。更重要的是，这种方法没有考虑 R&D 资本折旧的特点，将 R&D 资本和普通的物质资本视为同质处理。在实证研究中，使用该方法在一些行业中也并不能很好地拟合数据，从而导致该方法存在许多争议。

分期摊销模型是考虑 R&D 资本在某个期限内进行摊销而推算出的折旧率。该模型具体有：直线摊销法、利润（销售量）摊销法、双倍余额递减法、权数折旧法等。这些方法的优势是可以结合知识经济的一些特点。

直线法是计算 R&D 资本折旧最简单的一种方法，以 R&D 资本的初始价值减去预期 R&D 资本残存净值，按照经济寿命平均计算即得折旧额。用公式表示为：$D = \dfrac{S_0 - C}{n}$，其中 D 为年折旧费用（见图 2-4）。直线折旧的摊销方式比较适用于各个时期使用效能大概相同的 R&D 资本。由于直线法 R&D 知识发挥效能的时间长度，而不考虑不同时间段 R&D 知识发挥的强度。如某一年发挥的强度大，势必使折旧的份额减少，因而用此法折旧，看似各年均等，其实并不均等。直线法偏重使用时间，不考虑效能强度的特点，于是产生了按照 R&D 资本效能强度来计算折旧的方法，即利润（销售量）摊销法。

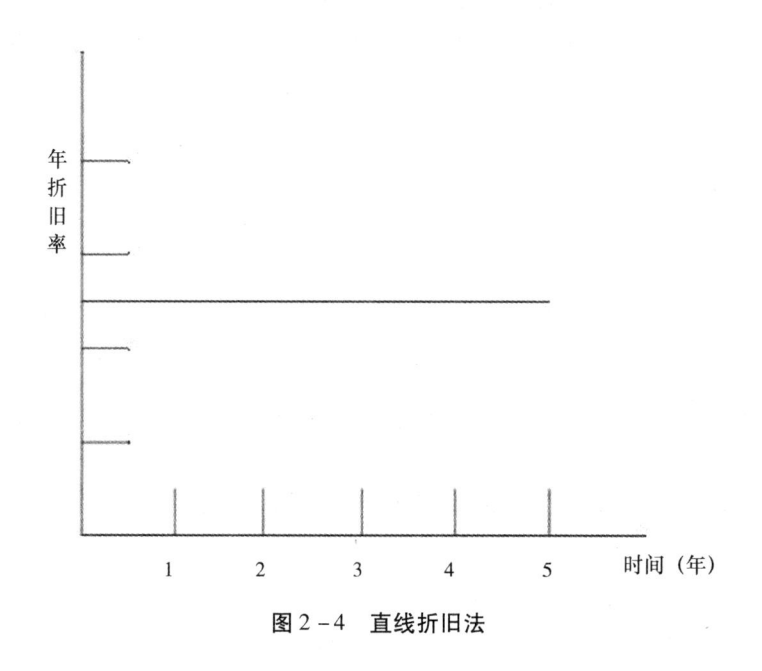

图 2-4　直线折旧法

利润（销售量）摊销法中，一定金额的折旧被分配计入单位销售量或单位利润中。以 R&D 资本的初始值减预期 R&D 资本残存净值再除以利润（或销售量），确定单位利润（或销售量）对应的 R&D 资本折旧。用公式可以表示为：

$$\delta(h) = \frac{S_0 - c}{H} \quad (2-58)$$

$$或\ \delta(p) = \frac{S_0 - c}{P}$$

其中 $\delta(h)$ 代表单位利润的折旧额，$\delta(p)$ 代表单位销售量折旧额；P 代表已销售的总量。这种方法主要适用于实际耗用的损耗，折旧仅在 R&D 资本被使用时才计算，利润（或销售量）越大，折旧费用就越多（见图 2-5）。

双倍余额递减法是一种加速折旧的方法，它可以加速折旧在 R&D 资本刚开始

二 R&D 支出纳入 GDP 核算方法研究

阶段与直线法相比较摊销相对较大的 R&D 成本。R&D 资本每期期初的存量是逐渐减少的，用两倍的直线折旧率乘以递减的期初存量，其折旧额也逐年减少（见图 2-6）。

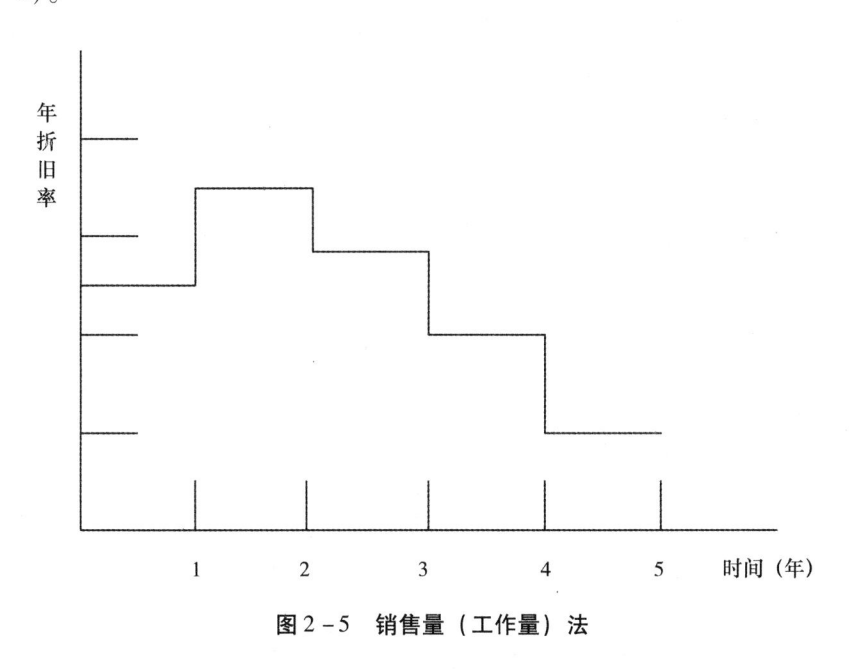

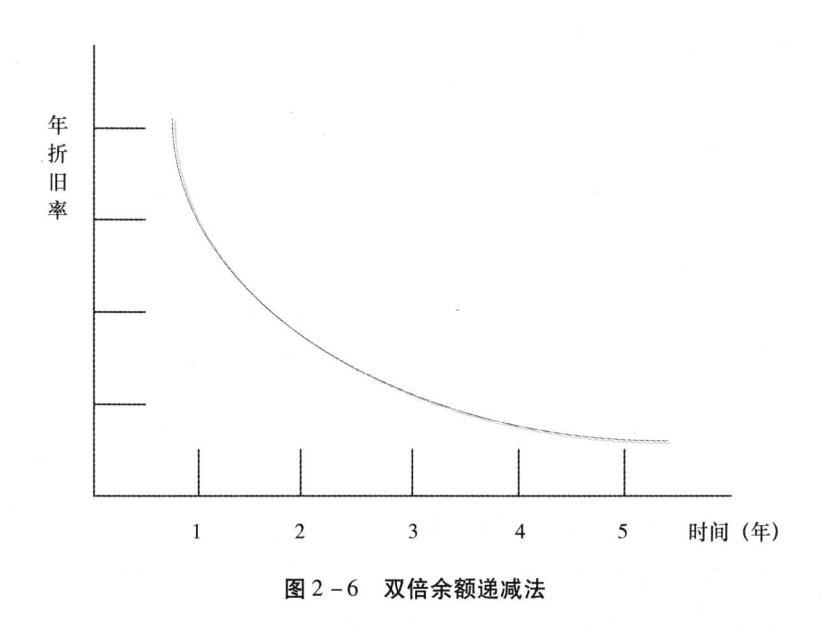

图 2-5 销售量（工作量）法

图 2-6 双倍余额递减法

权数折旧法是把各年的权数与权数总和之比作为折旧率,然后把应折旧总额乘以折旧率计算折旧额的一种方法(见图2-7)。

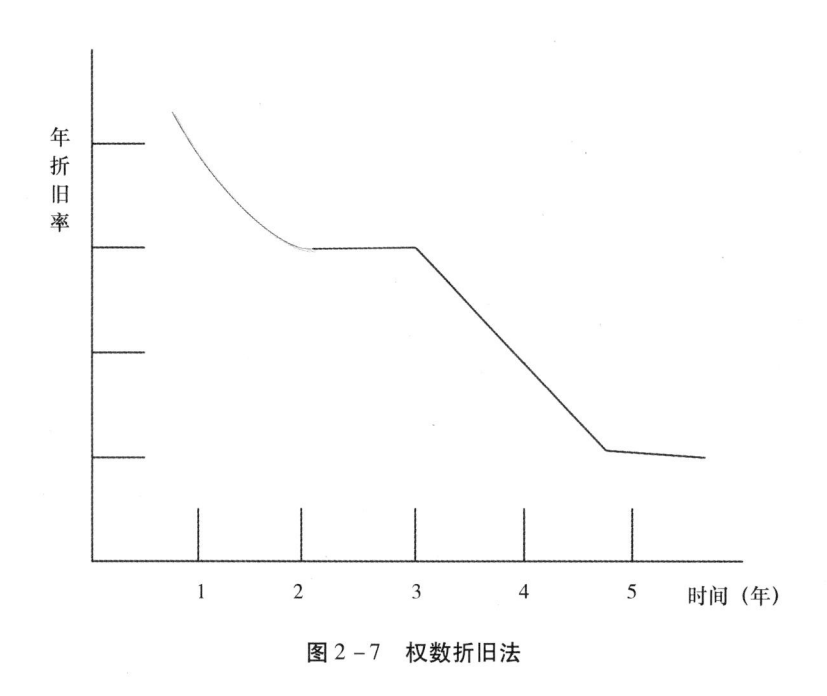

图2-7 权数折旧法

设R&D资本的经济寿命为n,各年的权数分别为:
$1+(n-1)a, 1+(n-2)a, 1+(n-3)a, \cdots, 1+a, 1$
其中,a为权数差,且为非负数。

权数和 $= 1+(n-1)a+1+(n-2)a+\cdots+1+a+1 = n+\dfrac{(n-1)n}{2}a$

以各年权数计算折旧率:第t年的折旧率 $\delta = \dfrac{\text{第}t\text{年权数}}{\text{权数和}} = \dfrac{1+(n-t)d}{n+(n-1)na/2}$

前后两年的折旧率差 $= \dfrac{a}{n+(n-1)na/2}$,第t年折旧额 $D_t = (s_0 - c)\delta$

显然当a越大,折旧率差越大,也就是折旧的速度越快,故a是折旧速度的度量。

分期摊销模型的整体思路是按照R&D的资本生命周期,逐年按照一定的比例进行摊销折旧,但是这些做法的前提是这些趋势正好反映了R&D的收益,现实中,这样的假设条件也是难以得到满足的,因此这种方法的理论设想很好,但在使用时往往受到了前提的限制。

专利展望模型也是假定专利是 R&D 产出的代表，折旧率与专利存续时间互为反函数。如果专利的有效存续时间足够长，则可以假定折旧率足够小，通过专利展望（renew）的相关统计数据信息来估算折旧率。这种方法的缺点是：①专利的估价并非 R&D 产出价值的良好估计；②并非所有的 R&D 活动都与专利有关。

市场估价模型首先假设资本市场是有效的，然后通过企业的市场价值来估算 R&D 的折旧率。但现实的情况是资本市场可能是无效的，这也就产生了矛盾。

现有的折旧率方法均存在一定的局限，难以找到一个合适的方法来计算折旧率。BEA 在折旧率上选择了区间测定的方法：首先基于不同的研究人员研究得出的各种折旧率数据，确定相关行业的折旧率的区间，然后在区间内对相关行业的 R&D 资本折旧率进行设定。具体设为：运输行业折旧率为 18%、计算机和电子行业折旧率为 16.5%、化学行业为 11%、其他行业为 15%。根据 Wendy（2012）的研究结果，企业部门中美国 R&D 密集度高的十大行业的平均 R&D 折旧率为 25.8%；而美国政府部门中 R&D 平均折旧率为 13.6%（Marissa et al, 2014）。此外，国家统计局国民经济核算司 GDP 生产核算处建议在测算时将 R&D 资本折旧率定为 10%（核算司 GDP 生产核算处，2014）。

3. 价格指数确定

R&D 支出价格指数的测定是 R&D 纳入 GDP 核算的难点之一，由于价格的变化会影响 R&D 资本存量的价值，因此，从严格意义上来讲，需要专门服务于 R&D 资产的价格指数体系，还要有综合反映 R&D 产出价格指数、研发输出的价格变化以及反映类似通货膨胀问题对研发资产影响的平减价格指数，但目前我国由于暂未建立 R&D 卫星账户，没有专门服务于研发的价格指数体系。目前大多数相关实证分析对 R&D 支出价格指数的核算基本上采用替代指数，即寻找 R&D 活动各投入构成要素的替代指标，然后将这些指标的价格指数加权平均，用以估计 R&D 支出价格指数。常用的替代指标法有：R&D 支出成本价格指数法、GDP 平减价格指数法、城镇单位职工平均工资指数法和居民消费价格指数法等。美国 BEA 在 R&D 资本化过程中选用了两种价格指数，即 R&D 支出成本价格指数和综合产出价格指数（Jennifer 和 Andrew，2010），但这两种价格指数各有其局限性。支出成本价格指数虽然有利于估计由 R&D 支出发生通货膨胀所带来的影响,但无法解释生产率的增长;综合产出价格指数是对 R&D 密集度高的行业所生产的产品产出价格的加权平均,它假定不同行业间 R&D 生产过程中具有共同的因素,虽然在一定程度上考虑到了 R&D 密集度高的行业生产率增长的影响,但它仍然受到与 R&D 无关而又影响这些行业产品产出价格因素的影响。总之,R&D 支出价格指数是 R&D 资本化过程中必须要考虑的问题。

实践中,由于相关理论与资料的匮乏,具体测算过程中很难保证构造准确的 R&D 支出价格指数。本书将结合中国实际,采取可行性高的几种指数,其测定方法不尽相同。综合起来有 R&D 支出成本价格指数法、GDP 平减价格指数法、城镇单位职工平均工资指数法和居民消费价格指数法。

(1) R&D 支出成本价格指数法

要想构造 R&D 投入价格指数,就必须考虑我国 R&D 经费内部支出的具体构成,从经费的构成入手,分别考虑各个部分在价格上的影响。我国 R&D 经费内部支出是按照全成本口径核算的,包括日常性支出和资产性支出两部分,其中日常性支出又分为人员劳务费和其他日常性支出;资产性支出又分为仪器和设备支出与其他资产性支出。在现有统计年鉴中,仅有以上部分的支出总额,缺乏 R&D 价格变化信息。本书拟采用以下 R&D 支出成本价格指数法构造各部分 R&D 价格指数。

①R&D 人员劳务费价格指数

R&D 人员劳务费价格指数测度的是 R&D 活动人员报酬的变化,是单位 R&D 人员劳务费变化的相对数。经济合作与发展组织(OECD)编制的《弗拉斯卡蒂手册》认为,从事 R&D 的人员数应该按照 R&D 活动的 1 个全时工作当量统计,也就是说,相对于以人头数计量的 R&D 人员总量,按照劳动工作量计量的 R&D 全时工作当量是 R&D 总量的科学测度。因此,本书用 R&D 内部支出中劳务费除以 R&D 人员全时当量,得到每单位 R&D 全时当量的劳务费,相邻时期之比即为 R&D 人员劳务费价格指数:

$$I^{LC} = \frac{F_t/Q_t}{F_{t-1}/Q_{t-1}} \qquad (2-59)$$

其中,F_t 为 R&D 经费内部支出中的人员劳务费,Q_t 为 R&D 人员全时当量。

②R&D 其他日常支出价格指数

根据我国现行的科技活动统计报表制度,R&D 内部经费支出中其他日常支出主要包括：为实施R&D项目实际消耗的原材料、辅助材料、备用配件、外购半成品、水和燃料（包括煤气和电）的使用费，用于中间试验和产品试制达不到固定资产标准的模具、样品、样机及一般测试手段购置费、试制产品的检验费等，折旧费用与长期费用摊销、无形资产摊销、其他费用（含设计费、装备调试费）等。从其他日常支出各部分的构成比重看，原材料与燃料占绝对份额。因此，正常情况下原材料与燃料的价格变化对R&D其他日常支出价格变化影响最大。另外，因为R&D项目所用的原材料种类与项目成功以后产业化生产所用的原材料种类基本一致，所以本书用工业生产者购进价格指数中的原材料、燃料、动力购进价格指数作为R&D其他日常支出价格指数的替代指标，记为I^{ORE}，并用工业生产者购进价格指数中的原材料、燃料、动力购进指数代替该指数。

③R&D资本性支出价格指数

《弗拉斯卡蒂手册》建议的R&D资产性支出包括土地和建筑物、设备和机械两部分。而我国现行的科技活动统计报表制度中，R&D资产性支出主要是指后者，即购买用于科技活动的仪器设备的费用支出，包括各类机器设备、试验测量仪器、运输工具、工装器具等购买和制造时实际支付的货币和制造成本。固定资产投资价格指数中的设备、工器具购置，是指把工业企业生产的产品转为固定资产的购置活动，包括建设单位或企事业单位购置或自制的，达到固定资产标准的设备工具器具的价值。其中：设备指的是各种生产设备、传导设备、动力设备、运输设备；工具器具指的是具有独立用途的各种生产用具、工作工具和仪器。R&D活动过程中使用的设备和机械大体上和上述类别类似，因此设备、工器具购置指数可以反映R&D活动中设备和机械购置费变化概念，可作为R&D经费中资产性支出的替代指标，记为I^{EE}，并用固定资产投资价格指数中的设备工器具购置价格指数代替。

以R&D人员劳务费、R&D活动中其他日常支出费用以及R&D资本性支出所占比重为权重，将上述3个指数加权平均，就得到R&D支出成本价格指数I_{input}。

$$I_{input} = \lambda_{LC}I^{LC} + \lambda_{ORE}I^{ORE} + \lambda_{EE}I^{EE} \qquad (2-60)$$

其中，λ_{LC}、λ_{ORE}、λ_{EE}分别为各年劳务费、其他日常支出和资产性支出所占比重，这些比重随年度发生变化。因此，本书构建R&D支出价格指数的权重属于变权重。

(2) GDP 平减价格指数法

在进行 R&D 核算的时候,首要的就是剔除价格的变化,得到 R&D 的实际支出。目前国内外不少 R&D 价格指数估计文献都采用 GDP 平减价格指数作为替代指数,如朱发仓在《工业 R&D 价格指数估计研究》中就采用了 GDP 平减价格指数。由于 GDP 平减价格指数涉及全部商品和服务,除消费外,还包括生产资料和资本、进出口商品和劳务等,而 R&D 支出基本也涉及这些方面,所以采用 GDP 平减价格指数可以很好地衡量 R&D 支出中的各类支出。该指数是一种全面性好、可靠性高的 R&D 支出价格指数的替代指数。

(3) 城镇单位职工平均工资指数法

根据国际 R&D 支出相关课题研究的情况,研发主要体现人才的价值,在 R&D 支出中绝大部分用于人员劳务费支出。根据我国调查统计制度的实际情况也可以发现 R&D 人员费所占经费支出比例较高,故国家统计局根据现有的数据基础,在测算中采用了城镇单位职工平均工资指数替代 R&D 支出价格指数。

4. 私人收益率

与企业 R&D 投入要求的回报不同,一般政府部门的 R&D 收益没有包括在 GDP 中,这是因为在国民经济核算中企业部门和政府部门的处理方式不同。由于一般政府部门的产品很少在市场上公开销售,具有很强的公共性,产品的价值难以量化,因此具体处理过程中往往假定一般政府部门的产出等于其投入成本。没有公开的市场价格来衡量一般政府部门的 R&D 活动,也就无法估计 R&D 活动的收益。此外,一般政府部门的 R&D 活动产出很多是非市场商品服务,非市场化的产品不在 GDP 核算范围内。由于以上性质,导致了一般政府部门 R&D 活动产出的低估。因此,在调整过程中需要考虑一般政府部门 R&D 资本化产生的私人收益。

根据国外学者(Barbara and Sumiye,2005)对一般政府部门的私人 R&D 收益率研究成果,设定一般政府部门的 R&D 私人收益率为 16%;而且当期的一般政府部门的私人收益由两部分构成:净收益与折旧。其计算公式为:

当期一般政府部门的私人收益 = 上一期一般政府部门 R&D 资本存量 × 私人收益率 + 上一期一般政府部门 R&D 资本存量 × 折旧率。 (2-61)

（五）深圳市 R&D 支出纳入 GDP 的测算方法

1. 美国 BEA 核算方法的分析

（1）R&D 支出初始增长率的核算（线性回归法）

利用美国 BEA 线性回归法计算 R&D 支出初始增长率，根据第四部分式（2-57）$g_k = e^m - 1$，得到公式 $\ln E_t = b + mt + \varepsilon_t$，采用线性拟合的方法，对式（2-57）参数进行估计，利用得到的时间变量的系数代入式（2-57）中，可以得到 R&D 支出初始增长率。

本书利用 SAS 统计软件测算出具体回归结果，如表 2-22 和表 2-23 所示。通过表 2-22 的方差分析可知 $P<0.0001$，表明整个线性回归模型整体比较显著；其模型的拟合优度为 0.9976，表明该模型的拟合效果很好。从表 2-23 可知，常数项和时间变量 t 都是统计显著的，说明该模型参数通过检验。

表 2-22　　　　　　　　　　　方差分析

\multicolumn{6}{c}{Analysis of Variance}					
Source	DF	Sum of Squares	Mean Square	F Value	Pr > F
Model	1	3.86515	3.86515	4264.62	<.0001
Error	10	0.00906	0.00090633		
R-Square	\multicolumn{2}{c}{0.9976}	Adj R-Sq	\multicolumn{2}{c}{0.9974}			

表 2-23　　　　　　　　　　　参数估计

\multicolumn{6}{c}{Parameter Estimates}					
Variable	DF	Parameter Estimate	Standard Error	T Value	Pr > |t|
Intercept	1	-315.66566	5.05395	-62.46	<.0001
year	1	0.16441	0.00252	65.3	<.0001

通过以上分析，根据表 2-22 可知时间变量的系数 $m=0.16441$，由此代入式（2-57）中，最终得到 R&D 支出增长率为：

$$g_1 = e^{0.16441} - 1$$
$$= 17.87\%$$

其中，g_1 为 R&D 支出初始增长率。具体测算数据参见表 2-24。

表 2-24　　　　深圳市 R&D 资本存量和增长率（美国 BEA 法）

年份	R&D 定基价格指数 （2002 = 100）	R&D 现价 支出额 （万元）	R&D 支出 定基数额 （万元）	R&D 资本 存量 （万元）	R&D 资本 存量增长率 （%）
2002	100.00	732040	732040	2849784	—
2003	99.63	832936	836029	3359034	17.87
2004	103.14	1014484	983605	3957556	17.82
2005	107.16	1245113	1161973	4665674	17.89
2006	111.31	1539551	1383133	5513083	18.16
2007	114.71	1755674	1530598	6415843	16.37
2008	121.73	2199909	1807180	7491079	16.76
2009	119.54	2797112	2339869	8964847	19.67
2010	124.23	3333102	2682984	10617197	18.43
2011	130.77	4161363	3182210	12578576	18.47
2012	133.88	4883739	3647881	14786205	17.55
2013	134.16	5846115	4357608	17447313	18.00
2014	135.16	6400600	4735573	20201273	15.79
2015	134.39	7277874	5415488	23325859	15.47

注：R&D 支出初始增长率为 17.87%，折旧率为 10%（2014—2015 年采用张军教授测算的 9.6%）。

(2) R&D 资本存量的核算

R&D 资本存量采用美国 BEA 方法核算的步骤：①根据深圳市统计年鉴中的现价 R&D 资本支出额，用 R&D 支出成本价格指数进行调整，得到不变价 R&D 资本支出额（2002 年 = 100），记为 E_t。②将 E_t 和两个参数 g_t、δ 代入以下公式进行计算。R&D 初始资本存量公式如下：

$$K_{t-1} = \frac{E_t(1 - \delta/2)}{g_k + \delta} \quad (2-62)$$

其中，R&D 资本存量时采用的折旧率为 10%（2014—2015 年采用张军教授测算的 9.6%），R&D 支出初始增长速度采用美国 BEA 线性回归方法进行计算的结果为 17.87%。

如前所述,根据第二部分式(2-11),美国 BEA 核算方法的 R&D 资本存量公式为:$K_t = (1-\delta) K_{t-1} + (1-\delta/2) E_t$,其中 K_t 及 K_{t-1} 为不变价格的相应年度年末 R&D 资本净存量;E_t 为不变价 R&D 资本支出额,即:不变价 R&D 资本支出额=现价 R&D 资本支出额/R&D 支出成本价格指数;δ 为折旧率。根据公式,各年 R&D 资本存量计算如下:

初始年 R&D 资本存量为:

$K_0 = E_1 (1-\delta/2) / (g_1+\delta)$

$\quad = 836029 (1-0.10/2) / (0.17869748+0.10)$

$\quad = 2849784$(万元)

2003 年 R&D 资本存量为:

$K_1 = (1-\delta) K_0 + (1-\delta/2) E_1$

$\quad = (1-0.10) 2849784 + (1-0.10/2) 836029$

$\quad = 3359034$(万元)

同理,其余年份核算结果如表 2-24 所示。

通过永续盘存法对深圳市 R&D 资本存量进行核算。永续盘存法计算的前提之一是要求数据具有较长的时间序列,时间序列越长,计算结果就越精确,选定的 R&D 初始资本存量对数据结果的影响误差就越小。由于我国 2002 年才开始核算 R&D 数据,因此本课题以 2002 年为基期。为了消除物价变动对 R&D 支出以及 R&D 存量的影响,本课题用 R&D 支出价格指数进行了调整。核算结果如表 2-24 所示。

(3) 不同执行部门 R&D 资本存量的核算

R&D 资本存量的大小与 R&D 支出的大小有着紧密的联系。虽然并不建议基础研究资本化,但是考虑到基础研究投入程度决定着应用研究与试验发展的潜力与前景,遂将其资本化,以方便对比分析。由于数据的限制,按照执行部门 R&D 的支出额只有 2009—2015 年的数据,为了分析需要,本书用 2002—2008 年的现价 R&D 支出额,根据 2009 年不同执行部门的比重结构进行插值补数,参见表 2-25。

①不同执行部门现价 R&D 支出和比重

国家科技统计制度将 R&D 支出执行部门分为四大类:科研院所、高等院校、工业企业和非工业企事业。根据深圳市实际情况,其中非工业企事业部门中大部分为服务性企业,又可将其划分为两大类:一是企业(包括工业企业和非工业企事业),二是科研院所和高等院校。

根据深圳市 2002—2015 年的数据,获得不同执行部门 R&D 的支出和比重,如表 2-25 所示。不同执行部门 R&D 支出的比重差异性很大,其中工业企业的支出比重一般在 90% 以上,占绝对份额;非工业企事业的支出比重次之,一般在 5% 左右;科研院所和高等院校的比重都比较低,尤其是高等院校,其 R&D 支出比重不到 1%。

表 2-25　　　　　深圳市不同执行部门 R&D 的支出和比重(现价)

年份	不同执行部门 R&D 支出额(万元)					不同执行部门 R&D 支出额占比重(%)			
	科研院所	高等院校	工业企业	非工业企事业	合计	科研院所	高等院校	工业企业	非工业企事业
2002	4099	4758	677869	45313	732040	0.56	0.65	92.60	6.19
2003	4664	5414	771299	51559	832936	0.56	0.65	92.60	6.19
2004	5681	6594	939412	62797	1014484	0.56	0.65	92.60	6.19
2005	6973	8093	1152974	77072	1245113	0.56	0.65	92.60	6.19
2006	8621	10007	1425624	95298	1539551	0.56	0.65	92.60	6.19
2007	9832	11412	1625754	108676	1755674	0.56	0.65	92.60	6.19
2008	12319	14299	2037115	136174	2199909	0.56	0.65	92.60	6.19
2009	15772	18321	2590000	173019	2797112	0.56	0.65	92.60	6.19
2010	7982	14224	3137877	173019	3333102	0.24	0.43	94.14	5.19
2011	85967	13460	3888917	173019	4161363	2.07	0.32	93.45	4.16
2012	69338	17585	4618655	178161	4883739	1.42	0.36	94.57	3.65
2013	126838	24518	5329402	365357	5846115	2.17	0.42	91.16	6.25
2014	150400	27600	5883500	339100	6400600	2.35	0.43	91.92	5.30
2015	203780	27600	6726494	320000	7277874	2.80	0.38	92.42	4.40

注:2002—2008 年不同执行部门数据是估计数。即用 2002—2008 年的现价 R&D 支出额,根据 2009 年不同执行部门的比重结构进行插值补数。

②不同执行部门不变价 R&D 支出对比分析

为了进行时序数列比较,以及 R&D 支出资本化分析的需要,需将不同执行部门 R&D 的支出按 2002 年不变价进行测算。此外,本书假设各个执行部门的 R&D 支出价格指数与总体 R&D 支出价格指数相等,其中以 2002 年为基期的不变价

R&D 支出价格指数。具体核算方法，即：不变价 R&D 支出额 = 现价 R&D 支出额 / R&D 定基价格指数。其核算结果如表 2-26 所示。

表 2-26　深圳市不同执行部门不变价 R&D 支出（不变价 2002 = 100）

年份	R&D 定基价格指数（%）	科研院所 R&D 支出（万元）	高等院校 R&D 支出（万元）	工业企业 R&D 支出（万元）	非工业企业 R&D 支出（万元）
2002	100.00	4099	4758	677869	45313
2003	99.63	4682	5434	774163	51750
2004	103.14	5508	6393	910819	60885
2005	107.16	6507	7553	1075987	71926
2006	111.31	7746	8990	1280781	85616
2007	114.71	8571	9949	1417334	94744
2008	121.73	10120	11747	1673449	111864
2009	119.54	13194	15326	2166614	144736
2010	124.23	6425	11450	2525837	139272
2011	130.77	65739	10293	2973869	132308
2012	133.88	51791	13135	3449878	133076
2013	134.16	94543	18276	3972458	272332
2014	135.16	111276	20420	4352989	250888
2015	134.39	151634	20537	5005204	238113

③不同执行部门 R&D 支出的资本存量分析

如前所述，美国 BEA 核算方法中的 R&D 支出初始增长率测算所采用的是线性回归法，其计算公式为：

$$g_k = e^m - 1 \qquad (2-63)$$

公式中的斜率系数 m 由下列回归模型决定：$\ln E_t = b + mt + \varepsilon_t$，其中 E 代表 R&D 资本支出额，t 为时间变量，ε_t 为随机误差项。由表 2-26 计算已获得 R&D 支出初始增长率为：$g = 17.87\%$。假定不同执行部门 R&D 支出初始增长率基本相同，那么，深圳市不同执行部门各年 R&D 支出资本存量计算步骤如下。

首先，不同执行部门的 R&D 支出基期资本存量由 $K_{t-1} = \dfrac{E_t(1-\delta/2)}{g_k + \delta}$ 公式获得，其中 g_k 为 R&D 支出初始增长率（$g_k = 17.87\%$），R&D 的折旧率为 10%

(2014—2015 年采用张军教授测算的 9.6%）。

其次，其他各年份不同执行部门的 R&D 资本存量，由 $K_t = (1-\delta) K_{t-1} + (1-\delta/2) E_t$ 公式递推获得，对表 2-26 数据计算结果如表 2-27 所示。

表 2-27　　深圳市不同执行部门 R&D 支出的资本存量分析（一）　　单位：万元

年份	科研院所 R&D 资本存量 (1)	高等院校 R&D 资本存量 (2)	工业企业 R&D 资本存量 (3)	非工业企事业 R&D 资本存量 (4)	工业企业 + 非工业企事业 R&D 资本存量 (5) = (3) + (4)	科研院所 + 高等院校 R&D 资本存量 (6) = (1) + (2)
2002	15957	18521	2638566	176379	2814945	34478
2003	18809	21832	3110164	207904	3318068	40640
2004	22161	25722	3664425	244955	3909380	47883
2005	26126	30325	4320170	288789	4608959	56451
2006	30872	35833	5104895	341245	5446140	66705
2007	35928	41702	5940873	397127	6338000	77629
2008	41949	48691	6936561	463686	7400247	90640
2009	50288	58381	8301188	554816	8856004	108670
2010	51363	63420	9870615	631643	10502258	114784
2011	108679	66857	11708729	694171	12402900	175536
2012	147013	72650	13815240	751177	14566417	219663
2013	222128	82746	16207551	934774	17142326	304874
2014	306738	94243	18795672	1083881	19879553	400981
2015	421646	104747	21756242	1206512	22962754	526393

注：R&D 支出初始增长率为 17.87%，折旧率为 10%（2014—2015 年采用张军教授测算的 9.6%）。

表 2-27 中，R&D 执行部门分为四大类：科研院所、高等院校、工业企业与非工业企事业。在进行账户调整或经济变量的影响分析时，通常将企业 R&D 活动产生的支出进行资本化，其余执行部门的 R&D 支出费用化。这部分主要计算企业部门产生的 R&D 资本存量与非企业部门产生的 R&D 资本存量，并比较它们的大小及发展变化。

表 2-28　深圳市不同执行部门 R&D 支出的资本存量分析（二）

年份	工业企业+非工业企事业 R&D 资本存量（万元）(5)	科研院所+高等院校 R&D 资本存量（万元）(6)	R&D 存量总额（万元）(7)=(5)+(6)	企业 R&D 资本存量的比重（%）(8)=(5)/(7)	科研院所+高等院校 R&D 资本存量的比重（%）(9)=(6)/(7)	企业 R&D 资本形成额（万元）(10)	科研院所+高等院校的收益（万元）(11)
2002	2814945	34478	2849423	98.79	1.21	—	—
2003	3318068	40640	3358708	98.79	1.21	503123	8964
2004	3909380	47883	3957263	98.79	1.21	591312	10566
2005	4608959	56451	4665411	98.79	1.21	699579	12450
2006	5446140	66705	5512846	98.79	1.21	837181	14677
2007	6338000	77629	6415629	98.79	1.21	891860	17343
2008	7400247	90640	7490887	98.79	1.21	1062247	20184
2009	8856004	108670	8964674	98.79	1.21	1455757	23566
2010	10502258	114784	10617041	98.92	1.08	1646253	28254
2011	12402900	175536	12578436	98.60	1.40	1900643	29844
2012	14566417	219663	14786080	98.51	1.49	2163517	45639
2013	17142326	304874	17447200	98.25	1.75	2575909	57112
2014	19879553	400981	20280534	98.02	1.98	2737228	79267
2015	22962754	526393	23489147	97.76	2.24	3083201	104255

注：R&D 支出初始增长率为 17.87%，折旧率为 10%（2014—2015 年采用张军教授测算的 9.6%）。

纵观表 2-28，从不同执行部门 R&D 支出的资本存量比重看，2002—2015 年深圳市企业 R&D 资本存量占绝大部分，历年均在 98% 左右，说明深圳市 R&D 支出主要在工业企业和非工业企事业；而科研院所和高等院校所占比重较小，一般在 1.5% 左右。因此，R&D 资本化对经济总量的影响主要集中在企业 R&D 的部分。非企业部门的 R&D 产出属于非市场活动的产出，在当前 GDP 中并不包含非市场 R&D 产出部分。在 R&D 资本化后，要将非市场部门的私人 R&D 收益增加到经济总量中去，但这部分对经济总量的影响并不大。

④不同执行部门 R&D 支出纳入 GDP 部分占比和贡献率分析

从不同执行部门 R&D 支出的资本增量看，工业企业和非工业企事业 R&D 资本存量，可以直接用增量得到企业 R&D 资本形成总额，如表 2-28 显示，企业资本形成额 2003 年增长为 503123 万元。到 2015 年增长为 3083201 万元。按照 SNA2008 的要求，这部分 R&D 资本形成额可以直接进入 GDP 核算，但是科研院所和高等院校 R&D 资本存量不能直接进入 GDP，必须进行费用化处理，形成非企业 R&D 收益，然后就可进入 GDP 核算。非企业 R&D 收益测算公式如下：

非企业 R&D 收益（t）=（非企业私人收益率16% + 折旧率10%）×非企业 R&D 资本存量（$t-1$） (2-64)

R&D 支出中可纳入 GDP 的部分 = 企业资本额 + 非企业 R&D 资本化产生的私人收益 (2-65)

其中，非企业私人收益率参照国外学者对科研院所与高等院校部门的私人 R&D 收益率的研究成果，设定科研院所和高等院校的 R&D 私人收益率为16%。根据上式，当期的非企业（科研院所和高等院校）的私人收益为上一期的非企业（科研院所和高等院校）R&D 资本存量的16%，再加上上一期的非企业 R&D 资本存量的10%。测算结果参见表2-29。

表2-29　深圳市 R&D 支出纳入 GDP 部分和占 R&D 的比重

年份	企业 R&D 资本形成额（万元）	科研院所+高等院校的收益（万元）	R&D 纳入 GDP 的部分（万元）	R&D 支出价格指数（%）	现价 R&D 支出额（万元）	不变价 R&D 支出额（万元）	R&D 纳入 GDP 部分占 R&D 比重（%）
	(10)	(11)	(12)=(10)+(11)	(13)	(14)	(15)=(14)/(13)	(16)=(12)/(15)
2002	—	—	—	100.00	732040	732040	—
2003	503123	8964	512087	99.63	832936	836029	61.25
2004	591312	10566	601878	103.14	1014484	983606	61.19
2005	699579	12450	712029	107.16	1245113	1161973	61.28
2006	837181	14677	851859	111.31	1539551	1383133	61.59
2007	891860	17343	909203	114.71	1755674	1530598	59.40
2008	1062247	20184	1082431	121.73	2199909	1807180	59.90
2009	1455757	23566	1479323	119.54	2797112	2339869	63.22
2010	1646253	28254	1674507	124.23	3333102	2682984	62.41
2011	1900643	29844	1930487	130.77	4161363	3182210	60.66
2012	2163517	45639	2209156	133.88	4883739	3647881	60.56
2013	2575909	57112	2633021	134.16	5846115	4357608	60.42
2014	2737228	79267	2816495	135.16	6400600	4735573	59.48
2015	3083201	104255	3187456	134.39	7277874	5415488	58.86

注：R&D 支出初始增长率为17.87%，折旧率为10%（2014—2015年采用张军教授测算的9.6%）。

二 R&D 支出纳入 GDP 核算方法研究

如表 2-29 显示，非企业 R&D 收益 2003 年为 8964 万元，到 2015 年增长为 104255 万元。企业资本形成额加非企业 R&D 收益可以进入 GDP 核算，从深圳市 R&D 支出纳入 GDP 的部分看，2003 年为 512087 万元，到 2015 年达到 3187456 万元。

由表 2-29 可知，通过 R&D 支出成本价格指数美国 BEA 核算方法的测算，深圳市 R&D 支出纳入 GDP 的部分占 R&D 的比重 2003 年为 61.25%，到 2015 年为 58.86%，平均为 60.79%，总体趋势比较稳定。

表 2-30　　　深圳市 R&D 支出纳入 GDP 后对 GDP 的贡献率

年份	现价 GDP（万元）(17)	不变价 GDP（万元）（2002=100）(18)	R&D 纳入 GDP 的部分（万元）(19)=(12)	R&D 纳入后的 GDP（万元）（2002=100）(20)=(18)+(19)	R&D 的纳入对 GDP 的贡献率（%）(21)=(19)/(18)
2002	29695184	29695184	—	—	—
2003	35857235	35392747	512087	35904834	1.45
2004	42821428	41513010	601878	42114889	1.45
2005	49509078	47770126	712029	48482155	1.49
2006	58135624	55683227	851859	56535086	1.53
2007	68015706	63944531	909203	64853734	1.42
2008	77867920	71691629	1082431	72774060	1.51
2009	82013176	79327545	1479323	80806868	1.86
2010	95815101	88978095	1674507	90652602	1.88
2011	115055298	97919527	1930487	99850014	1.97
2012	129500601	107673647	2209156	109882803	2.05
2013	145002300	118979373	2633021	121612394	2.21
2014	160019800	129449558	2816495	132266053	2.18
2015	175029900	140970569	3187456	144158025	2.26

注：R&D 支出初始增长率为 17.87%，折旧率为 10%（2014—2015 年采用张军教授测算的 9.6%）。

由表 2-30 可知，通过 R&D 支出成本价格指数美国 BEA 核算方法的测算，深圳市 R&D 支出纳入 GDP 后对 GDP 的贡献率 2003 年为 1.45%，到 2015 年增长为 2.26%，平均为 1.79%。2003—2015 年，深圳市 R&D 支出纳入 GDP 后对 GDP 的贡献率呈不断上升趋势，究其原因主要是因为深圳市 2003—2015 年 R&D 投入强度不断提高，从 2003 年的 2.32%，上升到 2015 年的 4.15%。

2. Goldsmith 核算方法的分析

(1) R&D 支出初始增长率的核算(几何平均法)

R&D 初始资本存量的选择对核算 R&D 存量有着重要影响,尤其是数据资料的时间序列较短时,随着时间的延长,初始 R&D 存量对后续年份的影响会越来越小。根据(Griliches and Goto, 1989)、(Coe and Helpinan, 1995)的核算方法,另假定 R&D 资本存量增长率 = R&D 费用投入增长率(g),由式(2-9)则有:

$$(K_t - K_{t-1})/K_{t-1} = (E_t - E_{t-1})/E_{t-1} = g$$

$$K_{t-1} = K_t/(1+g) = [E_{t-1} + (1-\delta)K_{t-1}]/(1+g) \quad (2-66)$$

由此可得:

$$K_{t-1} = E_{t-1}/(g+\delta) \quad (2-67)$$

当 $t=1$ 时,可得:

$$K_0 = E_0/(g+\delta)$$

其中,E_0 是期初 R&D 支出额,可由统计数据资料获得;g 是 R&D 支出初始增长率,通过计算样本区内每年 R&D 实际支出的平均增长率得到;δ 是 R&D 折旧率,通过式(2-58)确定 R&D 期初资本存量。

由于永续盘存法中假定 R&D 资本存量增长率 = R&D 费用投入初始增长率(g),根据式(2-58),其中 E_0 是期初不变价 R&D 支出额,可由深圳市统计数据直接得到,即:不变价 R&D 支出额 = 现价 R&D 支出额/R&D 支出价格指数;δ 是 R&D 折旧率;g 通过计算样本区内各年不变价 R&D 支出额的平均增长率得到。

$$g = \sqrt[n]{\frac{a_n}{a_{n-1}} \frac{a_{n-1}}{a_{n-2}} \frac{a_{n-1}}{a_{n-3}} \cdots \frac{a_2}{a_1}} - 1 = \sqrt[n]{\frac{a_n}{a_1}} - 1 = \sqrt[11]{\frac{4357608}{732040}} - 1 = 17.61\%$$

其中,a_i 为各年按可比价格计算的 R&D 实际支出额,具体测算数据参见表 2-31。

表 2-31 深圳市 R&D 资本存量以及其增长率(几何平均法)

年份	R&D 支出成本价格指数(2002年=100)	现价 R&D 支出额(万元)	不变价 R&D 支出额(万元)	R&D 资本存量(万元)	R&D 资本存量增长率(%)
2002	100.00	732040	732040	2651767	—
2003	99.63	832936	836029	3222619	21.53
2004	103.14	1014484	983605	3883963	20.52

续表

年份	R&D 支出成本价格指数（2002 年 = 100）	现价 R&D 支出额（万元）	不变价 R&D 支出额（万元）	R&D 资本存量（万元）	R&D 资本存量增长率（%）
2005	107.16	1245113	1161973	4657539	19.92
2006	111.31	1539551	1383133	5574918	19.70
2007	114.71	1755674	1530598	6548024	17.46
2008	121.73	2199909	1807180	7700402	17.60
2009	119.54	2797112	2339869	9270231	20.39
2010	124.23	3333102	2682984	11026191	18.94
2011	130.77	4161363	3182210	13105782	18.86
2012	133.88	4883739	3647881	15443084	17.83
2013	134.16	5846115	4357608	18256384	18.22
2014	135.16	6400600	4735573	21166318	15.94
2015	134.39	7277874	5415488	24465174	15.59

注：R&D 支出初始增长率为 17.61%，折旧率为 10%（2014—2015 年采用张军教授测算的 9.6%）。

（2）R&D 资本存量的核算

根据深圳市统计年鉴中的现价 R&D 支出额，然后通过 R&D 支出成本价格指数对现价 R&D 支出额进行调整，得到不变价 R&D 支出额（2002 年 = 100）。其中 R&D 资本存量折旧率采用 10%（2014—2015 年采用张军教授测算的 9.6%），R&D 支出初始增长率采用几何平均法计算出的 17.61%。因此，根据不变价 R&D 支出额计算深圳市期初 R&D 资本存量，公式如下：

初始年 R&D 资本存量为：

$K_0 = E_0 / (g + \delta) = 732040 / (17.605736\% + 10\%) = 2651767$（万元）

2003 年 R&D 资本存量为：

$K_1 = E_1 + (1 - \delta) K_0 = 836029 + (1 - 0.10) \times 2651767 = 3222619$（万元）

其余计算，根据公式：$K_t = E_t + (1 - \delta) K_{t-1}$，测算结果如表 2 - 31 所示。

（3）不同执行部门 R&D 资本存量的核算

R&D 资本存量的大小与 R&D 支出的大小有着紧密的联系。虽然并不建议基础研究资本化，但是考虑到基础研究投入程度决定着应用研究与试验发展的潜力与前景，遂将其资本化，以方便对比分析。由于数据的限制，按照执行部门 R&D 的支出额只有 2009—2015 年的数据，为了分析需要，本书用 2002—2008 年的现价 R&D

支出额，根据2009年不同执行部门的比重结构进行插值补数，参见表2-31。

①不同执行部门现价R&D支出和比重

国家科技统计制度将R&D支出执行部门分为四大类：科研院所、高等院校、工业企业和非工业企事业。根据深圳市实际情况，由于非工业企事业部门中大部分为服务性企业，又可将其划分为两大类：一是企业（包括工业企业和非工业企事业），二是科研院所和高等院校。

根据深圳市2002—2015年的数据，获得不同执行部门R&D的支出和比重，如表2-32所示。不同执行部门R&D支出的比重差异性很大，其中工业企业的支出比重一般在90%以上，占绝对份额；非工业企事业的支出比重次之，一般在5%左右；科研院所和高等院校的比重都比较低，尤其是高等院校，其R&D支出比重不到1%。

表2-32　　深圳市不同执行部门R&D的支出和比重（现价）

年份	不同执行部门R&D支出额（万元）					不同执行部门R&D支出额占比重（%）			
	科研院所	高等院校	工业企业	非工业企事业	合计	科研院所	高等院校	工业企业	非工业企事业
2002	4099	4758	677869	45313	732040	0.56	0.65	92.60	6.19
2003	4664	5414	771299	51559	832936	0.56	0.65	92.60	6.19
2004	5681	6594	939412	62797	1014484	0.56	0.65	92.60	6.19
2005	6973	8093	1152974	77072	1245113	0.56	0.65	92.60	6.19
2006	8621	10007	1425624	95298	1539551	0.56	0.65	92.60	6.19
2007	9832	11412	1625754	108676	1755674	0.56	0.65	92.60	6.19
2008	12319	14299	2037115	136174	2199909	0.56	0.65	92.60	6.19
2009	15772	18321	2590000	173019	2797112	0.56	0.65	92.60	6.19
2010	7982	14224	3137877	173019	3333102	0.24	0.43	94.14	5.19
2011	85967	13460	3888917	173019	4161363	2.07	0.32	93.45	4.16
2012	69338	17585	4618655	178161	4883739	1.42	0.36	94.57	3.65
2013	126838	24518	5329402	365357	5846115	2.17	0.42	91.16	6.25
2014	150400	27600	5883500	339100	6400600	2.35	0.43	91.92	5.30
2015	203780	27600	6726494	320000	7277874	2.80	0.38	92.42	4.40

注：2002—2008年不同执行部门数据是估计数。即用2002—2008年的现价R&D支出额，根据2009年不同执行部门的比重结构进行插值补数。

②不同执行部门不变价 R&D 支出对比分析

为了进行时序数列比较,以及 R&D 支出资本化分析的需要,需将不同执行部门 R&D 的支出按 2002 年不变价进行测算。此外,本书假设各个执行部门的 R&D 支出价格指数与总体 R&D 支出价格指数相等,其中以 2002 年为基期的不变价 R&D 支出价格指数。具体核算方法,即:不变价 R&D 支出额 = 现价 R&D 支出额/R&D 定基价格指数。其核算结果如表 2-33 所示。

表 2-33　深圳市不同执行部门不变价 R&D 支出(不变价 2002 = 100)

年份	R&D 定基价格指数(%)	科研院所R&D 支出(万元)	高等院校R&D 支出(万元)	工业企业R&D 支出(万元)	非工业企事业 R&D 支出(万元)
2002	100.00	4099	4758	677869	45313
2003	99.63	4682	5434	774163	51750
2004	103.14	5508	6393	910819	60885
2005	107.16	6507	7553	1075987	71926
2006	111.31	7746	8990	1280781	85616
2007	114.71	8571	9949	1417334	94744
2008	121.73	10120	11747	1673449	111864
2009	119.54	13194	15326	2166614	144736
2010	124.23	6425	11450	2525837	139272
2011	130.77	65739	10293	2973869	132308
2012	133.88	51791	13135	3449878	133076
2013	134.16	94543	18276	3972458	272332
2014	135.16	111276	20420	4352989	250888
2015	134.39	151634	20537	5005204	238113

③不同执行部门 R&D 支出的资本存量分析

如前所述,在 R&D 支出的资本存量的核算中,首先需要获得 R&D 支出初始增长率 g_k。此处采用几何平均法获得 R&D 支出初始增长率为 17.61%(见表 2-31);R&D 的折旧率为 10%(2014—2015 年采用张军教授测算的 9.6%),用公式 $K_0 = E_0 / (g + \delta)$ 对表 2-33 数据进行测算初始年 R&D 资本存量,其他年份的 R&D 资本存量,可以通过 $K_t = E_t + (1 - \delta) K_{t-1}$ 递推式获取。如 2002—2003 年科研院所 R&D 资本存量测算如下:

初始年 R&D 资本存量为：

$$K_0 = E_0 / (g + \delta) = 4099.42 / (17.605736\% + 10\%) = 14850 \text{（万元）}$$

2003 年 R&D 资本存量为：

$$K_1 = E_1 + (1 - \delta) K_0 = 4680 + (1 - 10\%) \times 14850 = 18047 \text{（万元）}$$

同理，对科研院所、高等院校、工业企业与非工业企事业不同执行部门 R&D 支出进行资本存量测算，其余年份核算结果如表 2-34 所示。

表 2-34　　　　深圳市不同执行部门 R&D 支出的资本存量分析（一）

年份	科研院所 R&D 资本存量（万元）(1)	高等院校 R&D 资本存量（万元）(2)	工业企业 R&D 资本存量（万元）(3)	非工业企事业 R&D 资本存量（万元）(4)	工业企业 + 非工业企事业 R&D 资本存量（万元）(5) = (3) + (4)	科研院所 + 高等院校 R&D 资本存量（万元）(6) = (1) + (2)
2002	14850	17236	2455536	164144	2619680	32086
2003	18047	20947	2984145	199480	3183626	38994
2004	21750	25246	3596550	240417	3836967	46996
2005	26082	30274	4312881	288302	4601183	56356
2006	31220	36237	5162374	345087	5507462	67457
2007	36669	42562	6063470	405323	6468793	79231
2008	43122	50053	7130572	476655	7607227	93175
2009	52004	60373	8584128	573725	9157853	112377
2010	53229	65786	10251553	655624	10907177	119014
2011	113645	69500	12200267	722370	12922637	183145
2012	154072	75685	14430118	783209	15213328	229757
2013	233208	86392	16959564	977221	17936784	319600
2014	322095	98519	19684435	1134295	20818730	420614
2015	442808	109598	22799933	1263516	24063449	552406

注：R&D 支出初始增长率为 17.61%，折旧率为 10%（2014—2015 年采用张军教授测算的 9.6%）。

表 2-34 中，R&D 执行部门分为四大类：科研院所、高等院校、工业企业与非工业企事业。在进行账户调整或经济变量的影响分析时，通常将企业 R&D 活动产生的支出进行资本化，其余执行部门的 R&D 支出费用化。这部分主要计算企业部门产生的 R&D 资本存量与非企业部门产生的 R&D 资本存量，并比较它们的大小及发展变化。

二 R&D 支出纳入 GDP 核算方法研究

表 2-35　深圳市不同执行部门 R&D 支出的资本存量分析（二）

年份	工业企业+非工业企事业 R&D 资本存量（万元）(5)	科研院所+高等院校 R&D 资本存量（万元）(6)	R&D 存量总额（万元）(7)=(5)+(6)	企业 R&D 资本存量的比重（%）(8)=(5)/(7)	科研院所+高等院校 R&D 资本存量的比重（%）(9)=(6)/(7)	企业 R&D 资本形成额（万元）(10)	科研院所+高等院校的收益（万元）(11)
2002	2619680	32086	2651767	98.79	1.21	—	—
2003	3183626	38994	3222619	98.79	1.21	563945	8342
2004	3836967	46996	3883963	98.79	1.21	653341	10138
2005	4601183	56356	4657539	98.79	1.21	764216	12219
2006	5507462	67457	5574918	98.79	1.21	906279	14653
2007	6468793	79231	6548024	98.79	1.21	961332	17539
2008	7607227	93175	7700402	98.79	1.21	1138434	20600
2009	9157853	112377	9270231	98.79	1.21	1550627	24225
2010	10907177	119014	11026191	98.92	1.08	1749324	29218
2011	12922637	183145	13105782	98.60	1.40	2015460	30944
2012	15213328	229757	15443085	98.51	1.49	2290691	47618
2013	17936784	319600	18256385	98.25	1.75	2723457	59737
2014	20818730	420614	21239344	98.02	1.98	2881946	83096
2015	24063449	552406	24615855	97.76	2.24	3244719	109360

注：R&D 支出初始增长率为 17.61%，折旧率为 10%（2014—2015 年采用张军教授测算的 9.6%）。

纵观表 2-35，从不同执行部门 R&D 支出的资本存量比重看，2002—2015 年深圳市企业 R&D 资本存量占绝大部分，历年均在 98% 左右，说明深圳市 R&D 支出主要在工业企业和非工业企事业；而科研院所和高等院校所占比重较小，一般在 1.5% 左右。因此，R&D 资本化对经济总量的影响主要集中在企业 R&D 的部分。非企业部门的 R&D 产出属于非市场活动的产出，在当前 GDP 中并不包含非市场 R&D 产出部分。在 R&D 资本化后，要将非市场部门的私人 R&D 收益增加到经济总量中去，但这部分对经济总量的影响并不大。

④不同执行部门 R&D 支出纳入 GDP 部分占比和贡献率分析

从不同执行部门 R&D 支出的资本增量看，工业企业和非工业企事业 R&D 资本存量，可以直接用增量得到企业 R&D 资本形成总额，如表 2-35 显示，企业资本形成额 2003 年为 563945 万元，到 2015 年增长为 3244719 万元。按照 SNA2008 的要求，这部分 R&D 资本形成额可以直接进入 GDP 核算。但是，科研院所和高等院校 R&D 资本存量不能直接进入 GDP，必须进行费用化处理，形成非企业 R&D 收益，然后就可进入 GDP 核算。非企业 R&D 收益测算公式如下：

非企业 R&D 收益 (t) = (非企业私人收益率 16% + 折旧率 10%) × 非企业
R&D 资本存量 $(t-1)$ (2-68)

R&D 支出中可纳入 GDP 的部分 = 企业资本额 + 非企业 R&D 资本化产生的私
人收益   (2-69)

其中，非企业私人收益率参照国外学者对科研院所与高等院校部门的私人 R&D 收益率的研究成果，设定科研院所和高等院校的 R&D 私人收益率为 16%。根据上式，当期的非企业（科研院所和高等院校）的私人收益为上一期的非企业（科研院所和高等院校）R&D 资本存量的 16%，再加上上一期的非企业 R&D 资本存量的 10%。测算结果参见表 2-36。

表 2-36 深圳市 R&D 支出纳入 GDP 部分和占 R&D 的比重

年份	企业 R&D 资本形成额（万元）(10)	科研院所 + 高等院校的收益（万元）(11)	R&D 纳入 GDP 值的部分（万元）(12)=(10)+(11)	R&D 支出成本价格指数（2002=100）(13)	现价 R&D 支出额（万元）(14)	不变价 R&D 支出额（万元）(15)=(14)/(13)	R&D 纳入 GDP 部分占 R&D 比重（%）(16)=(12)/(15)
2002	—	—	—	100.00	732040	732040	—
2003	563945	8342	572288	99.63	832936	836029	68.45
2004	653341	10138	663480	103.14	1014484	983606	67.45
2005	764216	12219	776435	107.16	1245113	1161973	66.82
2006	906279	14653	920931	111.31	1539551	1383133	66.58
2007	961332	17539	978870	114.71	1755674	1530598	63.95
2008	1138434	20600	1159034	121.73	2199909	1807180	64.13
2009	1550627	24225	1574852	119.54	2797112	2339869	67.31
2010	1749324	29218	1778542	124.23	3333102	2682984	66.29
2011	2015460	30944	2046403	130.77	4161363	3182210	64.31
2012	2290691	47618	2338308	133.88	4883739	3647881	64.10
2013	2723457	59737	2783194	134.16	5846115	4357608	63.87
2014	2881946	83096	2965042	135.16	6400600	4735573	62.61
2015	3244719	109360	3354079	134.39	7277874	5415488	61.93

注：R&D 支出初始增长率为 17.61%，折旧率为 10%（2014—2015 年采用张军教授测算的 9.6%）。

如表2-36显示，非企业R&D收益2003年为8342万元，到2015年增长为109360万元。企业资本形成额加非企业R&D收益可以进入GDP核算，从深圳市R&D支出纳入GDP的部分看，2003年为572288万元，到2015年达到3354079万元。

由表2-36可知，通过R&D支出成本价格指数Goldsmith方法的测算，深圳市R&D支出纳入GDP的部分占R&D的比重2003年为68.45%，到2015年增长为61.93%，平均为65.22%，总体趋势比较稳定。

表2-37　　　　深圳市R&D支出纳入GDP后对GDP的贡献率

年份	现价GDP（万元）	不变价GDP（万元）（2002=100）	R&D纳入GDP值的部分（万元）	R&D纳入后的GDP（万元）（2002=100）	R&D的纳入对GDP的贡献率（%）
	(17)	(18)	(19)=(12)	(20)=(18)+(19)	(21)=(19)/(18)
2002	29695184	29695184	—	—	—
2003	35857235	35392747	572288	35965034	1.62
2004	42821428	41513010	663480	42176490	1.60
2005	49509078	47770126	776435	48546561	1.63
2006	58135624	55683227	920931	56604159	1.65
2007	68015706	63944531	978870	64923401	1.53
2008	77867920	71691629	1159034	72850663	1.62
2009	82013176	79327545	1574852	80902397	1.99
2010	95815101	88978095	1778542	90756637	2.00
2011	115055298	97919527	2046403	99965931	2.09
2012	129500601	107673647	2338308	110011956	2.17
2013	145002300	118979373	2783194	121762567	2.34
2014	160019800	129449558	2965042	132414600	2.29
2015	175029900	140970569	3354079	144324648	2.38

注：R&D支出初始增长率为17.61%，折旧率为10%（2014—2015年采用张军教授测算的9.6%）。

由表2-37可知，通过R&D支出成本价格指数Goldsmith方法的测算，深圳市R&D支出纳入GDP后对GDP的贡献率2003年为1.62%，到2015年增长为2.38%，平均为1.92%。2003—2015年，深圳市R&D支出纳入GDP后对GDP的贡献率呈不断上升趋势，主要原因：一是公式设定比较能反映R&D变动趋势；二是深圳市2003—2015年R&D投入强度不断提高，从2003年的2.32%上升到2015

年的 4.15% 所致。另外，从 R&D 支出成本价格指数 Goldsmith 方法的测算结果看，该方法测算数值较美国 BEA 方法高。

3. 组合法核算分析

组合法是将不同的测算模型进行适当的组合，利用各种方法所提供的有用信息，充分发挥单个模型的优点，从而提高测算精度，减小单个模型的随机性，使组合预测模型保持较高的稳定性。目前不论学术界还是实际统计工作者，都十分推崇组合法。大量的研究结果证明，在诸种测算方法各异且模型数据要求不同的情况下，组合法效果最好。

假设对一测算问题建立了 m 个测算模型，它们对目标变量的测算值分别为 $f_1(t), f_2(t), \cdots, f_n(t)$，则组合测算模型为：

$$f(t) = \sum_{i=1}^{n} w_i f_i(t) \tag{2-70}$$

其中，$w_1, w_2, \cdots, w_n$ 为各种单项测算模型的测算值在组合测算中的权重。

在组合测算中如何确定各独立模型的权重是关键问题，本课题在无法判断两种测算方法孰优孰劣，而测算结果又相近的情况下，认为，按等权测算的组合法更客观、科学，可消除人为赋权因素的影响。

$$组合法 =（Goldsmith 核算方法 + 美国 BEA 核算方法）/2 \tag{2-71}$$

（1）资本存量测算结果对比分析

通过 R&D 支出成本价格指数美国 BEA 测算方法和 Goldsmith 测算方法的对比分析，课题组发现美国 BEA 方法和 Goldsmith 方法的测算结果相近。资本存量测算结果参见表 2-38。

表 2-38　　　　深圳市三种核算方法资本存量测算结果对比分析

年份	R&D 资本存量（万元）			R&D 资本存量增长率（%）		
	美国 BEA 方法	Goldsmith 方法	组合法	美国 BEA 方法	Goldsmith 方法	组合法
2002	2849423	2651767	2750595	—	—	—
2003	3358708	3222619	3290664	17.87	21.53	19.63
2004	3957263	3883963	3920613	17.82	20.52	19.14
2005	4665411	4657539	4661475	17.89	19.92	18.90
2006	5512846	5574918	5543882	18.16	19.70	18.93
2007	6415629	6548024	6481827	16.38	17.46	16.92

续表

年份	R&D 资本存量（万元）			R&D 资本存量增长率（%）		
	美国 BEA 方法	Goldsmith 方法	组合法	美国 BEA 方法	Goldsmith 方法	组合法
2008	7490887	7700402	7595644	16.76	17.60	17.18
2009	8964674	9270231	9117452	19.67	20.39	20.04
2010	10617041	11026191	10821616	18.43	18.94	18.69
2011	12578436	13105782	12842109	18.47	18.86	18.67
2012	14786079	15443084	15114582	17.55	17.83	17.70
2013	17447199	18256384	17851792	18.00	18.22	18.11
2014	20201273	21166318	20683796	15.79	15.94	15.86
2015	23325859	24465174	23895517	15.47	15.59	15.53

从表2-38可以看出，2002年以来，深圳市R&D资本存量高速增长，从2002年的275.06亿元增长到2015年的2389.55亿元，年均增长18.09%。

（2）R&D 纳入 GDP 测算结果对比分析

采用三种方法对深圳市R&D纳入GDP部分占R&D比重和对GDP贡献率进行测算，其结果如表2-39、图2-8、图2-9所示。

表2-39　　　　　深圳市三种核算方法测算结果对比分析　　　　　单位：%

年份	R&D 纳入 GDP 部分占 R&D 比重			R&D 支出纳入 GDP 后对 GDP 贡献率		
	美国 BEA 方法	Goldsmith 方法	组合法	美国 BEA 方法	Goldsmith 方法	组合法
2002	—	—	—	—	—	—
2003	61.25	68.45	64.85	1.45	1.62	1.53
2004	61.19	67.45	64.32	1.45	1.60	1.52
2005	61.28	66.82	64.05	1.49	1.63	1.56
2006	61.59	66.58	64.09	1.53	1.65	1.59
2007	59.40	63.95	61.68	1.42	1.53	1.48
2008	59.90	64.13	62.02	1.51	1.62	1.56
2009	63.22	67.31	65.26	1.86	1.99	1.93
2010	62.41	66.29	64.35	1.88	2.00	1.94
2011	60.66	64.31	62.49	1.97	2.09	2.03
2012	60.56	64.10	62.33	2.05	2.17	2.11
2013	60.42	63.87	62.15	2.21	2.34	2.28
2014	59.48	62.61	61.04	2.18	2.29	2.23
2015	58.86	61.93	60.40	2.26	2.38	2.32

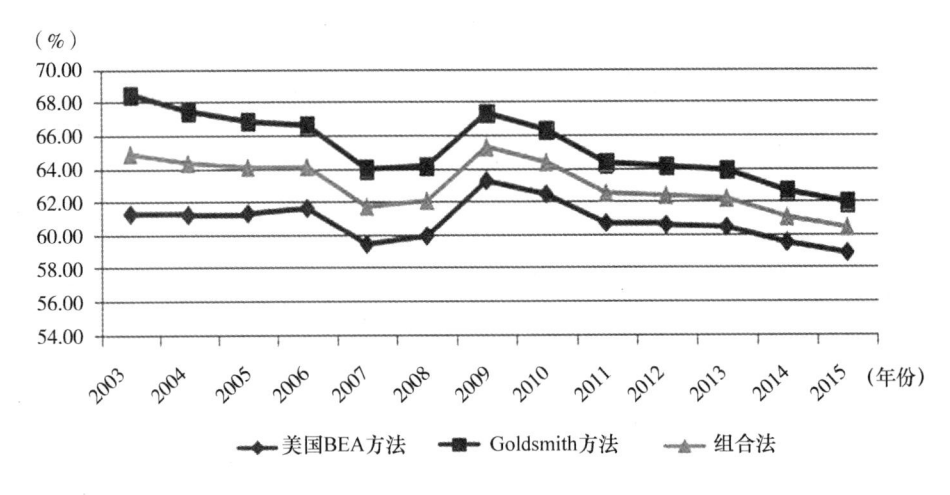

图 2-8 三种核算方法下深圳市 R&D 纳入 GDP 部分占 R&D 比重

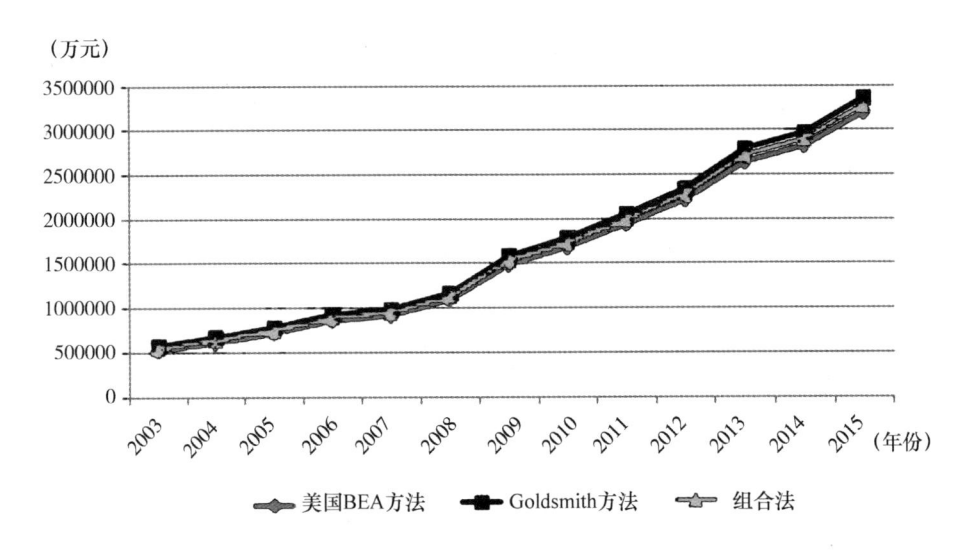

图 2-9 三种核算方法下深圳市 R&D 纳入 GDP 部分绝对量

从表 2-39 可以看出，深圳市三种核算方法 R&D 纳入 GDP 测算结果，美国 BEA 方法偏低，Goldsmith 方法偏高，组合法测算结果适中。

（3）R&D 纳入 GDP 最终结果

组合法的最终测算结果如表 2-40、表 2-41、表 2-42 所示。

表2-40　深圳市不同执行部门R&D支出的资本存量分析（组合法）

年份	工业企业+非工业企事业R&D资本存量（万元）(1)	科研院所+高等院校R&D资本存量（万元）(2)	R&D资本存量总额（万元）(3)=(1)+(2)	企业R&D资本存量的比重（%）(4)=(1)/(3)	科研院所+高等院校R&D资本存量的比重（%）(5)=(2)/(3)	企业R&D资本形成额（万元）(6)	科研院所+高等院校的收益（万元）(7)
2002	2717313	33282	2750595	98.79	1.21	—	—
2003	3250847	39817	3290664	98.79	1.21	533534	8653
2004	3873173	47439	3920613	98.79	1.21	622327	10352
2005	4605071	56404	4661475	98.79	1.21	731898	12334
2006	5476801	67081	5543882	98.79	1.21	871730	14665
2007	6403397	78430	6481827	98.79	1.21	926596	17441
2008	7503737	91907	7595644	98.79	1.21	1100340	20392
2009	9006929	110523	9117452	98.79	1.21	1503192	23896
2010	10704717	116899	10821616	98.92	1.08	1697788	28736
2011	12662769	179340	12842109	98.60	1.40	1958051	30394
2012	14889872	224710	15114582	98.51	1.49	2227104	46629
2013	17539555	312237	17851792	98.25	1.75	2649683	58425
2014	20349142	410797	20759939	98.02	1.98	2809587	81182
2015	23513101	539400	24052501	97.76	2.24	3163960	106807

注：(1)企业R&D资本形成额=当年资本存量－上年资本存量；(2)科研院所+高等院校的收益=（科研院所+高等院校R&D资本存量）×（非企业私人收益率16%+折旧率10%）。

表2-41　深圳市R&D支出纳入GDP部分和占R&D的比重（组合法）

年份	企业R&D资本形成额（万元）(8)=(6)	科研院所+高等院校的收益（万元）(9)=(7)	R&D纳入GDP值的部分（万元）(10)=(8)+(9)	R&D支出价格指数(11)	现价R&D支出额（万元）(12)	不变价R&D支出额（万元）(13)=(12)/(11)	R&D纳入GDP部分占R&D比重（%）(14)=(10)/(13)
2002	—	—	—	100.00	732040	732040	
2003	533534	8653	542188	99.63	832936	836029	64.85
2004	622327	10352	632679	103.14	1014484	983606	64.32
2005	731898	12334	744232	107.16	1245113	1161973	64.05
2006	871730	14665	886395	111.31	1539551	1383133	64.09

续表

年份	企业R&D资本形成额（万元）	科研院所+高等院校的收益（万元）	R&D纳入GDP值的部分（万元）	R&D支出价格指数	现价R&D支出额（万元）	不变价R&D支出额（万元）	R&D纳入GDP部分占R&D比重（%）
	(8)=(6)	(9)=(7)	(10)=(8)+(9)	(11)	(12)	(13)=(12)/(11)	(14)=(10)/(13)
2007	926596	17441	944037	114.71	1755674	1530598	61.68
2008	1100340	20392	1120732	121.73	2199909	1807180	62.02
2009	1503192	23896	1527088	119.54	2797112	2339869	65.26
2010	1697788	28736	1726525	124.23	3333102	2682984	64.35
2011	1958051	30394	1988445	130.77	4161363	3182210	62.49
2012	2227104	46629	2273732	133.88	4883739	3647881	62.33
2013	2649683	58425	2708107	134.16	5846115	4357608	62.15
2014	2809587	81182	2890768	135.16	6400600	4735573	61.04
2015	3163960	106807	3270767	134.39	7277874	5415488	60.40

表2-42 **深圳市R&D支出纳入GDP后对GDP的贡献率（组合法）**

年份	R&D纳入GDP比重（%）	按不变价R&D纳入GDP绝对量（万元）	按现价R&D纳入GDP绝对量（万元）	不变价GDP（万元）	现价GDP（万元）	按不变价R&D纳入后对GDP贡献率（%）	按现价R&D纳入后对GDP贡献率（%）
	(15)=(14)	(16)=(13)×(15)	(17)=(12)×(15)	(18)	(19)	(20)=(16)/(18)	(21)=(17)/(19)
2002	—	—	—	29695184	29695184	—	—
2003	64.85	542188	540181	35392747	35857235	1.53	1.51
2004	64.32	632679	652541	41513010	42821428	1.52	1.52
2005	64.05	744232	797482	47770126	49509078	1.56	1.61
2006	64.09	886395	986637	55683227	58135624	1.59	1.70
2007	61.68	944037	1082858	63944531	68015706	1.48	1.59
2008	62.02	1120732	1364285	71691629	77867920	1.56	1.75
2009	65.26	1527088	1825502	79327545	82013176	1.93	2.23
2010	64.35	1726525	2144882	88978095	95815101	1.94	2.24
2011	62.49	1988445	2600282	97919527	115055298	2.03	2.26
2012	62.33	2273732	3044045	107673647	129500601	2.11	2.35

续表

年份	R&D 纳入 GDP 比重（%）	按不变价 R&D 纳入 GDP 绝对量（万元）	按现价 R&D 纳入 GDP 绝对量（万元）	不变价 GDP（万元）	现价 GDP（万元）	按不变价 R&D 纳入后对 GDP 贡献率（%）	按现价 R&D 纳入后对 GDP 贡献率（%）
	(15) = (14)	(16) = (13)×(15)	(17) = (12)×(15)	(18)	(19)	(20) = (16)/(18)	(21) = (17)/(19)
2013	62.15	2708107	3633164	118979373	145002300	2.28	2.51
2014	61.04	2890768	3907162	129449558	160019800	2.23	2.44
2015	60.40	3270767	4395584	140970569	175029900	2.32	2.51

由表 2-40、表 2-41、表 2-42 分析显示。

①2002 年以来，深圳市 R&D 资本存量高速增长。2002—2015 年，深圳市 R&D 经费支出额从 73.20 亿元增长到 727.79 亿元，年均增长 19.3%。受此带动，深圳市 R&D 资本存量持续快速增长，从 2002 年的 275.06 亿元增长到 2015 年的 2405.25 亿元，年均增长 18.2%。

②R&D 纳入 GDP 部分占 R&D 总量 6 成以上。2013—2015 年，深圳市可纳入 GDP 核算的 R&D 占 R&D 总量的比重分别为 62.15%、61.04%、60.40%。

③从 R&D 纳入 GDP 的绝对量看，2013—2015 年深圳市 R&D 纳入 GDP 的绝对量分别为 363.32 亿元（现价，下同）、390.72 亿元、439.56 亿元。

④从 R&D 纳入 GDP 后对 GDP 的贡献率来看，2013—2015 年，深圳市 R&D 纳入 GDP 后对 GDP 的贡献率分别为 2.51%（现价，下同）、2.44%、2.51%。

综上，通过多视角下各种测算方法对比分析，课题组认为，运用组合法测算，其结果较为平稳，发展趋势较为符合深圳市实际情况。因此，深圳市 R&D 支出纳入 GDP 的核算方法采用组合法，即（美国 BEA 法 + Goldsmith 方法）/2。后续分析，也将利用组合法测算结果进行分析。

4. 全国数据测算结果

分别运用美国 BEA 法、Goldsmith 方法和组合法，对全国数据进行测算，结果如下。

（1）美国 BEA 核算方法的分析

①中国 R&D 资本存量的测算

中国 R&D 资本存量结果如表 2-43 所示。

表 2-43　　　　　　　中国 R&D 资本存量和增长率（美国 BEA 法）

年份	R&D 支出成本价格指数（2010=100）	现价 R&D 经费支出（亿元）	不变价 R&D 经费支出（亿元）（2010=100）	不变价 R&D 资本存量（亿元）（2010=100）	R&D 资本存量增长率（%）
1995	51.24	348.69	680.53	2671.31	—
1996	53.48	404.48	756.39	3122.74	16.91
1997	54.97	481.50	875.92	3642.60	16.65
1998	55.01	551.12	1001.88	4230.12	16.13
1999	54.82	678.91	1238.34	4983.54	17.81
2000	58.30	895.66	1536.42	5944.79	19.29
2001	59.54	1042.49	1750.87	7013.64	17.98
2002	60.41	1287.64	2131.33	8337.04	18.87
2003	64.13	1539.63	2400.64	9783.94	17.36
2004	72.29	1966.33	2720.15	11389.69	16.41
2005	76.90	2449.97	3186.08	13277.49	16.57
2006	82.00	3003.10	3662.34	15428.97	16.20
2007	86.08	3710.24	4310.14	17980.71	16.54
2008	94.77	4616.02	4870.56	20809.66	15.73
2009	92.10	5802.11	6299.48	24713.21	18.76
2010	100.00	7062.58	7062.58	28951.34	17.15
2011	108.69	8687.00	7992.42	33649.00	16.23
2012	109.50	10298.41	9405.20	39219.05	16.55
2013	110.33	11846.60	10737.23	45497.51	16.01

注：R&D 支出初始增长率为 16.91%，折旧率为 10%。

②不同执行部门 R&D 资本存量的核算

第一，不同执行部门现价 R&D 支出和比重。根据中国 1995—2013 年的数据，获得不同执行部门 R&D 的支出和比重，如表 2-44 所示。不同执行部门 R&D 支出的比重的差异性很大，其中工业企业的支出比重一般在 70% 以上，占绝对的比重；科研机构和高等院校的比重都比较低，尤其是高等院校，其 R&D 支出比重约占 8%。

二 R&D 支出纳入 GDP 核算方法研究

表 2-44 中国不同执行部门 R&D 的支出和比重（现价）

年份	不同执行部门 R&D 支出额（亿元）				不同执行部门 R&D 支出额占比重（%）		
	高等院校	科研院所	工业企业	合计	高等院校	科研院所	工业企业
1995	42.30	146.40	159.99	12.13	41.99	45.88	42.30
1996	47.80	172.90	183.78	11.82	42.75	45.44	47.80
1997	57.70	206.40	217.40	11.98	42.87	45.15	57.70
1998	57.30	234.30	259.52	10.40	42.51	47.09	57.30
1999	63.50	260.50	354.91	9.35	38.37	52.28	63.50
2000	76.70	258.00	560.96	8.56	28.81	62.63	76.70
2001	102.40	288.50	651.59	9.82	27.67	62.50	102.40
2002	130.50	351.30	805.84	10.13	27.28	62.58	130.50
2003	162.30	398.99	978.34	10.54	25.91	63.54	162.30
2004	200.94	431.75	1333.64	10.22	21.96	67.82	200.94
2005	242.30	513.10	1694.57	9.89	20.94	69.17	242.30
2006	276.81	567.30	2158.99	9.22	18.89	71.89	276.81
2007	314.70	687.90	2707.64	8.48	18.54	72.98	314.70
2008	390.20	811.30	3414.52	8.45	17.58	73.97	390.20
2009	468.20	996.00	4337.91	8.07	17.17	74.76	468.20
2010	597.30	1186.40	5278.88	8.46	16.80	74.74	597.30
2011	688.84	1306.74	6691.42	7.93	15.04	77.03	688.84
2012	780.56	1548.93	7968.92	7.58	15.04	77.38	780.56
2013	856.70	1781.40	9208.50	7.23	15.04	77.73	856.70

第二，不同执行部门不变价 R&D 支出对比分析。其核算结果如表 2-45 所示。

表 2-45 中国不同执行部门不变价 R&D 支出（不变价 2010=100）

年份	R&D 支出成本价格指数（%）(2010=100)	高等院校 R&D 支出（亿元）	科研院所 R&D 支出（亿元）	工业企业 R&D 支出（亿元）
1995	51.24	82.56	285.73	312.25
1996	53.48	89.39	323.33	343.67
1997	54.97	104.97	375.47	395.48

续表

年份	R&D支出成本价格指数(%)(2010=100)	高等院校R&D支出(亿元)	科研院所R&D支出(亿元)	工业企业R&D支出(亿元)
1998	55.01	104.17	425.93	471.78
1999	54.82	115.82	475.16	647.36
2000	58.30	131.57	442.58	962.28
2001	59.54	171.98	484.54	1094.35
2002	60.41	216.01	581.48	1333.85
2003	64.13	253.06	622.12	1525.46
2004	72.29	277.97	597.27	1844.91
2005	76.90	315.10	667.26	2203.71
2006	82.00	337.58	691.83	2632.93
2007	86.08	365.58	799.12	3145.43
2008	94.77	411.72	856.04	3602.80
2009	92.10	508.34	1081.38	4709.77
2010	100.00	597.30	1186.40	5278.88
2011	108.69	633.76	1202.26	6156.40
2012	109.50	712.86	1414.59	7277.76
2013	110.33	776.47	1614.58	8346.17

第三，不同执行部门 R&D 支出的资本存量分析。其测算结果如表 2-46、表 2-47 所示。

表 2-46　　中国不同执行部门 R&D 支出的资本存量分析（一）　　单位：亿元

年份	高等院校R&D资本存量(1)	科研院所R&D资本存量(2)	工业企业R&D资本存量(3)	科研院所+高等院校R&D资本存量(4)=(1)+(2)
1995	315.69	1141.88	1213.74	1457.57
1996	369.03	1334.86	1418.85	1703.89
1997	431.85	1558.07	1652.68	1989.92
1998	487.62	1806.90	1935.60	2294.52
1999	548.89	2077.61	2357.04	2626.50
2000	619.00	2290.29	3035.49	2909.29

续表

年份	高等院校 R&D 资本存量	科研院所 R&D 资本存量	工业企业 R&D 资本存量	科研院所+高等院校 R&D 资本存量
	(1)	(2)	(3)	(4)=(1)+(2)
2001	720.48	2521.58	3771.58	3242.06
2002	853.64	2821.83	4661.58	3675.46
2003	1008.68	3130.65	5644.60	4139.34
2004	1171.89	3384.99	6832.81	4556.88
2005	1354.05	3680.39	8243.05	5034.44
2006	1539.34	3969.60	9920.03	5508.94
2007	1732.71	4331.81	11916.19	6064.51
2008	1950.57	4711.86	14147.24	6662.43
2009	2238.43	5267.99	17206.79	7506.42
2010	2582.02	5868.27	20501.05	8450.29
2011	2925.90	6423.59	24299.52	9349.48
2012	3310.52	7125.09	28783.44	10435.61
2013	3717.12	7946.43	33833.96	11663.55

注：R&D 支出初始增长率为 16.91%，折旧率为 10%。

表2-47 **中国不同执行部门 R&D 支出的资本存量分析（二）**

年份	工业企业 R&D 资本存量（亿元）	高等院校+科研院所 R&D 资本存量（亿元）	R&D 资本存量总额（亿元）	企业 R&D 资本存量的比重（%）	高等院校+科研院所 R&D 资本存量的比重（%）	企业 R&D 资本形成额（亿元）	高等院校+科研机构的收益（亿元）
	(1)	(2)	(3)=(1)+(2)	(4)=(1)/(3)	(5)=(2)/(3)	(6)	(7)
1995	1213.74	1457.57	2671.31	45.44	54.56	—	—
1996	1418.85	1703.89	3122.74	45.44	54.56	205.12	182.58
1997	1652.68	1989.92	3642.60	45.37	54.63	233.82	211.66
1998	1935.60	2294.52	4230.12	45.76	54.24	282.93	247.04
1999	2357.04	2626.50	4983.54	47.30	52.70	421.43	282.46
2000	3035.49	2909.29	5944.79	51.06	48.94	678.46	321.75
2001	3771.58	3242.06	7013.64	53.77	46.23	736.08	348.34
2002	4661.58	3675.46	8337.04	55.91	44.09	890.00	389.86
2003	5644.60	4139.34	9783.94	57.69	42.31	983.03	447.30

续表

年份	工业企业R&D资本存量（亿元）(1)	高等院校+科研院所R&D资本存量（亿元）(2)	R&D资本存量总额（亿元）(3)=(1)+(2)	企业R&D资本存量的比重（%）(4)=(1)/(3)	高等院校+科研院所R&D资本存量的比重（%）(5)=(2)/(3)	企业R&D资本形成额（亿元）(6)	高等院校+科研机构的收益（亿元）(7)
2004	6832.81	4556.88	11389.69	59.99	40.01	1188.20	501.45
2005	8243.05	5034.44	13277.49	62.08	37.92	1410.25	543.21
2006	9920.03	5508.94	15428.97	64.29	35.71	1676.98	601.68
2007	11916.19	6064.51	17980.71	66.27	33.73	1996.16	653.83
2008	14147.24	6662.43	20809.66	67.98	32.02	2231.04	722.92
2009	17206.79	7506.42	24713.21	69.63	30.37	3059.55	793.02
2010	20501.05	8450.29	28951.34	70.81	29.19	3294.26	909.61
2011	24299.52	9349.48	33649.00	72.21	27.79	3798.48	1023.40
2012	28783.44	10435.61	39219.05	73.39	26.61	4483.92	1118.55
2013	33833.96	11663.55	45497.51	74.36	25.64	5050.52	1256.31

注：R&D支出初始增长率为16.91%，折旧率为10%。

纵观表2-47，从中国不同执行部门R&D支出的资本存量比重看，中国1995—2013年的R&D资本存量，在1999年以前高等院校和科研院所占主导地位，2000年以来企业占主导地位，特别是2013年企业R&D资本存量为74.36%，占绝大部分。说明中国R&D支出主要在工业企业；而高等院校和科研院所所占比重较少，2013年仅占25.64%。

1995—2013年，中国企业R&D资本存量占总资本存量的比重整体呈现上升趋势。因此，R&D资本化对经济总量的影响主要集中在企业R&D的部分。在当前GDP中，并不包含非市场R&D产出部分。在R&D资本化后，要将非市场部门的私人R&D收益增加到经济总量中去，但这部分对经济总量具有一定的影响作用。

③不同执行部门R&D支出纳入GDP部分占比和贡献率分析

从不同执行部门R&D支出的资本增量看，工业企业R&D资本存量可以直接用增量得到企业R&D资本形成总额，如表2-47显示，企业资本形成额1996年为205.12亿元，到2013年增长为5050.52亿元。按照SNA2008的要求，这部分R&D资本形成额可以直接进入GDP核算。但是，高等院校和科研院所R&D资本存量不能直接进入 GDP，必须进行费用化处理，形成非企业 R&D 收益，然后就可进入 GDP 核算。也就是所谓的企业 R&D 资本化，科研院所 R&D 费用化处理准则。非企业 R&D 收益测算公式如下：

非企业 R&D 收益$_{(t)}$ = （非企业 R&D 投资$_{(t-1)}$ × 非企业私人收益率10%）+ （非企业 R&D 资本存量$_{(t-1)}$ × 折旧率10%）　　　　　　　(2-72)

R&D 支出中可纳入 GDP 的部分 = 企业资本额 + 非企业 R&D 资本化产生的私人收益　　　　　　　　　　　　　　　　　　　　　　　　(2-73)

其中，私人收益部分是根据国外学者对科研机构与高等教育部门的私人 R&D 收益率研究的基础上，本课题参照其研究结果，设定中国高等院校和科研机构的 R&D 私人收益率为10%。根据上式，当期的非企业（高等院校和科研机构）的私人收益为上一期的非企业（科研机构和高等院校）R&D 投资的10%，再加上上一期的非企业 R&D 资本存量的10%。测算结果参见表2-48。

表2-48　　　　　中国 R&D 支出纳入 GDP 部分和占 R&D 的比重

年份	企业 R&D 资本形成额（亿元）(1)	高等院校+科研机构的收益（亿元）(2)	R&D 纳入 GDP 值的部分（亿元）(3)=(1)+(2)	R&D 支出价格指数（%）(3)	现价 R&D 支出额（亿元）(4)	不变价 R&D 支出额（亿元）(5)=(4)/(3)	R&D 纳入 GDP 部分占 R&D 比重（%）(6)=(3)/(5)
1995	—	—	—	51.24	348.69	680.53	—
1996	205.12	182.58	387.70	53.48	404.48	756.39	51.26
1997	233.82	211.66	445.48	54.97	481.50	875.92	50.86
1998	282.93	247.04	529.96	55.01	551.12	1001.88	52.90
1999	421.43	282.46	703.90	54.82	678.91	1238.34	56.84
2000	678.46	321.75	1000.21	58.30	895.66	1536.42	65.10
2001	736.08	348.34	1084.43	59.54	1042.49	1750.87	61.94
2002	890.00	389.86	1279.85	60.41	1287.64	2131.33	60.05
2003	983.03	447.30	1430.32	64.13	1539.63	2400.64	59.58
2004	1188.20	501.45	1689.66	72.29	1966.33	2720.15	62.12
2005	1410.25	543.21	1953.46	76.90	2449.97	3186.08	61.31
2006	1676.98	601.68	2278.66	82.00	3003.10	3662.34	62.22
2007	1996.16	653.83	2649.99	86.08	3710.24	4310.14	61.48

续表

年份	企业R&D资本形成额（亿元）(1)	高等院校+科研机构的收益（亿元）(2)	R&D纳入GDP值的部分（亿元）(3)=(1)+(2)	R&D支出价格指数（%）(3)	现价R&D支出额（亿元）(4)	不变价R&D支出额（亿元）(5)=(4)/(3)	R&D纳入GDP部分占R&D比重（%）(6)=(3)/(5)
2008	2231.04	722.92	2953.97	94.77	4616.02	4870.56	60.65
2009	3059.55	793.02	3852.57	92.10	5802.11	6299.48	61.16
2010	3294.26	909.61	4203.87	100.00	7062.58	7062.58	59.52
2011	3798.48	1023.40	4821.88	108.69	8687.00	7992.42	60.33
2012	4483.92	1118.55	5602.47	109.50	10298.41	9405.20	59.57
2013	5050.52	1256.31	6306.82	110.33	11846.60	10737.23	58.74

注：R&D支出初始增长率为16.91%，折旧率为10%。

如表2-48显示，非企业R&D收益1996年为182.58亿元，到2013年增长为1256.31亿元。企业资本形成额加非企业R&D收益可以进入GDP核算，从中国R&D支出纳入GDP的部分看，1996年为387.70亿元，到2013年达到6306.82亿元。

由表2-48可知，通过R&D支出成本价格指数美国BEA核算方法的测算，中国R&D支出纳入GDP的部分占R&D的比重1996年为51.26%，到2013年增长为58.74%，平均为56.09%。可见，1996—2013年中国R&D支出纳入GDP的部分占R&D的比重缓慢上升，总体趋势比较稳定。

表2-49　　　　　　中国R&D支出纳入GDP后对GDP的贡献率

年份	现价GDP（亿元）(1)	不变价GDP（亿元）(2010=100)(2)	R&D纳入GDP值的部分（亿元）(3)	R&D纳入后的GDP（亿元）(2002=100)(4)=(2)+(3)	R&D的纳入对GDP的贡献率（%）(5)=(3)/(2)
1995	60793.7	97946.44	—	—	
1996	71176.6	107749.43	387.70	108137.13	0.36
1997	78973.0	117766.93	445.48	118212.42	0.38
1998	84402.3	126992.03	529.96	127521.99	0.42
1999	89677.1	136668.61	703.90	137372.50	0.52
2000	99214.6	148191.52	1000.21	149191.73	0.67

续表

年份	现价GDP（亿元）(1)	不变价GDP（亿元）(2010=100)(2)	R&D纳入GDP值的部分（亿元）(3)	R&D纳入后的GDP（亿元）(2002=100)(4)=(2)+(3)	R&D的纳入对GDP的贡献率（%）(5)=(3)/(2)
2001	109655.2	160491.89	1084.43	161576.32	0.68
2002	120332.7	175067.87	1279.85	176347.72	0.73
2003	135822.8	192619.09	1430.32	194049.41	0.74
2004	159878.3	212044.80	1689.66	213734.46	0.80
2005	184937.4	236027.14	1953.46	237980.60	0.83
2006	216314.4	265947.20	2278.66	268225.86	0.86
2007	265810.3	303611.70	2649.99	306261.69	0.87
2008	314045.4	332863.67	2953.97	335817.64	0.89
2009	340902.8	363534.40	3852.57	367386.97	1.06
2010	401512.8	401512.80	4203.87	405716.67	1.05
2011	473104.0	438853.02	4821.88	443674.90	1.10
2012	519470.1	472436.49	5602.47	478038.95	1.19
2013	568845.2	508677.99	6306.82	514984.81	1.24

注：R&D支出初始增长率为16.91%，折旧率为10%。

由表2-49可知，通过R&D支出成本价格指数美国BEA核算方法的测算，中国R&D支出纳入GDP后对GDP的贡献率1996年为0.36%，到2013年为1.24%，平均为0.80%。可见，1996—2013年中国R&D支出纳入GDP后对GDP的贡献率有上升趋势，主要原因是中国1996—2013年R&D投入强度不断加大，从1996年的0.57%，上升到2013年的2.08%。

（2）Goldsmith核算方法的分析

①全国R&D资本存量的核算

全国R&D资本存量的测算结果如表2-50所示。

表2-50　　　　　中国R&D资本存量及其增长率（几何平均法）

年份	R&D支出成本价格指数（2010=100）	现价R&D支出额（亿元）	不变价R&D支出额（亿元）	R&D资本存量（亿元）	R&D资本存量增长率（%）
1995	51.24	348.69	680.53	2562.01	—
1996	53.48	404.48	756.39	3062.20	19.52

续表

年份	R&D 支出成本价格指数（2010=100）	现价 R&D 支出额（亿元）	不变价 R&D 支出额（亿元）	R&D 资本存量（亿元）	R&D 资本存量增长率（%）
1997	54.97	481.50	875.92	3631.90	18.60
1998	55.01	551.12	1001.88	4270.59	17.59
1999	54.82	678.91	1238.34	5081.88	19.00
2000	58.30	895.66	1536.42	6110.11	20.23
2001	59.54	1042.49	1750.87	7249.97	18.66
2002	60.41	1287.64	2131.33	8656.31	19.40
2003	64.13	1539.63	2400.64	10191.32	17.73
2004	72.29	1966.33	2720.15	11892.34	16.69
2005	76.90	2449.97	3186.08	13889.18	16.79
2006	82.00	3003.10	3662.34	16162.60	16.37
2007	86.08	3710.24	4310.14	18856.48	16.67
2008	94.77	4616.02	4870.56	21841.39	15.83
2009	92.10	5802.11	6299.48	25956.73	18.84
2010	100.00	7062.58	7062.58	30423.64	17.21
2011	108.69	8687.00	7992.42	35373.70	16.27
2012	109.50	10298.41	9405.20	41241.53	16.59
2013	110.33	11846.60	10737.23	47854.61	16.03

注：R&D 支出初始增长率为 16.56%，折旧率为 10%。

②不同执行部门 R&D 资本存量的核算

第一，不同执行部门现价 R&D 支出和比重。具体核算结果如表 2-51 所示。

表 2-51　　　　中国不同执行部门 R&D 的支出和比重（现价）

年份	不同执行部门 R&D 支出额（亿元）				不同执行部门 R&D 支出额占比重（%）		
	高等院校	科研院所	工业企业	合计	高等院校	科研院所	工业企业
1995	42.30	146.40	159.99	12.13	41.99	45.88	42.30
1996	47.80	172.90	183.78	11.82	42.75	45.44	47.80
1997	57.70	206.40	217.40	11.98	42.87	45.15	57.70
1998	57.30	234.30	259.52	10.40	42.51	47.09	57.30
1999	63.50	260.50	354.91	9.35	38.37	52.28	63.50

续表

年份	不同执行部门R&D支出额（亿元）				不同执行部门R&D支出额占比重（%）		
	高等院校	科研院所	工业企业	合计	高等院校	科研院所	工业企业
2000	76.70	258.00	560.96	8.56	28.81	62.63	76.70
2001	102.40	288.50	651.59	9.82	27.67	62.50	102.40
2002	130.50	351.30	805.84	10.13	27.28	62.58	130.50
2003	162.30	398.99	978.34	10.54	25.91	63.54	162.30
2004	200.94	431.75	1333.64	10.22	21.96	67.82	200.94
2005	242.30	513.10	1694.57	9.89	20.94	69.17	242.30
2006	276.81	567.30	2158.99	9.22	18.89	71.89	276.81
2007	314.70	687.90	2707.64	8.48	18.54	72.98	314.70
2008	390.20	811.30	3414.52	8.45	17.58	73.97	390.20
2009	468.20	996.00	4337.91	8.07	17.17	74.76	468.20
2010	597.30	1186.40	5278.88	8.46	16.80	74.74	597.30
2011	688.84	1306.74	6691.42	7.93	15.04	77.03	688.84
2012	780.56	1548.93	7968.92	7.58	15.04	77.38	780.56
2013	856.70	1781.40	9208.50	7.23	15.04	77.73	856.70

第二，不同执行部门不变价R&D支出对比分析。中国不同执行部门不变价R&D支出如表2-52所示。

表2-52　中国不同执行部门不变价R&D支出（不变价2010=100）

年份	R&D支出成本价格指数（2010=100）	高等院校R&D支出（亿元）	科研院所R&D支出（亿元）	工业企业R&D支出（亿元）
1995	51.24	82.56	285.73	312.25
1996	53.48	89.39	323.33	343.67
1997	54.97	104.97	375.47	395.48
1998	55.01	104.17	425.93	471.78
1999	54.82	115.82	475.16	647.36
2000	58.30	131.57	442.58	962.28
2001	59.54	171.98	484.54	1094.35
2002	60.41	216.01	581.48	1333.85
2003	64.13	253.06	622.12	1525.46

续表

年份	R&D 支出成本价格指数（2010=100）	高等院校 R&D 支出（亿元）	科研院所 R&D 支出（亿元）	工业企业 R&D 支出（亿元）
2004	72.29	277.97	597.27	1844.91
2005	76.90	315.10	667.26	2203.71
2006	82.00	337.58	691.83	2632.93
2007	86.08	365.58	799.12	3145.43
2008	94.77	411.72	856.04	3602.80
2009	92.10	508.34	1081.38	4709.77
2010	100.00	597.30	1186.40	5278.88
2011	108.69	633.76	1202.26	6156.40
2012	109.50	712.86	1414.59	7277.76
2013	110.33	776.47	1614.58	8346.17

第三，不同执行部门 R&D 支出的资本存量分析。具体测算结果如表 2-52、表 2-53 所示。

表 2-53　　　　中国不同执行部门 R&D 支出的资本存量分析（一）　　　　单位：亿元

年份	高等院校 R&D 资本存量	科研院所 R&D 资本存量	工业企业 R&D 资本存量	高等院校+科研院所 R&D 资本存量
	（1）	（2）	（3）	（4）=（1）+（2）
1995	310.80	1075.68	1175.53	1386.48
1996	369.11	1291.44	1401.65	1660.55
1997	437.16	1537.77	1656.97	1974.93
1998	497.61	1809.93	1963.06	2307.54
1999	563.68	2104.09	2414.11	2667.77
2000	638.88	2336.26	3134.98	2975.14
2001	746.97	2587.17	3915.83	3334.14
2002	888.28	2909.93	4858.09	3798.22
2003	1052.52	3241.06	5897.74	4293.57
2004	1225.24	3514.22	7152.88	4739.46
2005	1417.82	3830.06	8641.30	5247.88

续表

年份	高等院校 R&D 资本存量 (1)	科研院所 R&D 资本存量 (2)	工业企业 R&D 资本存量 (3)	高等院校+科研院所 R&D 资本存量 (4)=(1)+(2)
2006	1613.61	4138.89	10410.11	5752.50
2007	1817.83	4524.12	12514.53	6341.96
2008	2047.77	4927.75	14865.88	6975.51
2009	2351.32	5516.35	18089.06	7867.68
2010	2713.49	6151.12	21559.03	8864.61
2011	3075.91	6738.26	25559.53	9814.17
2012	3481.18	7479.03	30281.33	10960.20
2013	3909.53	8345.70	35599.37	12255.24

注：R&D 支出初始增长率为 16.56%，折旧率为 10%。

表 2-54　中国不同执行部门 R&D 支出的资本存量分析（二）

年份	工业企业 R&D 资本存量（亿元）(1)	科研院所+高等院校 R&D 资本存量（亿元）(2)	R&D 存量总额（亿元）(3)=(1)+(2)	企业 R&D 资本存量的比重（%）(4)=(1)/(3)	高等院校+科研院所 R&D 资本存量的比重（%）(5)=(2)/(3)	企业 R&D 资本形成额（亿元）(6)	高等院校+科研机构的收益（亿元）(7)
1995	1175.53	1386.48	2562.01	45.88	54.12	—	—
1996	1401.65	1660.55	3062.20	45.77	54.23	226.12	175.48
1997	1656.97	1974.93	3631.90	45.62	54.38	255.32	207.33
1998	1963.06	2307.54	4270.59	45.97	54.03	306.09	245.54
1999	2414.11	2667.77	5081.88	47.50	52.50	451.06	283.76
2000	3134.98	2975.14	6110.11	51.31	48.69	720.86	325.87
2001	3915.83	3334.14	7249.97	54.01	45.99	780.85	354.93
2002	4858.09	3798.22	8656.31	56.12	43.88	942.26	399.07
2003	5897.74	4293.57	10191.32	57.87	42.13	1039.65	459.57
2004	7152.88	4739.46	11892.34	60.15	39.85	1255.14	516.88
2005	8641.30	5247.88	13889.18	62.22	37.78	1488.42	561.47
2006	10410.11	5752.50	16162.60	64.41	35.59	1768.80	623.02
2007	12514.53	6341.96	18856.48	66.37	33.63	2104.42	678.19

续表

年份	工业企业R&D资本存量（亿元）	科研院所+高等院校R&D资本存量（亿元）	R&D存量总额（亿元）	企业R&D资本存量的比重（%）	高等院校+科研院所R&D资本存量的比重（%）	企业R&D资本形成额（亿元）	高等院校+科研机构的收益（亿元）
	(1)	(2)	(3)=(1)+(2)	(4)=(1)/(3)	(5)=(2)/(3)	(6)	(7)
2008	14865.88	6975.51	21841.39	68.06	31.94	2351.35	750.67
2009	18089.06	7867.68	25956.73	69.69	30.31	3223.18	824.33
2010	21559.03	8864.61	30423.64	70.86	29.14	3469.97	945.74
2011	25559.53	9814.17	35373.70	72.26	27.74	4000.50	1064.83
2012	30281.33	10960.20	41241.53	73.42	26.58	4721.80	1165.02
2013	35599.37	12255.24	47854.61	74.39	25.61	5318.04	1308.76

注：R&D支出初始增长率为16.56%，折旧率为10%。

③不同执行部门R&D支出纳入GDP部分占比和贡献率分析

中国R&D支出纳入GDP部分和占R&D的比重如表2-55、表2-56所示。

表2-55　　　　　　中国R&D支出纳入GDP部分和占R&D的比重

年份	企业R&D资本形成额（亿元）	高等院校+科研机构的收益（亿元）	R&D纳入GDP值的部分（亿元）	R&D支出成本价格指数（2010=100）	现价R&D支出额（亿元）	不变价R&D支出额（亿元）	R&D纳入GDP部分占R&D比重（%）
	(1)	(2)	(3)=(1)+(2)	(4)	(5)	(6)=(5)/(4)	(7)=(3)/(6)
1995	—	—	—	51.24	348.69	680.53	—
1996	226.12	175.48	401.60	53.48	404.48	756.39	53.09
1997	255.32	207.33	462.64	54.97	481.5	875.92	52.82
1998	306.09	245.54	551.62	55.01	551.12	1001.88	55.06
1999	451.06	283.76	734.82	54.82	678.91	1238.34	59.34
2000	720.86	325.87	1046.74	58.30	895.66	1536.42	68.13
2001	780.85	354.93	1135.78	59.54	1042.49	1750.87	64.87
2002	942.26	399.07	1341.33	60.41	1287.64	2131.33	62.93
2003	1039.65	459.57	1499.22	64.13	1539.63	2400.64	62.45
2004	1255.14	516.88	1772.01	72.29	1966.33	2720.15	65.14

续表

年份	企业R&D资本形成额（亿元）(1)	高等院校+科研机构的收益（亿元）(2)	R&D纳入GDP值的部分（亿元）(3)=(1)+(2)	R&D支出成本价格指数（2010=100）(4)	现价R&D支出额（亿元）(5)	不变价R&D支出额（亿元）(6)=(5)/(4)	R&D纳入GDP部分占R&D比重（%）(7)=(3)/(6)
2005	1488.42	561.47	2049.89	76.90	2449.97	3186.08	64.34
2006	1768.80	623.02	2391.83	82.00	3003.10	3662.34	65.31
2007	2104.42	678.19	2782.61	86.08	3710.24	4310.14	64.56
2008	2351.35	750.67	3102.02	94.77	4616.02	4870.56	63.69
2009	3223.18	824.33	4047.51	92.10	5802.11	6299.48	64.25
2010	3469.97	945.74	4415.71	100.00	7062.58	7062.58	62.52
2011	4000.50	1064.83	5065.33	108.69	8687.00	7992.42	63.38
2012	4721.80	1165.02	5886.82	109.50	10298.41	9405.20	62.59
2013	5318.04	1308.76	6626.80	110.33	11846.60	10737.23	61.72

注：R&D支出初始增长率为17.61%，折旧率为10%。

表2-56　　中国R&D支出纳入GDP后对GDP的贡献率

年份	现价GDP（亿元）(1)	不变价GDP（亿元）（2010=100）(2)	R&D纳入GDP值的部分（亿元）(3)	R&D纳入后的GDP（亿元）（2010=100）(4)=(2)+(3)	R&D的纳入对GDP的贡献率（%）(5)=(3)/(2)
1995	60793.7	97946.44	—	—	—
1996	71176.6	107749.43	401.60	108151.03	0.37
1997	78973.0	117766.93	462.64	118229.58	0.39
1998	84402.3	126992.03	551.62	127543.65	0.43
1999	89677.1	136668.61	734.82	137403.43	0.54
2000	99214.6	148191.52	1046.74	149238.26	0.71
2001	109655.2	160491.89	1135.78	161627.67	0.71
2002	120332.7	175067.87	1341.33	176409.20	0.77
2003	135822.8	192619.09	1499.22	194118.31	0.78
2004	159878.3	212044.80	1772.01	213816.81	0.84
2005	184937.4	236027.14	2049.89	238077.04	0.87
2006	216314.4	265947.20	2391.83	268339.03	0.90
2007	265810.3	303611.70	2782.61	306394.31	0.92

续表

年份	现价GDP（亿元）(1)	不变价GDP（亿元）(2010=100)(2)	R&D纳入GDP值的部分（亿元）(3)	R&D纳入后的GDP（亿元）(2010=100)(4)=(2)+(3)	R&D的纳入对GDP的贡献率（%）(5)=(3)/(2)
2008	314045.4	332863.67	3102.02	335965.69	0.93
2009	340902.8	363534.40	4047.51	367581.90	1.11
2010	401512.8	401512.80	4415.71	405928.51	1.10
2011	473104.0	438853.02	5065.33	443918.35	1.15
2012	519470.1	472436.49	5886.82	478323.31	1.25
2013	568845.2	508677.99	6626.80	515304.79	1.30

注：R&D支出初始增长率为16.56%，折旧率为10%。

（3）组合法核算分析

三种核算方法测算的结果如表2-57所示。

表2-57　　　　　三种核算方法测算结果对比分析　　　　　单位：%

年份	R&D纳入GDP部分占R&D比重			R&D支出纳入GDP后对GDP贡献率		
	美国BEA方法	Goldsmith方法	组合法	美国BEA方法	Goldsmith方法	组合法
1995	—	—	—	—	—	—
1996	51.26	53.09	52.18	0.36	0.37	0.37
1997	50.86	52.82	51.84	0.38	0.39	0.39
1998	52.90	55.06	53.98	0.42	0.43	0.43
1999	56.84	59.34	58.09	0.52	0.54	0.53
2000	65.10	68.13	66.61	0.67	0.71	0.69
2001	61.94	64.87	63.40	0.68	0.71	0.70
2002	60.05	62.93	61.49	0.73	0.77	0.75
2003	59.58	62.45	61.02	0.74	0.78	0.76
2004	62.12	65.14	63.63	0.80	0.84	0.82
2005	61.31	64.34	62.83	0.83	0.87	0.85
2006	62.22	65.31	63.76	0.86	0.90	0.88
2007	61.48	64.56	63.02	0.87	0.92	0.90
2008	60.65	63.69	62.17	0.89	0.93	0.91

续表

年份	R&D 纳入 GDP 部分占 R&D 比重			R&D 支出纳入 GDP 后对 GDP 贡献率		
	美国 BEA 方法	Goldsmith 方法	组合法	美国 BEA 方法	Goldsmith 方法	组合法
2009	61.16	64.25	62.70	1.06	1.11	1.09
2010	59.52	62.52	61.02	1.05	1.10	1.08
2011	60.33	63.38	61.85	1.10	1.15	1.13
2012	59.57	62.59	61.08	1.19	1.25	1.22
2013	58.74	61.72	60.23	1.24	1.30	1.27
平均	59.20	62.01	60.61	—	—	—

由表 2-57 分析显示：

从 R&D 纳入 GDP 比重看，中国 R&D 纳入 GDP 占 R&D 比重 1996 年为 52.18%，2013 年为 60.23%，17 年增加 8.05 个百分点，发展趋势起伏一个周期。

从 R&D 支出纳入 GDP 后对 GDP 贡献率看，中国 R&D 支出纳入 GDP 后对 GDP 贡献率 1996 年为 0.37%，2013 年为 1.27%，17 年增加 0.90 个百分点，发展趋势直线上升。

综上，通过多视角下各种测算方法对比分析，课题组认为，运用组合法测算，其结果比较平稳，发展趋势符合中国实际情况。

5. 中国各地区数据测算结果

（1）各地区 R&D 资本的测度

①影响区域 R&D 支出纳入 GDP 核算的主要因素

从全国 R&D 支出纳入 GDP 核算过程看，影响 R&D 纳入 GDP 的因素较多，综合来看，主要有以下几种情况。

从不同执行部门看，R&D 支出纳入 GDP 核算主要涉及科研机构、高等院校、工业企业和非工业企事业 R&D 支出额以及占比指标。国家科技统计制度将 R&D 支出执行部门分为四大类：科研机构、高等院校、工业企业和非工业企事业。其中非工业企事业部门中大部分为服务性企业，根据 R&D 统计的实际情况，可将其划分为两大类：一是企业 R&D 支出额（包括工业企业和非工业企事业单位 R&D 支出额），二是科研院所 R&D 支出额（包括科研机构和高等院校 R&D 支出额）。

从不同执行部门 R&D 支出纳入 GDP 核算的准则看，主要涉及 R&D 资本化和 R&D 费用化测算准则。按照 SNA2008 的要求，企业 R&D 支出经过资本化后可以直接进入 GDP 核算；但是，科研院所 R&D 支出经过资本化后还不能直接进入 GDP，必须进行费用化处理后才能进入 GDP 核算。也就是所谓的企业 R&D 资本化，科研院所 R&D 费用化处理准则。由于企业 R&D 资本化，科研院所 R&D 费用化处理准则不同，各自 R&D 纳入 GDP 的份额也不同。

从 R&D 支出纳入 GDP 核算的测算公式看，主要涉及参数有：R&D 支出初始增长率、R&D 资本折旧率、R&D 支出成本价格指数等。

此外，R&D 投入强度对 R&D 支出纳入 GDP 核算也有较大的影响作用。

②区域 R&D 支出纳入 GDP 核算的测算公式和调整指数

根据上述影响区域 R&D 支出纳入 GDP 核算的主要因素分析，我们可以建立区域 R&D 支出纳入 GDP 核算的测算公式如下：

$$Q_i = \left(\sum_{j=1}^{2} x_{ij} W_{ij} \right) Y_i \tag{2-74}$$

$$Y_i = 4\sqrt{\frac{a_i}{A} \frac{b_i}{B} \frac{c_i}{C} \frac{D}{d_i}} \tag{2-75}$$

其中：Q_i 代表第 i 区域 R&D 支出纳入 GDP 核算额；X_{i1} 和 W_{i1} 分别代表第 i 区域企业 R&D 支出额和权重；X_{i2} 和 W_{i2} 分别代表第 i 区域科研院所 R&D 支出额和权重；Y_i 代表第 i 区域 R&D 支出横向调整指数；$a_i b_i c_i d_i$ 分别代表第 i 区域 R&D 投入强度、R&D 支出初始增长率、R&D 资本折旧率和 R&D 支出成本价格指数；$A_i B_i C_i D_i$ 分别代表第 i 区域 R&D 投入强度、R&D 支出初始增长率、R&D 资本折旧率和 R&D 支出成本价格指数。其中 R&D 支出成本价格指数为逆指标。

由于全国有 31 个省、自治区、直辖市且具有一定的特征相似性，我们将从聚类的角度对区域进行划分，确定 R&D 特性相似的地区，并对代表性地区进行 R&D 资本化的测算。

③聚类分析法

近十年来聚类分析法（Cluster Analysis）发展迅速，它是数值分类学中独立出来的一门分支，是一种根据"物以类聚"原理的现代统计分析方法，并且在不同的应用领域都有着广泛的应用背景，如生物学、经济学、天文学、考古学、地质学、医学、心理学、语言学以及制定国家标准和区域标准等，因此它也成为目前国外较为流行的多元统计分析方法之一。

我们在实际问题中经常需要依靠一些依据来实现对物品的分类，例如在古生物研究中，通过发掘出来的生物的综合特征将古生物化石进行分类；在生物学研究中，通过生物的基因特征来进行种群的分类；在经济区域的划分中，根据各省的主要经济指标将全国分成几大区域。这里我们用来分类的依据是生物的综合特征、基因的特征以及经济指标，它们被称为指标（或变量），用 X_1，X_2，X_3，$\cdots$，X_m 表示，m 是变量的个数；需要进行分类的骨骼、生物和区域被称作样品，用 1，2，3，$\cdots$，n 表示，n 是样品的个数。数据结构如表 2-58 所示。

表 2-58　　　　　　　　　　聚类分析数据结构

样品＼指标	X_1	X_2	$\cdots$	X_m
1	X_{11}	X_{12}	$\cdots$	X_{1m}
2	X_{21}	X_{22}	$\cdots$	X_{2m}
3	X_{31}	X_{32}	$\cdots$	X_{3m}
$\vdots$	$\vdots$	$\vdots$	$\vdots$	$\vdots$
n	X_{n1}	X_{n2}	$\cdots$	X_{nm}

聚类分析是研究样品或指标之间的关系，将相似度大的样品或指标归为同一类，将差异性大的归入不同的类，使同一类别内的样品或指标具有尽可能高的同质性，而不同类别之间具有尽可能高的异质性。

聚类分析中，我们通常根据分类对象的不同分为 R 型聚类分析和 Q 型聚类分析两大类。R 型聚类是指对变量进行聚类，Q 型聚类是指对样品进行聚类。在实际的应用中，经济区域的划分主要使用 Q 型聚类方法。

研究样品或指标之间的相似度主要有两种方法，一种是用相似系数，指标的相似程度越大，它们的相似系数越接近于 1（或 -1），差异性越大的样品，它们的相似系数越接近于 0，把同质性高的样品归为一类，异质性高的样品分属于不同的类。另一种是用距离，将每一个样品看成 p 维空间的一个点，n 个样品组成 p 维空间的 n 个点，我们用各点之间的距离衡量样品之间的相似程度，把距离较小的点归为同一类，距离较远的点分属于不同的类。

聚类分析的基本思想是在变量之间定义相似系数，在样品之间定义距离，距离或相似系数代表样品或变量之间的相似程度。确定了相似系数和距离后就要进行分类，分类有许多种方法，最常用的一类方法是在样品距离的基础上定义类与类之间的距离，首先将 n 个样品看成 n 类，每个样品自成一类，然后每次将距离最近的两类合并成新的一类，计算新类与其他类之间的距离，再将距离最近的两类合并，重复这个过程直到所有的样品聚集完毕为止，并把这个过程做成一张聚类图，由聚类图可方便地进行分类。

现在已经出现了很多类型的聚类方法，k-均值算法是运用最广泛的划分聚类算法之一，算法的实现并不复杂且具有良好的可靠性和高效性。但是初始聚类的中心点选取不好严重影响着聚类质量与迭代效率。

k-均值算法的基本思想是假定数据集包含 n 个数据对象，指定 k 个簇的数目，采用聚类的方法将 D 中的对象划分到合适的簇当中，每一个对象只属于一个簇，且所有距离簇中心的距离 E 最小，其中 E 是数据集 D 中所有数据对象的误差平方和，p 是数据对象，簇的质心为。

k-均值算法很容易理解，就是通过不断地循环，更新聚类簇中心，直到簇内距离最小。但是该算法存在着许多不足，主要不足有以下两点。

一是 k 值需要用户依据自己的经验和对数据集的理解指定。k 值的确定将直接影响聚类的结果，如果指定的 k 值不理想，聚类的结果就难以保证是否理想。

二是随机选取初始中心点。初始中心点的选取对 k-均值算法非常重要：如果初始中心点选取错误，不仅聚类迭代的次数会很多，甚至聚类结果可能不是最理想的。而随机选取的初始中心点具有很大的不确定性，导致聚类的效果有很大的不确定性。

根据聚类分析法的原理，选择了人均 GDP、第三产业占 GDP 比重、商品出口依存度、研究与开发经费占 GDP 比重、财政教育经费、人口自然增长率、城镇人口比重、信息化企业数 8 个重要指标对 31 个省、自治区、直辖市进行综合测定聚类，其变量及框架如下：

—X_1 人均 GDP（元）；

—X_2 第三产业占 GDP 比重；

—X_3 商品出口依存度；

—X_4 研究与开发经费占 GDP 比重；

—X_5 财政教育经费；

—X_6 人口自然增长率；

—X_7 城镇人口比重；

—X_8 信息化企业数。

表 2-59 是各指标 2015 年的数据。

表 2-59 2015 年参与聚类分析的指标和数据

省份	人均 GDP（元）	第三产业占 GDP 比重（%）	出口依存度	研究与开发经费占 GDP 比重（%）	财政教育经费（万元）	人口自然增长率（%）	城镇人口比重（%）	信息化企业数（个）
北京	99995	0.78	0.18	5.95	9998366	4.83	86.35	34669
天津	105231	0.50	0.20	2.96	5699615	2.14	82.27	18049
河北	39984	0.37	0.07	1.06	10298143	6.95	49.33	28268
山西	35070	0.44	0.04	1.19	6918247	4.99	53.79	14131
内蒙古	71046	0.40	0.02	0.9	6121559	3.56	59.51	11118
辽宁	65201	0.42	0.12	1.52	9302062	0.26	67.05	37159
吉林	50160	0.36	0.03	0.95	5480347	0.4	54.81	12012
黑龙江	39226	0.46	0.07	1.07	6006258	0.91	58.01	11749
上海	97370	0.65	0.53	3.66	9069715	3.14	89.6	33774
江苏	81874	0.47	0.32	2.54	19862835	2.43	65.21	103661
浙江	73002	0.48	0.41	2.26	14490439	5	64.87	80672
安徽	34425	0.35	0.09	1.89	10413043	6.97	49.15	35131
福建	63472	0.40	0.28	1.48	8228012	7.5	61.8	37791
江西	34674	0.37	0.12	0.97	8284996	6.98	50.22	17373
山东	60879	0.43	0.15	2.19	17796161	7.39	55.01	84059
河南	37072	0.37	0.07	1.14	15577127	5.78	45.2	49307
湖北	47145	0.41	0.06	1.87	8972278	4.9	55.67	38836
湖南	40271	0.42	0.04	1.36	10784551	6.63	49.28	29794
广东	63469	0.49	0.57	2.37	24775503	6.1	68	92383
广西	33090	0.38	0.09	0.71	7794191	7.86	46.01	13994
海南	38924	0.52	0.08	0.48	2222868	8.61	53.76	2915
重庆	47850	0.47	0.27	1.42	6565622	3.62	59.6	21137
四川	35128	0.39	0.09	1.57	13805525	3.2	46.3	34642
贵州	26437	0.45	0.06	0.6	6799795	5.8	40.01	11408
云南	27264	0.43	0.09	0.67	9006912	6.2	41.73	14194
西藏	29252	0.53	0.14	0.26	1206744	10.55	25.75	597
陕西	46929	0.37	0.05	2.07	8926920	3.87	52.57	15364
甘肃	26433	0.44	0.05	1.12	4811034	6.1	41.68	7560
青海	39671	0.37	0.03	0.62	1569408	8.49	49.78	1960
宁夏	41834	0.43	0.09	0.87	1578935	8.57	53.61	3254
新疆	40648	0.41	0.15	0.53	5989856	11.47	46.07	8761

资料来源：《中国统计年鉴》及《中国科技统计年鉴》。

采用 R 语言得到聚类的结果，采用改进的聚类方法，自动选取初始点，自动比对聚类的类别数量，得到五分类结果如表 2-60 所示。

表 2-60　　　　　　　　　　对地区进行聚类的结果

类别	第一类	第二类	第三类	第四类	第五类
省份	北京、上海	广东、江苏、浙江、山东、天津	陕西、安徽、福建、湖北、湖南、四川、重庆	河北、山西、辽宁、吉林、江西、河南、甘肃、黑龙江	新疆、贵州、青海、云南、宁夏、海南、广西、内蒙古、西藏

我们选取北京、广东、福建等省、市作为代表地区进行 R&D 资本化的研究。

首先从价格指数入手，在各地区测算时考虑采用前文提及的 R&D 成本价格指数来测算，我国 R&D 经费内部支出是按照全成本口径核算的，包括日常性支出和资产性支出两部分，其中日常性支出又分为人员劳务费和其他日常性支出；资产性支出又分为仪器和设备支出与其他资产性支出。

R&D 支出成本价格指数是我们构造的一个合成指数，根据前文的计算公式 $I_{input} = \lambda_{LC} I^{LC} + \lambda_{ORE} I^{ORE} + \lambda_{EE} I^{EE}$ 来具体计算，它首先由三个分指数来构成，包括 R&D 人员劳务费、原材料费、设备工具购置费，这主要是根据我国现行的 R&D 活动统计报表制度，R&D 内部经费支出中其他日常支出主要包括：为实施 R&D 项目实际消耗的原材料、辅助材料、备用配件、外购半成品、水和燃料（包括煤气和电）的使用费，用于中间试验和产品试制达不到固定资产标准的模具、样品、样机及一般测试手段购置费、试制产品的检验费等，折旧费用与长期费用摊销、无形资产摊销、其他费用（含设计费、装备调试费）等。从其他日常支出各部分的构成比重看，原材料与燃料占绝对份额。因此，正常情况下原材料与燃料的价格变化对 R&D 其他日常支出价格变化影响最大。又因为 R&D 项目所用的原材料种类与项目成功以后产业化生产所用的原材料种类基本一致，所以本书用工业生产者购进价格指数中的原材料、燃料、动力购进价格指数作为 R&D 其他日常支出价格指数的替代指标，记为 I^{ORE}，并用工业生产者购进价格指数中的原材料、燃料、动力购进指数代替该指数（2011 年后名称改为工业品购进价格指数），I^{EE} 则用固定资产投资价格指数中的设备工器具购置固定资产投资价格指数，而 R&D 人员劳务费的价格指数情况进一步分析如表 2-61、表 2-62、表 2-63 和表 2-64 所示。

二 R&D 支出纳入 GDP 核算方法研究

表 2-61 北京市人员劳务支出、其他日常性支出和资本性支出的比重

年份	R&D 经费（万元）	日常性支出（万元）	人员劳务费（万元）	资产性支出（万元）	#仪器和设备（万元）	其他日常性（万元）	R&D 人员劳务权重（%）	R&D 资本性权重（%）	R&D 其他日常性支出权重（%）
2009	6686351	5367567	1674560	1318784	974321	3693007	25.04	19.72	55.23
2010	8218234	6559340	1891119	1658893	1187882	4668221	23.01	20.19	56.80
2011	9366439	7678573	2373410	1687868	1228386	5305163	25.34	18.02	56.64
2012	10633640	8967244	2806947	1666396	1239551	6160297	26.40	15.67	57.93
2013	11850469	10020407	3222578	1830062	1340780	6797829	27.19	15.44	57.36
2014	12687953	10738643	3535287	1949310	1356112	7203357	27.86	15.36	56.77
平均	—	—	—	—	—	—	25.81	17.40	56.79

表 2-62 广东省人员劳务支出、其他日常性支出和资本性支出的比重

年份	R&D 经费（万元）	日常性支出（万元）	人员劳务费（万元）	资产性支出（万元）	#仪器和设备（万元）	其他日常性（万元）	R&D 人员劳务权重（%）	R&D 资本性权重（%）	R&D 其他日常性支出权重（%）
2009	6529820	5783323	2438676	746498	637586	3344647	37.35	11.43	51.22
2010	8087478	6957660	2864269	1129817	1032952	4093390	35.42	13.97	50.61
2011	10454872	9033006	3666826	1421865	1272849	5366180	35.07	13.60	51.33
2012	12361501	10917145	4739988	1444356	1320122	6177157	38.34	11.68	49.97
2013	14434527	12800248	5545608	1634279	1466158	7254640	38.42	11.32	50.26
2014	16054458	14403385	6100221	1651073	1514145	8303164	38.00	10.28	51.72
平均	—	—	—	—	—	—	37.10	12.05	50.85

表 2-63 福建省人员劳务支出、其他日常性支出和资本性支出的比重

年份	R&D 经费（万元）	日常性支出（万元）	人员劳务费（万元）	资产性支出（万元）	#仪器和设备（万元）	其他日常性（万元）	R&D 人员劳务权重（%）	R&D 资本性权重（%）	R&D 其他日常性支出权重（%）
2009	1353819	1096674	364757	257145	246703	731917	26.94	18.99	54.06
2010	1708982	1377018	427112	331964	321024	949906	24.99	19.42	55.58
2011	2215151	1729453	547625	485701	470061	1181828	24.72	21.93	53.35
2012	2709891	2260912	739167	448979	428056	1521745	27.28	16.57	56.16
2013	3140589	2652805	903171	487784	464009	1749634	28.76	15.53	55.71
2014	3550325	3029684	1053921	520641	497680	1975763	29.69	14.66	55.65
平均	—	—	—	—	—	—	27.06	17.85	55.09

表 2-64　　区域代表省份 R&D 人员劳务费价格指数（2004 = 100）

年份	北京	上海	广东	湖北	福建	辽宁	重庆	青海
2004	100.00	100.00	100.00	100.00	100.00	100.00	100.00	100.00
2005	106.67	107.31	89.98	108.78	104.01	105.81	113.82	99.56
2006	122.79	111.45	93.67	135.12	116.11	110.30	120.66	111.68
2007	128.67	117.78	89.30	146.75	119.62	120.24	130.53	114.03
2008	138.65	129.00	92.76	181.97	119.15	139.04	153.23	136.37
2009	166.50	110.04	101.42	208.05	148.25	161.05	199.04	143.94
2010	202.59	123.26	103.37	239.66	154.29	190.47	237.11	178.57
2011	205.88	138.99	112.12	251.95	158.41	252.01	276.54	219.17
2012	215.64	152.99	110.62	278.35	163.98	251.47	303.79	220.99
2013	233.68	161.83	126.75	297.97	177.56	263.60	294.13	251.74
2014	246.92	176.99	139.55	322.55	181.04	245.11	303.30	264.17

选择该价格指数的好处是用 R&D 相关指标来说明价格指数，指标相关性很高，如果数据平稳可以很好地加以利用，但通过比对以上各省 R&D 人员劳务费价格指数发现，该价格指数部分省份数据存在跳跃，出现不平稳现象，且部分省份价格指数增长速度过快。通过分析，主要有以下两点原因。

该价格指数是在假设 R&D 人员的实际工资不变的情况下构造的，是用 R&D 人均劳务费的本年与上年之比来推得价格指数。这样的前提是把工作的增长部分全部视作价格增长的因素，而把 R&D 人员工资增长的其他因素都剔除了，这显然是与实际情况不符的。从我国"十五""十一五""十二五"不断加强国家的创新研发工作，也不断地改善研发人员的工资、待遇，现阶段更是鼓励"大众创新、万众创业"，整个国家都在转向创新驱动发展，所以该价格指数增长过快，主要是有非价格因素对于研发人员工资的提升起到了作用。

该价格指数是在假设 R&D 人员素质结构不变的情况下构造的。从研发人员的内部结构来看，这样构造价格指数都是假设参与研发的人员其素质、技术能力是恒定不变的，但随着我国经济社会的不断发展，我国高素质劳动者大量进入研发领域，博士毕业人员近年来也有所增长，这在某种程度上提升了 R&D 人员的素质。所以，其工资的增长是内在结构改善的结果，而不仅仅是价格因素。

由于 R&D 人员劳务费价格指数数据不稳定，所以用 CPI 指数代替（详见附表）。得到综合的 R&D 成本价格指数如表 2-65 所示。

表 2-65　　2009—2014 年我国区域 R&D 成本价格指数

地区	2009 年	2010 年	2011 年	2012 年	2013 年	2014 年
全国	100	104.14	109.49	108.82	108.26	107.69
北京	100	101.62	104.28	104.05	103.26	103.29
天津	100	103.85	107.19	105.74	104.20	102.75
河北	100	106.34	113.37	110.09	108.30	105.68
山西	100	106.60	113.17	109.64	103.17	97.72
内蒙古	100	105.04	112.18	113.49	111.80	110.19
辽宁	100	105.78	111.96	112.02	112.14	111.06
吉林	100	104.29	109.03	108.66	108.48	108.63
黑龙江	100	110.44	121.57	121.88	120.25	117.76
上海	100	102.06	105.24	104.74	104.68	104.86
江苏	100	105.71	111.18	109.58	108.90	108.54
浙江	100	104.88	109.81	108.72	108.31	108.49
安徽	100	106.39	113.24	112.33	111.87	110.45
福建	100	102.54	106.13	106.27	106.10	106.06
江西	100	110.19	120.10	117.80	116.89	115.49
山东	100	105.38	110.83	110.16	109.40	108.67
河南	100	105.61	112.13	112.36	112.07	111.17
湖北	100	103.78	109.44	110.31	110.59	109.68
湖南	100	105.42	112.79	112.77	112.21	111.80
广东	100	102.69	106.65	107.57	107.93	108.34
广西	100	108.10	115.13	114.67	113.19	113.51
海南	100	105.20	112.98	114.54	115.69	113.81
重庆	100	102.34	106.15	106.70	106.29	105.94
四川	100	103.55	109.77	109.16	108.92	108.57
贵州	100	103.85	108.97	110.04	108.36	108.00
云南	100	105.94	110.53	109.96	109.00	108.00
西藏	100	104.00	106.79	108.52	108.64	111.39
陕西	100	106.25	112.18	113.70	112.06	110.34
甘肃	100	110.39	118.23	117.16	115.50	113.48
青海	100	107.09	114.10	110.25	108.58	108.05
宁夏	100	106.18	113.93	113.10	110.87	109.38
新疆	100	116.43	129.44	128.22	125.54	123.37

另外两个因素相对简单，$A_i B_i C_i D_i$ 分别代表第 i 区域 R&D 投入强度、R&D 支出初始增长率、R&D 资本折旧率和 R&D 支出成本价格指数。其中 R&D 支出成本价格指数为逆指标。分别测算如表 2-66、表 2-67 和表 2-68 所示。

表 2-66　　　　2007—2014 年全国各地区历年 R&D 经费占 GDP 比重　　　　单位：%

地区	2007 年	2008 年	2009 年	2010 年	2011 年	2012 年	2013 年	2014 年
全国	1.38	1.46	1.68	1.73	1.79	1.93	2.01	2.05
北京	5.13	4.95	5.50	5.82	5.76	5.95	5.98	5.95
天津	2.18	2.32	2.37	2.49	2.63	2.80	2.96	2.96
河北	0.66	0.68	0.78	0.76	0.82	0.92	0.99	1.06
山西	0.82	0.86	1.10	0.98	1.01	1.09	1.22	1.19
内蒙古	0.38	0.40	0.53	0.55	0.59	0.64	0.69	0.69
辽宁	1.48	1.39	1.53	1.56	1.64	1.57	1.64	1.52
吉林	0.96	0.82	1.12	0.87	0.84	0.92	0.92	0.95
黑龙江	0.93	1.04	1.27	1.19	1.02	1.07	1.14	1.07
上海	2.46	2.53	2.81	2.81	3.11	3.37	3.56	3.66
江苏	1.65	1.88	2.04	2.07	2.17	2.38	2.49	2.54
浙江	1.50	1.61	1.73	1.78	1.85	2.08	2.16	2.26
安徽	0.98	1.11	1.35	1.32	1.40	1.64	1.83	1.89
福建	0.89	0.94	1.11	1.16	1.26	1.38	1.44	1.48
江西	0.84	0.91	0.99	0.92	0.83	0.88	0.94	0.97
山东	1.21	1.40	1.53	1.72	1.86	2.04	2.13	2.19
河南	0.67	0.68	0.90	0.91	0.98	1.05	1.10	1.14
湖北	1.19	1.32	1.65	1.65	1.65	1.73	1.80	1.87
湖南	0.78	0.98	1.18	1.16	1.19	1.30	1.33	1.36
广东	1.27	1.37	1.65	1.76	1.96	2.17	2.31	2.37
广西	0.38	0.47	0.61	0.66	0.69	0.75	0.75	0.71
海南	0.21	0.22	0.35	0.34	0.41	0.48	0.47	0.48
重庆	1.00	1.04	1.22	1.27	1.28	1.40	1.38	1.42
四川	1.32	1.27	1.52	1.54	1.40	1.47	1.52	1.57
贵州	0.48	0.53	0.68	0.65	0.64	0.61	0.58	0.60
云南	0.54	0.54	0.60	0.61	0.63	0.67	0.67	0.67
西藏	0.20	0.31	0.33	0.29	0.19	0.25	0.28	0.26
陕西	2.11	1.96	2.32	2.15	1.99	1.99	2.12	2.07
甘肃	0.95	1.00	1.10	1.02	0.97	1.07	1.06	1.12
青海	0.48	0.38	0.70	0.74	0.75	0.69	0.65	0.62
宁夏	0.81	0.63	0.77	0.68	0.73	0.78	0.81	0.87
新疆	0.28	0.38	0.51	0.49	0.50	0.53	0.54	0.53

表 2-67　　　　　2009—2014 年全国各地区历年 R&D 经费总量情况　　　　　单位：万元

地区	2009 年	2010 年	2011 年	2012 年	2013 年	2014 年
全国	58021068.2	70625774.5	86870093.0	102984090.0	118465979.5	130156296.8
北京	6686350.8	8218234.2	9366439.0	10633639.9	11850469.0	12687952.8
天津	1784661.0	2295643.8	2977580.0	3604865.5	4280921.2	4646868.2
河北	1348445.5	1554491.9	2013377.0	2457669.7	2818550.9	3130881.3
山西	808563.3	898835.0	1133926.0	1323457.5	1549798.9	1521870.6
内蒙古	520725.9	637205.0	851685.0	1014468.1	1171877.4	1221346.2
辽宁	2323686.8	2874702.6	3638348.0	3908679.5	4459321.9	4351851.1
吉林	813601.9	758004.8	891337.0	1098010.4	1196882.3	1307242.9
黑龙江	1091704.0	1230433.8	1287788.0	1459588.3	1647838.1	1613469.0
上海	4233774.2	4817031.4	5977131.0	6794635.6	7767846.8	8619548.9
江苏	7019529.0	8579490.7	10655109.0	12878616.0	14874465.5	16528208.4
浙江	3988366.5	4942348.5	5980824.0	7225867.2	8172674.5	9078500.0
安徽	1359534.5	1637219.2	2146439.0	2817952.7	3520832.6	3936069.8
福建	1353819.3	1708982.3	2215151.0	2709890.7	3140589.4	3550324.6
江西	758936.0	871527.1	967529.0	1136551.9	1354971.9	1531114.3
山东	5195920.2	6720045.0	8443667.0	10203265.6	11758026.6	13040695.0
河南	1747599.3	2111675.1	2644923.0	3107802.3	3553245.9	4000098.7
湖北	2134489.5	2641180.3	3230129.0	3845238.6	4462042.5	5108973.1
湖南	1534995.0	1865583.7	2332181.0	2876779.9	3270252.9	3679345.3
广东	6529820.4	8087477.6	10454872.0	12361500.8	14434527.4	16054457.5
广西	472027.7	628696.2	810205.0	971538.7	1076789.5	1119032.6
海南	57806.0	70203.5	103717.0	137243.5	148357.4	169150.5
重庆	794599.4	1002663.3	1283560.0	1597973.3	1764911.2	2018528.0
四川	2144590.3	2642695.3	2941009.0	3508588.5	3999702.3	4493285.1
贵州	264134.3	299664.6	363089.0	417260.8	471849.5	554794.6
云南	372304.4	441671.8	560797.0	687547.8	798371.4	859296.8
西藏	14384.6	14598.5	11530.0	17838.6	23032.5	23519.3
陕西	1895063.0	2175042.2	2493548.0	2872034.9	3427454.4	3667730.2
甘肃	372612.4	419384.6	485261.0	604761.8	669193.9	768738.9
青海	75937.9	99437.9	125756.0	131228.4	137541.4	143235.3
宁夏	104422.1	115101.3	153183.0	182304.0	209042.4	238580.4
新疆	218042.6	266545.4	330031.0	397289.3	454597.9	491587.3

表2-68　　　　　2009—2014年我国区域R&D支出增长率　　　　　单位：%

地区	2010年	2011年	2012年	2013年	2014年
全国	21.72	23.00	18.55	15.03	9.87
北京	22.91	13.97	13.53	11.44	7.07
天津	28.63	29.71	21.07	18.75	8.55
河北	15.28	29.52	22.07	14.68	11.08
山西	11.16	26.16	16.71	17.10	-1.80
内蒙古	22.37	33.66	19.11	15.52	4.22
辽宁	23.71	26.56	7.43	14.09	-2.41
吉林	-6.83	17.59	23.19	9.00	9.22
黑龙江	12.71	4.66	13.34	12.90	-2.09
上海	13.78	24.08	13.68	14.32	10.96
江苏	22.22	24.19	20.87	15.50	11.12
浙江	23.92	21.01	20.82	13.10	11.08
安徽	20.42	31.10	31.29	24.94	11.79
福建	26.23	29.62	22.33	15.89	13.05
江西	14.84	11.02	17.47	19.22	13.00
山东	29.33	25.65	20.84	15.24	10.91
河南	20.83	25.25	17.50	14.33	12.58
湖北	23.74	22.30	19.04	16.04	14.50
湖南	21.54	25.01	23.35	13.68	12.51
广东	23.85	29.27	18.24	16.77	11.22
广西	33.19	28.87	19.91	10.83	3.92
海南	21.45	47.74	32.32	8.10	14.02
重庆	26.18	28.02	24.50	10.45	14.37
四川	23.23	11.29	19.30	14.00	12.34
贵州	13.45	21.17	14.92	13.08	17.58
云南	18.63	26.97	22.60	16.12	7.63
西藏	1.49	-21.02	54.71	29.12	2.11
陕西	14.77	14.64	15.18	19.34	7.01
甘肃	12.55	15.71	24.63	10.65	14.88
青海	30.95	26.47	4.35	4.81	4.14
宁夏	10.23	33.09	19.01	14.67	14.13
新疆	22.24	23.82	20.38	14.42	8.14

国家统计局建议,目前我国折旧率采用统一的10%核算,所以各地区都是一致的,不会成为影响的因素,故只需对以上三个因素采用公式 $Y_i = \sqrt[4]{\dfrac{a_i}{A} \dfrac{b_i}{B} \dfrac{c_i}{C} \dfrac{D}{d_i}}$ 即可得到以下我国区域R&D支出横向调整,并将调整系数规范化处理,得到修订的调整系数表,如表2-69所示。

表2-69　　　　2010—2014年我国区域R&D支出横向调整指数

地区	2010年	2011年	2012年	2013年	2014年
全国	1.0000	1.0000	1.0000	1.0000	1.0000
北京	1.2000	1.2000	1.2000	1.2000	1.2000
天津	1.0650	1.0978	1.0746	1.0856	1.0878
河北	0.8993	0.9529	0.9128	0.9210	0.9499
山西	0.9228	0.9720	0.9288	0.9559	0.9582
内蒙古	0.8735	0.9249	0.8644	0.8764	0.8912
辽宁	0.9925	1.0283	0.9627	0.9807	0.9716
吉林	0.8932	0.9496	0.9156	0.9060	0.9322
黑龙江	0.9425	0.9464	0.9098	0.9235	0.9242
上海	1.0673	1.1176	1.0964	1.1091	1.1211
江苏	1.0288	1.0616	1.0430	1.0470	1.0604
浙江	1.0112	1.0398	1.0236	1.0234	1.0438
安徽	0.9673	1.0124	0.9962	1.0091	1.0177
福建	0.9618	1.0064	0.9700	0.9728	0.9924
江西	0.9157	0.9332	0.8948	0.9103	0.9315
山东	1.0117	1.0440	1.0188	1.0226	1.0389
河南	0.9249	0.9690	0.9219	0.9293	0.9541
湖北	1.0023	1.0276	0.9925	0.9979	1.0204
湖南	0.9539	0.9891	0.9551	0.9524	0.9746
广东	1.0124	1.0590	1.0283	1.0387	1.0509
广西	0.8979	0.9339	0.8818	0.8797	0.8908
海南	0.8276	0.9002	0.8438	0.8261	0.8611
重庆	0.9731	1.0068	0.9738	0.9605	0.9888
四川	0.9931	0.9973	0.9715	0.9743	0.9962
贵州	0.8839	0.9260	0.8586	0.8587	0.8913
云南	0.8799	0.9276	0.8763	0.8765	0.8936

续表

地区	2010 年	2011 年	2012 年	2013 年	2014 年
西藏	0.8000	0.8000	0.8000	0.8000	0.8000
陕西	1.0246	1.0395	1.0035	1.0235	1.0242
甘肃	0.9247	0.9543	0.9264	0.9171	0.9519
青海	0.9094	0.9410	0.8613	0.8626	0.8823
宁夏	0.8833	0.9435	0.8870	0.8945	0.9265
新疆	0.8523	0.8903	0.8327	0.8374	0.8579

表 2-69 显示，2010—2014 年我国区域 R&D 支出横向调整指数具有较好的稳定性，说明数据测算的有效性。我们以 2014 年的调整系数为例子，和前文的聚类方法比较，对照如表 2-70、表 2-71 所示。

表 2-70　　　　　　　　　对地区进行聚类的结果

类别	第一类	第二类	第三类	第四类	第五类
省份	北京、上海	广东、江苏、浙江、山东、天津	陕西、安徽、福建、湖北、湖南、四川、重庆	河北、山西、辽宁、吉林、江西、河南、甘肃、黑龙江	新疆、贵州、青海、云南、宁夏、海南、广西、内蒙古、西藏

表 2-71　　　　　　　　　对调整系数的分类

类别	第一类	第二类	第三类	第四类	第五类
省份	北京 1.2000 上海 1.1211	天津 1.0878 江苏 1.0604 广东 1.0509 浙江 1.0438 山东 1.0389	陕西 1.0242 安徽 1.0177 辽宁 0.9716 福建 0.9924 湖北 1.0204 湖南 0.9746 四川 0.9962 重庆 0.9888	河北 0.9499 山西 0.9582 辽宁 0.9716 吉林 0.9322 江西 0.9315 河南 0.9541 甘肃 0.9519 宁夏 0.9265 黑龙江 0.9242	新疆 0.8579 贵州 0.8913 青海 0.8823 云南 0.8936 海南 0.86011 广西 0.8908 内蒙古 0.8912 西藏 0.8000

通过研究发现，两种分类方法高度一致，进一步证实了该分类方法具有一定的科学性，仅有宁夏在聚类分类法中为第五类，在调整系数中分到了第四类。于是我们对该调整系数采用全国的 R&D 纳入比例作为基准，得到转化比例表，如表 2-72 所示。

表 2-72　　　　　　　　　　各地区转化比例系数　　　　　　　　单位：%

地区	2010 年	2011 年	2012 年	2013 年	2014 年
全国	61.21	59.93	59.03	58.62	57.12
北京	73.45	71.92	70.84	70.34	68.54
天津	65.19	65.79	63.44	63.64	62.13
河北	55.05	57.11	53.89	53.99	54.26
山西	56.48	58.25	54.83	56.04	54.73
内蒙古	53.47	55.43	51.03	51.37	50.91
辽宁	60.75	61.63	56.83	57.49	55.50
吉林	54.67	56.91	54.05	53.11	53.25
黑龙江	57.69	56.72	53.71	54.14	52.79
上海	65.33	66.98	64.72	65.01	64.04
江苏	62.97	63.62	61.57	61.38	60.57
浙江	61.89	62.32	60.42	59.99	59.62
安徽	59.21	60.67	58.81	59.15	58.13
福建	58.87	60.32	57.26	57.02	56.69
江西	56.05	55.93	52.82	53.36	53.21
山东	61.92	62.57	60.14	59.95	59.34
河南	56.61	58.07	54.42	54.48	54.50
湖北	61.35	61.59	58.58	58.50	58.28
湖南	58.39	59.28	56.38	55.83	55.67
广东	61.97	63.47	60.70	60.89	60.03
广西	54.96	55.97	52.05	51.57	50.88
海南	50.66	53.95	49.81	48.43	49.19
重庆	59.56	60.34	57.48	56.30	56.48
四川	60.79	59.77	57.35	57.11	56.90
贵州	54.10	55.50	50.69	50.34	50.91
云南	53.86	55.59	51.73	51.38	51.04
西藏	48.97	47.94	47.22	46.90	45.70
陕西	62.72	62.30	59.23	60.00	58.50
甘肃	56.60	57.19	54.69	53.76	54.37
青海	55.66	56.40	50.85	50.56	50.40
宁夏	54.07	56.55	52.36	52.44	52.92
新疆	52.17	53.36	49.15	49.09	49.00

（2）地区 R&D 支出纳入 GDP 核算

应用表 2-72 中 2010—2014 年的平均比例系数，应用表 2-57 组合法测算 1996—2013 年平均 R&D 支出纳入 GDP 比例系数 60.61%，得出各地区 R&D 支出纳入 GDP 比重和总额表如表 2-73 所示。

表 2-73　　各地区 R&D 支出纳入 GDP 比重和总额

地区	R&D 支出纳入 GDP 平均比重（%）	排序	2014 年		2015 年	
			R&D 支出额（亿元）	R&D 支出纳入 GDP 部分（亿元）	R&D 支出额（亿元）	R&D 支出纳入 GDP 部分（亿元）
全国	60.61	—	13015.6	7888.8	14169.9	8588.4
北京	71.02	1	1268.8	894.8	1384.0	975.7
天津	64.04	3	464.7	295.5	510.2	324.3
河北	54.86	20	313.1	170.6	350.9	191.1
山西	56.07	16	152.2	84.7	132.5	73.7
内蒙古	52.44	27	122.1	63.6	136.1	70.8
辽宁	58.44	11	435.2	252.5	363.4	210.8
吉林	54.40	21	130.7	70.6	141.4	76.4
黑龙江	55.01	19	161.3	88.1	157.7	86.1
上海	65.22	2	862.0	558.2	936.1	606.0
江苏	62.02	4	1652.8	1017.9	1801.2	1108.9
浙江	60.85	6	907.9	548.5	1011.2	610.8
安徽	59.19	10	393.6	231.4	431.8	253.7
福建	58.03	13	355.0	204.6	392.9	226.3
江西	54.27	22	153.1	82.5	173.2	93.3
山东	60.78	7	1304.1	787.1	1427.2	861.0
河南	55.62	17	400.0	220.9	435.0	240.2
湖北	59.66	9	510.9	302.7	561.7	332.6
湖南	57.11	15	367.9	208.7	412.7	234.0
广东	61.41	5	1605.4	979.0	1798.2	1096.1
广西	53.09	24	111.9	59.0	105.9	55.8
海南	50.41	30	16.9	8.5	17.0	8.5
重庆	58.03	13	201.9	116.3	247.0	142.3
四川	58.38	12	449.3	260.5	502.9	291.4
贵州	52.31	28	55.5	28.8	62.3	32.3
云南	52.72	26	85.9	45.0	109.4	57.2
西藏	47.35	31	2.4	1.1	3.1	1.5
陕西	60.55	8	366.8	220.5	393.2	236.3
甘肃	55.32	18	76.9	42.2	82.7	45.4
青海	52.77	25	14.3	7.5	11.6	6.1
宁夏	53.67	23	23.9	12.7	25.5	13.6
新疆	50.55	29	49.2	24.7	52.0	26.1

由表 2-73 可以看出，1996—2014 年全国 R&D 支出纳入 GDP 平均比重为 60.61%，其中北京最高为 71.02%，西藏最低为 47.35%。2014 年全国 R&D 支出

纳入GDP为7888.8亿元，2015年为8588.4亿元，现价增长8.87%。其中2015年R&D支出纳入GDP超过千亿元的省份有两个，江苏最高为1108.9亿元，广东排名第2为1096.1亿元。

（六）深圳及全国R&D资本化对GDP影响程度测算

根据R&D资本化对GDP、投资与消费的影响方式，在此对R&D资本化的影响程度进行测度。

1. 深圳R&D资本化对GDP影响的分析

（1）R&D资本化对GDP影响的因素

无论是联合国教科文组织还是新的会计准则，在对R&D资本化时都有一个前提条件，即只对能够带来经济效益的R&D支出资本化，对未带来经济效益的费用化。但是在实际操作中，R&D支出中哪些会带来收益，哪些不会带来收益，很难严格区分。从实际情况看，失败的R&D支出所产生的成本往往低于成功的R&D支出所带来的收益，因此我们可以忽略这部分成本，将R&D全部资本化，许多国家在进行R&D资本化时也采用这种方法。

（2）R&D支出中可纳入GDP部分的测算和分析

本课题运用组合法测算模型进行组合测算，结果显示：2013—2015年，深圳市可纳入GDP核算的R&D分别为270.81亿元（不变价，下同）、289.08亿元、327.08亿元，若折合成现价R&D则分别为363.32亿元、390.72亿元、439.56亿元，占R&D总量的比重分别为62.15%、61.04%、60.40%，对GDP的贡献率分别为2.51%、2.44%、2.51%。从上述数据可知，在R&D支出纳入GDP核算后，深圳市GDP显著扩大。

2. 深圳R&D资本化对投资消费比例的变化分析

在讨论R&D资本化对投资消费率的影响时，根据数据的可获取性，本课题用固定资产投资额表示投资额，用社会消费品零售总额表示消费额。此处，设定投资率 =（全社会固定资产投资额/GDP）×100%，最终消费率 = 最终消费/GDP ×100%。

（1）R&D 资本化后对消费额的减少额分析

根据前文所述，R&D 支出资本化会导致消费额的变化，进而导致消费率发生相应的变化。在 R&D 支出部门中，科研院所与高等院校部门的 R&D 支出由消费转化为投资，最终消费减少，投资增加，固定资本形成增加，其产生的私人 R&D 收益计入消费中，消费额增加。因此，消费减少额等于科研院所与高等院校部门 R&D 资本形成额减去科研院所和高等院校 R&D 私人收益额，即：

$$消费减少额 = 非企业 R\&D 资本形成额 - 非企业 R\&D 私人收益额 \quad (2-76)$$
$$调整后的消费额 = 原深圳市消费额 - R\&D 资本化后消费减少额 \quad (2-77)$$
$$调整后的消费率 = 调整后的消费额 / 深圳市 GDP \times 100\% \quad (2-78)$$

其中，非企业 R&D 资本形成额与非企业 R&D 私人收益额的计算结果如表 2-74 所示。

考虑到我国 R&D 的发展状况与利用效率要低于发达国家，而且受限于数据条件，假设私人收益率为 16%，即非企业 R&D 的私人收益额为非企业 R&D 的资本形成额的 16%。

表 2-74　　深圳市 R&D 支出纳入 GDP 后对消费率的影响率的变化

年份	对消费率的影响（调整前）			对消费率的影响（调整后，组合法）				
	现价 GDP（万元）	社会消费品零售总额（万元）	消费率（%）	科研院所和高等院校的 R&D 资本形成额（万元）	科研院所和高等院校 R&D 的私人收益额（万元）	消费减少额（万元）	调整后消费额（万元）	调整后消费率（%）
2002	29695184	9419443	31.72	—	—	—	—	—
2003	35857235	10951323	30.54	6535	8653	-2119	10953442	30.55
2004	42821428	12506411	29.21	7622	10352	-2730	12509141	29.21
2005	49509078	14416103	29.12	8964	12334	-3370	14419473	29.12
2006	58135624	16804604	28.91	10677	14665	-3988	16808592	28.91
2007	68015706	19308050	28.39	11349	17441	-6092	19314142	28.40
2008	77867920	22765855	29.24	13477	20392	-6915	22772770	29.25
2009	82013176	25679436	31.31	18616	23896	-5280	25684716	31.32
2010	95815101	30007629	31.32	6376	28736	-22361	30029990	31.34
2011	115055298	35208736	30.60	62441	30394	32048	35176688	30.57
2012	129500601	40087794	30.96	45370	46629	-1259	40089053	30.96
2013	145002300	44335900	30.58	87527	58425	29103	44306797	30.56
2014	160019800	48440000	30.27	98560	81182	17379	48422621	30.26
2015	175029900	50178400	28.67	128602	106807	21795	50156605	28.66

表 2-74 显示，在 R&D 支出未纳入 GDP 之前，2013—2015 年深圳市的消费率分别为 30.58%、30.27% 和 28.67%。R&D 资本化之后，消费额发生变化，导致消费率产生变化，2013—2015 年消费率变为 30.56%、30.26% 和 28.66%，分别减少了 0.02 个、0.01 个和 0.01 个百分点。由消费减少额等于科研院所与高等院校部门 R&D 资本形成额减去科研院所和高等院校 R&D 私人收益额可知，一方面，科研院所与高等院校部门的 R&D 支出所占比重只有 1%—2%，故其由消费转化为投资，最终消费减少额较少；另一方面，固定资本形成增加，其产生的私人 R&D 收益计入消费中，消费额增加。R&D 资本化后导致消费率变化较小，主要原因在于科研院所和高等院校 R&D 支出的比重较小，此外，其 R&D 的资本形成额和私人收益额左右消费减少额的大小。

（2）R&D 资本化后对投资额的增加额分析

R&D 支出资本化同样会导致投资数额的变化。R&D 资本化后，企业部门的 R&D 支出额由费用额转为投资额，投资增加，固定资本形成增加；科研院所与高等院校部门 R&D 支出由消费转化为投资，最终消费减少，投资增加，固定资本形成增加。因此，投资增加额等于 R&D 资本形成额，即：

投资增加额 = 企业 R&D 资本形成额 + 科研院所和高等院校 R&D 资本形成额

$$(2-79)$$

调整后的投资额 = 原深圳市投资额 + R&D 资本化后的投资增加额 （2-80）

调整后的投资率 = 调整后的投资额/深圳市 GDP × 100% （2-81）

具体计算结果如表 2-75 所示。

表 2-75　　　　　　深圳市 R&D 资本化后投资率的变化

年份	对投资率的影响（调整前）			对投资率的影响（调整后，组合法）				
	现价 GDP（万元）	固定资产投资额（万元）	投资率（%）	企业 R&D 资本形成额（万元）	科研院所和高等院校的 R&D 资本形成额（万元）	投资增加额（万元）	调整后投资额（万元）	调整后投资率（%）
2002	29695184	7881459	26.54	—	—	—	—	—
2003	35857235	9491016	26.47	533534	6535	540069	10031085	27.98
2004	42821428	10925571	25.51	622327	7622	629949	11555520	26.99
2005	49509078	11810542	23.86	731898	8964	740862	12551404	25.35
2006	58135624	12736693	21.91	871730	10677	882407	13619100	23.43
2007	68015706	13450037	19.77	926596	11349	937945	14387982	21.15
2008	77867920	14676043	18.85	1100340	13477	1113818	15789861	20.28

续表

年份	对投资率的影响（调整前）			对投资率的影响（调整后，组合法）				
	现价GDP（万元）	固定资产投资额（万元）	投资率（%）	企业R&D资本形成额（万元）	科研院所和高等院校的R&D资本形成额（万元）	投资增加额（万元）	调整后投资额（万元）	调整后投资率（%）
2009	82013176	17091514	20.84	1503192	18616	1521808	18613322	22.70
2010	95815101	19447008	20.30	1697788	6376	1704164	21151172	22.07
2011	115055298	20609180	17.91	1958051	62441	2020493	22629673	19.67
2012	129500601	21944319	16.95	2227104	45370	2272473	24216792	18.70
2013	145002300	25010100	17.25	2649683	87527	2737210	27747310	19.14
2014	160019800	27174200	16.98	2809587	98560	2908147	30082347	18.80
2015	175029900	32983100	18.84	3163960	128602	3292562	36275662	20.73

通过表2-75可知，在R&D支出未纳入GDP之前，2013—2015年深圳市的投资率分别为17.25%、16.98%和18.84%。R&D资本化之后，投资额发生变化，导致投资率产生变化，2013—2015年投资率变为19.14%、18.80%和20.73%，分别增加了1.89个、1.82个和1.89个百分点。

综上所述，R&D资本化之后，消费率和投资率都发生了变化。从深圳市2013—2015年数据可以看出，调整后投资率增加幅度较大，而消费率变化相对较小。如2015年消费率由调整前的28.67%到调整后的28.66%，减少了0.01个百分点；而投资率由调整前的18.84%到调整后的20.73%，增加了1.89个百分点。

投资率与消费率的变化会对国民经济产生一定的影响，国民经济发展状况决定着投资与消费水平。投资增加，将会拉动经济发展，从R&D支出发展趋势看，R&D支出逐年增加，国家对研究开发的重视程度逐渐加强，R&D投资在经济发展中的地位与作用越来越重要。虽然消费也是拉动经济增长的重要因素之一，但从分析结果看，R&D资本化后最终消费率并没有发生多大的变化。拉动经济增长的消费主要是居民消费，虽然科研院所与高等院校R&D支出由居民消费转换为投资，但是R&D支出是用来获取收益的，而非用于生活消费。因此，在R&D支出方面，应该越高越好，而非单纯看最终消费率的大小。要提高最终消费，最主要的还是采取各种宏观调控政策，增加居民的日常消费需求，以拉动经济发展。

3. 深圳R&D资本化收益分析

R&D产出来自各个部门，如企业部门、自产自用的部门以及非营利部门。从深圳市的实际情况看，R&D支出虽出自多个部门，但对GDP影响最大的还是工业企业部门。

各个部门都存在R&D收益，但是商业R&D收益被计入当前的GDP中的可能性更大。因为对于商业或企业部门来说，其产品都是在市场中定价、出售的，所以其R&D产出或收益包含在其利润总额中，不用单独衡量其R&D产出的大小。无论是在R&D资本化之前还是R&D资本化之后，其R&D收益都包含在其总收益中，并没有发生变化。

与企业R&D收益相反，科研院所与高等院校部门的R&D收益被纳入当前GDP的可能性很小，部分是由于科研院所与高等院校在GDP中的核算方法，部分是由于科研院所与高等院校部门R&D的特点。其原因是科研院所与高等院校部门的产出大都不在市场内出售，通常把这些产出假设等于其投入成本，因此没有直接的数据估计科研院所与高等院校部门的R&D收益，导致低估了这些部门的R&D产出。而R&D资本化后，则需要考察R&D产生的投资收益。

通过以上分析发现，R&D资本化后，对GDP造成影响的是非营利机构部门的R&D收益。但是在整个GDP核算过程中，既包含了企业部门的R&D收益，又包含了非营利机构部门的R&D收益。

R&D资本化必然导致GDP增加，那么应如何确定GDP增加的大小及幅度呢？通过上述对核算R&D资本存量的方法的讨论，借用国外学者的模型，利用R&D支出数据可计算出深圳市2009—2015年R&D资本存量。资本存量与资本收益存在着相关关系，可以用以下公式表示：

$$R\&D 收益 (t) = 收益率 \times 资本存量 (t-1) + 折旧率 \times 资本存量 (t-1) \tag{2-82}$$

收益率的确定比较困难，本课题借鉴国外计算出的收益率结果，并作相应调整。R&D收益分为私人R&D收益、溢出收益和社会R&D收益。私人R&D收益加上溢出收益等于社会收益。私人收益率是指直接从事某个研究项目的组织所获得的投资收益率。社会收益率是指全社会从某个研究项目中得到的收益率。社会收益要比私人收益高，这是因为企业创新成功之后，模仿者们不必再去投资原始性的研究工作，节省了大量成本。本课题在计算本部分时，统一采用社会收益率。参考美国经济分析局（BEA）2004年对R&D社会收益率的假定，假设商业部门的R&D社会收益率为50%，政府与非营利部门的R&D社会收益率为33.4%。考虑到我国研究与开发的发展状况与利用效率要低于发达国家，而且受限于数据条件，假设企业

R&D 全社会收益率为 35%，科研院所和高等院校的 R&D 全社会收益率为 20%，私人收益率为 16%。折旧率仍旧采用先前的 R&D 折旧率 10%（2014—2015 年采用张军教授测算的 9.6%），资本存量是已求结果。这样，通过上面的公式就可以求出 R&D 资本收益。

4. 深圳 R&D 资本化收益增长对经济增长的贡献率分析

为了反映 R&D 收益增长在 GDP 增长中所占的比重，可以通过计算 R&D 收益增长对 GDP 增长的贡献度。计算采用的数据都会剔除价格因素的影响。具体计算公式如下：

R&D 收益对 GDP 增长的贡献度 = R&D 收益增量/国内生产总值增量

(2-83)

企业 R&D 收益（t）= 企业全社会收益率（35%）× 资本存量（$t-1$）+ 折旧率（10%）× 企业资本存量（$t-1$）　　　　　　　　　　　　(2-84)

非企业 R&D 收益（t）= 非企业全社会收益率（20%）× 资本存量（$t-1$）+ 折旧率（10%）× 非企业资本存量（$t-1$）　　　　　　　　　(2-85)

通过上述计算公式，结合已知数据（企业、非企业的 R&D 资本存量），便可获得企业 R&D 收益和非企业 R&D 收益，最终获得 R&D 收益对 GDP 增长的贡献率。具体核算过程和结果如表 2-76 和表 2-77 所示。

表 2-76　　　　　　　　深圳市各个执行部门的 R&D 收益　　　　　　　单位：万元

年份	科研院所 R&D 收益	高等院校 R&D 收益	工业企业 R&D 收益	非工业企事业 R&D 收益	总 R&D 收益
2002	—	—	—	—	—
2003	4621	5364	764115	51079	825178
2004	5528	6417	914146	61108	987199
2005	6587	7645	1089146	72806	1176184
2006	7831	9090	1294958	86564	1398442
2007	9314	10811	1540090	102950	1663165
2008	10889	12640	1800651	120368	1944548
2009	12761	14812	2110070	141051	2278693
2010	15344	17813	2532797	169281	2735236
2011	15689	19381	3018325	193090	3246485
2012	33349	20454	3586349	212481	3852633
2013	45163	22250	4236804	230158	4534375

表2-77　　　　　　深圳市R&D收益对GDP增长的影响

年份	总R&D收益（万元）	R&D收益增量（万元）	不变价GDP（万元）（2002=100）	GDP增量（万元）	R&D收益对GDP增长的贡献率（%）
2014	68300	25371	4975067	286799	5355538
2015	94325	28914	5772016	332726	6227982
2002	—	—	29695184	—	—
2003	825178	—	35392747	5697563	—
2004	987199	162021	41513010	6120264	2.65
2005	1176184	188985	47770126	6257116	3.02
2006	1398442	222259	55683227	7913101	2.81
2007	1663165	264722	63944531	8261304	3.20
2008	1944548	281383	71691629	7747098	3.63
2009	2278693	334145	79327545	7635916	4.38
2010	2735236	456542	88978095	9650550	4.73
2011	3246485	511249	97919527	8941432	5.72
2012	3852633	606148	107673647	9754120	6.21
2013	4534375	681742	118979373	11305726	6.03
2014	5355538	821163	129449558	10470185	7.84
2015	6227982	872444	140970569	11521011	7.57

由表2-77可知，2013—2015年R&D收益对GDP增长的贡献率分别为6.03%、7.84%、7.57%，说明R&D的投资对经济增长具有正面、积极的影响。增加GDP的途径有很多，如增加投资，扩大消费，但是能保持经济持续平稳增长的一个重要途径就是通过创新来驱动。因此R&D对经济持续、稳定发展具有重要的战略性意义。

5. 全国R&D资本化对GDP影响度测算

根据前文分析，R&D资本化后，GDP调整幅度为企业R&D资本化产生的固定资本形成额与高等院校和科研机构的R&D私人收益额之和。具体结果见表2-78、表2-79、表2-80、表2-81。

表2-78　　　R&D资本化对GDP影响度测算结果（Goldsmith方法）

年份	调整前不变价GDP（亿元）	GDP增加额（亿元）	调整后GDP（亿元）	变化度（%）
1996	66878.28	364.54	67242.83	0.55
1997	73095.98	410.55	73506.53	0.56

续表

年份	调整前不变价 GDP（亿元）	GDP 增加额（亿元）	调整后 GDP（亿元）	变化度（%）
1998	78821.84	474.19	79296.03	0.60
1999	84827.94	590.93	85418.87	0.70
2000	91980.02	795.86	92775.88	0.87
2001	99614.65	868.82	100483.47	0.87
2002	108661.72	1010.02	109671.74	0.93
2003	119555.47	1155.62	120711.09	0.97
2004	131612.69	1405.21	133017.90	1.07
2005	146498.13	1644.60	148142.73	1.12
2006	165069.01	1940.89	167009.90	1.18
2007	188446.74	2186.34	190633.08	1.16
2008	206602.96	2479.26	209082.22	1.20
2009	225639.77	3061.73	228701.50	1.36
2010	249212.33	3412.83	252625.16	1.37
2011	272388.79	3935.46	276324.25	1.44
2012	293233.48	4486.41	297719.89	1.53
2013	315727.98	4992.34	320720.32	1.58

表 2-79　R&D 资本化对 GDP 影响度测算结果（Griliches 方法）

年份	调整前不变价 GDP（亿元）	GDP 增加额（亿元）	调整后 GDP（亿元）	变化度（%）
1996	66878.28	333.43	67211.72	0.50
1997	73095.98	361.84	73457.82	0.50
1998	78821.84	408.11	79229.96	0.52
1999	84827.94	472.00	85299.94	0.56
2000	91980.02	588.96	92568.98	0.64
2001	99614.65	794.09	100408.74	0.80
2002	108661.72	867.23	109528.95	0.80
2003	119555.47	1008.59	120564.06	0.84
2004	131612.69	1154.33	132767.02	0.88
2005	146498.13	1404.05	147902.18	0.96
2006	165069.01	1643.55	166712.57	1.00

续表

年份	调整前不变价 GDP（亿元）	GDP 增加额（亿元）	调整后 GDP（亿元）	变化度（%）
2007	188446.74	1939.95	190386.69	1.03
2008	206602.96	2185.49	208788.45	1.06
2009	225639.77	2478.50	228118.26	1.10
2010	249212.33	3061.04	252273.37	1.23
2011	272388.79	3412.21	275801.00	1.25
2012	293233.48	3934.90	297168.39	1.34
2013	315727.98	4485.91	320213.89	1.42

表2-80　R&D 资本化对 GDP 影响度测算结果（BEA 方法）

年份	调整前不变价 GDP（亿元）	GDP 增加额（亿元）	调整后 GDP（亿元）	变化度（%）
1996	66878.28	346.32	67224.60	0.52
1997	73095.98	390.02	73486.00	0.53
1998	78821.84	450.48	79272.32	0.57
1999	84827.94	561.38	85389.32	0.66
2000	91980.02	756.07	92736.08	0.82
2001	99614.65	825.38	100440.03	0.83
2002	108661.72	959.52	109621.24	0.88
2003	119555.47	1097.84	120653.31	0.92
2004	131612.69	1334.95	132947.64	1.01
2005	146498.13	1562.37	148060.50	1.07
2006	165069.01	1843.84	166912.86	1.12
2007	188446.74	2077.02	190523.76	1.10
2008	206602.96	2355.30	208958.25	1.14
2009	225639.77	2908.64	228548.41	1.29
2010	249212.33	3242.19	252454.52	1.30
2011	272388.79	3738.68	276127.47	1.37
2012	293233.48	4262.09	297495.57	1.45
2013	315727.98	4742.72	320470.71	1.50

表 2-81　　R&D 资本化对 GDP 影响度测算结果（组合方法）

年份	调整前不变价 GDP（亿元）	GDP 增加额（亿元）	调整后 GDP（亿元）	变化度（%）
1996	66878.28	348.10	67226.38	0.52
1997	73095.98	387.47	73483.45	0.53
1998	78821.84	444.26	79266.10	0.56
1999	84827.94	541.44	85369.37	0.64
2000	91980.02	713.63	92693.65	0.78
2001	99614.65	829.43	100444.08	0.83
2002	108661.72	945.59	109607.31	0.87
2003	119555.47	1087.35	120642.82	0.91
2004	131612.69	1298.16	132910.85	0.99
2005	146498.13	1537.01	148035.13	1.05
2006	165069.01	1809.43	166878.44	1.10
2007	188446.74	2067.77	190514.51	1.10
2008	206602.96	2340.02	208942.97	1.13
2009	225639.77	2816.29	228456.05	1.25
2010	249212.33	3238.69	252451.02	1.30
2011	272388.79	3695.45	276084.24	1.36
2012	293233.48	4227.80	297461.28	1.44
2013	315727.98	4740.32	320468.31	1.50

分别基于 Goldsmith 方法、Griliches 方法、BEA 方法和组合方法进行测算，结果显示，R&D 资本化后，1996 年 GDP 调整额分别为 364.54 亿元、333.43 亿元、346.32 亿元、348.10 亿元，调整幅度分别为 0.55%、0.50%、0.52%、0.52%；之后 GDP 调整额均明显增加，2013 年 GDP 调整额分别为 4992.34 亿元、4485.91 亿元、4742.72 亿元、4740.32 亿元，调整幅度为 1.58%、1.42%、1.50%、1.50%。此外，1996—2013 年，GDP 调整额中企业 R&D 资本化产生的固定资本形成额所占比重逐年提高，分别从 1996 年的 32.2%（Goldsmith 方法）、32.61%（Griliches 方法）、32.2%（BEA 方法）、32.33%（组合方法）增加到 2013 年的 65.25%（Goldsmith 方法）、65.48%（Griliches 方法）、65.25%（BEA 方法）、65.32%（组合方法）；而高等院校和科研机构的 R&D 私人收益额所占比重逐年降低，从 1996 年的 67.80%（Goldsmith 方法）、67.39%（Griliches 方法）、67.80%

（BEA 方法）、67.67%（组合方法）降低到 2013 年的 34.75%（Goldsmith 方法）、34.52%（Griliches 方法）、34.75%（BEA 方法）、34.68%（组合方法），表明企业 R&D 资本化产生的固定资本形成额对 GDP 调整的贡献程度逐步提高。

6. 全国 R&D 资本化对投资影响度测算

R&D 资本化后，企业部门的 R&D 支出额由费用额转为投资额，投资增加，固定资本形成增加；一般政府部门 R&D 支出由消费转化为投资，最终消费减少，投资增加，固定资本形成增加。因此，投资增加额等于企业 R&D 资本形成额加上一般政府部门 R&D 资本形成额。测算结果见表 2-82、表 2-83、表 2-84、表 2-85。

表 2-82　　R&D 资本化对投资影响度测算结果（Goldsmith 方法）

年份	调整前不变价资本形成额（亿元）	资本形成增加额（亿元）	调整后资本形成额（亿元）	变化度（%）
1996	25636.81	229.68	25866.49	0.90
1997	26501.71	272.32	26774.04	1.03
1998	28049.55	314.11	28363.65	1.12
1999	29540.07	410.21	29950.28	1.39
2000	31484.35	557.34	32041.69	1.77
2001	36079.06	618.29	36697.35	1.71
2002	40013.22	772.18	40785.40	1.93
2003	48281.49	887.44	49168.93	1.84
2004	56106.38	1062.16	57168.54	1.89
2005	60166.96	1277.99	61444.95	2.12
2006	67057.35	1501.11	68558.46	2.24
2007	77718.58	1689.72	79408.30	2.17
2008	88944.18	1927.14	90871.32	2.17
2009	104777.73	2538.01	107315.74	2.42
2010	119180.71	2827.48	122008.19	2.37
2011	131036.31	3162.63	134198.94	2.41
2012	140212.57	3658.15	143870.72	2.61
2013	152177.17	4054.28	156231.46	2.66

表2-83　　R&D资本化对投资影响度测算结果（Griliches方法）

年份	调整前不变价资本形成额（亿元）	资本形成增加额（亿元）	调整后资本形成额（亿元）	变化度（%）
1996	25636.81	211.03	25847.84	0.82
1997	26501.71	221.29	26723.00	0.83
1998	28049.55	264.77	28314.32	0.94
1999	29540.07	307.31	29847.38	1.04
2000	31484.35	404.10	31888.45	1.28
2001	36079.06	551.84	36630.90	1.53
2002	40013.22	613.34	40626.56	1.53
2003	48281.49	767.72	49049.21	1.59
2004	56106.38	883.43	56989.81	1.57
2005	60166.96	1058.55	61225.51	1.76
2006	67057.35	1274.74	68332.10	1.90
2007	77718.58	1498.18	79216.76	1.93
2008	88944.18	1687.09	90631.27	1.90
2009	104777.73	1924.77	106702.50	1.84
2010	119180.71	2535.87	121716.58	2.13
2011	131036.31	2825.56	133861.87	2.16
2012	140212.57	3160.90	143373.47	2.25
2013	152177.17	3656.59	155833.77	2.40

表2-84　　R&D资本化对投资影响度测算结果（BEA方法）

年份	调整前不变价资本形成额（亿元）	资本形成增加额（亿元）	调整后资本形成额（亿元）	变化度（%）
1996	25636.81	218.19	25855.00	0.85
1997	26501.71	258.71	26760.42	0.98
1998	28049.55	298.40	28347.95	1.06
1999	29540.07	389.70	29929.77	1.32
2000	31484.35	529.48	32013.83	1.68
2001	36079.06	587.38	36666.44	1.63
2002	40013.22	733.57	40746.80	1.83
2003	48281.49	843.07	49124.56	1.75

续表

年份	调整前不变价资本形成额（亿元）	资本形成增加额（亿元）	调整后资本形成额（亿元）	变化度（%）
2004	56106.38	1009.05	57115.43	1.80
2005	60166.96	1214.09	61381.05	2.02
2006	67057.35	1426.05	68483.41	2.13
2007	77718.58	1605.24	79323.81	2.07
2008	88944.18	1830.78	90774.96	2.06
2009	104777.73	2411.11	107188.84	2.30
2010	119180.71	2686.11	121866.82	2.25
2011	131036.31	3004.50	134040.81	2.29
2012	140212.57	3475.24	143687.81	2.48
2013	152177.17	3851.57	156028.74	2.53

表2-85　　R&D资本化对投资影响度测算结果（组合方法）

年份	调整前不变价资本形成额（亿元）	资本形成增加额（亿元）	调整后资本形成额（亿元）	变化度（%）
1996	25636.81	219.63	25856.44	0.86
1997	26501.71	250.77	26752.49	0.95
1998	28049.55	292.43	28341.97	1.04
1999	29540.07	369.08	29909.14	1.25
2000	31484.35	496.97	31981.32	1.58
2001	36079.06	585.84	36664.90	1.62
2002	40013.22	706.36	40719.59	1.77
2003	48281.49	832.74	49114.24	1.72
2004	56106.38	984.88	57091.26	1.76
2005	60166.96	1183.55	61350.50	1.97
2006	67057.35	1400.64	68457.99	2.09
2007	77718.58	1597.71	79316.29	2.06
2008	88944.18	1815.00	90759.18	2.04
2009	104777.73	2291.29	107069.02	2.19
2010	119180.71	2683.15	121863.86	2.25
2011	131036.31	2997.56	134033.87	2.29
2012	140212.57	3431.43	143644.00	2.45
2013	152177.17	3854.15	156031.32	2.53

分别利用 Goldsmith 方法、Griliches 方法、BEA 方法和组合方法进行测算，结果显示，R&D 资本化之后，导致投资额发生变化，1996—2013 年资本形成额分别从 229.68 亿元、211.03 亿元、218.19 亿元、219.63 亿元增加到 4054.28 亿元、3656.59 亿元、3851.57 亿元、3854.15 亿元，变化幅度分别从 0.90%、0.82%、0.85%、0.86% 增加到 2.66%、2.40%、2.53%、2.53%，表明 R&D 资本化后导致投资额有所增加。

7. 全国 R&D 资本化对消费影响度测算

根据前文分析，R&D 执行部门分为企业部门与一般政府部门，其中一般政府部门的 R&D 支出由消费转化为投资，最终消费减少，投资增加，固定资本形成增加；其产生的私人 R&D 收益计入消费中，消费额增加。因此，消费减少额等于一般政府部门 R&D 资本形成额减去一般政府部门 R&D 私人收益额。具体测算结果如表 2-86、表 2-87、表 2-88、表 2-89 所示。

表 2-86　R&D 资本化对消费影响度测算结果（Goldsmith 方法）

年份	调整前消费额（亿元）	消费增加额（亿元）	调整后消费额（亿元）	变化度（%）
1996	40513.76	134.87	40648.62	0.33
1997	44017.60	138.22	44155.82	0.31
1998	48104.12	160.08	48264.20	0.33
1999	53616.93	180.72	53797.65	0.34
2000	59082.19	238.52	59320.70	0.40
2001	62334.30	250.53	62584.83	0.40
2002	66977.85	237.84	67215.69	0.36
2003	70102.96	268.18	70371.14	0.38
2004	73450.32	343.05	73793.37	0.47
2005	80485.76	366.61	80852.37	0.46
2006	87676.02	439.78	88115.80	0.50
2007	96728.49	496.62	97225.10	0.51
2008	103777.51	552.12	104329.63	0.53

续表

年份	调整前消费额（亿元）	消费增加额（亿元）	调整后消费额（亿元）	变化度（%）
2009	114568.32	523.72	115092.05	0.46
2010	123831.55	585.35	124416.90	0.47
2011	139088.72	772.83	139861.55	0.56
2012	153381.29	828.26	154209.55	0.54
2013	167069.66	938.05	168007.71	0.56

表2-87　R&D资本化对消费影响度测算结果（Griliches方法）

年份	调整前消费额（亿元）	消费增加额（亿元）	调整后消费额（亿元）	变化度（%）
1996	40513.76	122.40	40636.16	0.30
1997	44017.60	140.55	44158.16	0.32
1998	48104.12	143.34	48247.46	0.30
1999	53616.93	164.69	53781.62	0.31
2000	59082.19	184.86	59267.05	0.31
2001	62334.30	242.25	62576.55	0.39
2002	66977.85	253.89	67231.73	0.38
2003	70102.96	240.86	70343.82	0.34
2004	73450.32	270.90	73721.22	0.37
2005	80485.76	345.50	80831.26	0.43
2006	87676.02	368.81	88044.83	0.42
2007	96728.49	441.76	97170.25	0.46
2008	103777.51	498.40	104275.91	0.48
2009	114568.32	553.73	115122.05	0.48
2010	123831.55	525.17	124356.72	0.42
2011	139088.72	586.65	139675.38	0.42
2012	153381.29	774.00	154155.28	0.50
2013	167069.66	829.31	167898.97	0.50

表2-88　　　R&D资本化对消费影响度测算结果（BEA方法）

年份	调整前消费额（亿元）	消费增加额（亿元）	调整后消费额（亿元）	变化度（％）
1996	40513.76	128.12	40641.88	0.32
1997	44017.60	131.31	44148.91	0.30
1998	48104.12	152.08	48256.20	0.32
1999	53616.93	171.68	53788.61	0.32
2000	59082.19	226.59	59308.78	0.38
2001	62334.30	238.00	62572.30	0.38
2002	66977.85	225.95	67203.80	0.34
2003	70102.96	254.77	70357.73	0.36
2004	73450.32	325.90	73776.22	0.44
2005	80485.76	348.27	80834.04	0.43
2006	87676.02	417.79	88093.81	0.48
2007	96728.49	471.79	97200.27	0.49
2008	103777.51	524.52	104302.02	0.51
2009	114568.32	497.54	115065.86	0.43
2010	123831.55	556.08	124387.64	0.45
2011	139088.72	734.19	139822.91	0.53
2012	153381.29	786.85	154168.13	0.51
2013	167069.66	891.15	167960.81	0.53

表2-89　　　R&D资本化对消费影响度测算结果（组合方法）

年份	调整前消费额（亿元）	消费增加额（亿元）	调整后消费额（亿元）	变化度（％）
1996	40513.76	128.46	40642.22	0.32
1997	44017.60	136.70	44154.30	0.31
1998	48104.12	151.83	48255.95	0.32
1999	53616.93	172.36	53789.29	0.32
2000	59082.19	216.66	59298.84	0.37
2001	62334.30	243.59	62577.89	0.39
2002	66977.85	239.22	67217.07	0.36
2003	70102.96	254.60	70357.56	0.36

续表

年份	调整前消费额（亿元）	消费增加额（亿元）	调整后消费额（亿元）	变化度（％）
2004	73450.32	313.28	73763.61	0.43
2005	80485.76	353.46	80839.22	0.44
2006	87676.02	408.79	88084.81	0.47
2007	96728.49	470.06	97198.54	0.49
2008	103777.51	525.01	104302.52	0.51
2009	114568.32	525.00	115093.32	0.46
2010	123831.55	555.53	124387.09	0.45
2011	139088.72	697.89	139786.61	0.50
2012	153381.29	796.37	154177.65	0.52
2013	167069.66	886.17	167955.83	0.53

分别利用 Goldsmith 方法、Griliches 方法、BEA 方法和组合方法进行测算，结果显示，R&D 资本化之后，导致消费额变化，1996—2013 年最终消费变化度分别从 0.33％、0.3％、0.32％、0.32％ 增加到 0.56％、0.5％、0.53％、0.53％。最终消费在调整前后变化不大，这是因为：由消费减少额计算公式可知，一方面，科研机构与高等院校部门的 R&D 支出所占比重较小，故其由消费转化为投资，最终消费减少额较少；另一方面，其产生的私人 R&D 收益计入消费中，消费额增加。因此，其 R&D 的资本形成额和私人收益额左右着消费减少额的大小。

综上所述，R&D 资本化后，导致消费和投资均发生了变化。从 1996—2013 年数据可以看出，调整后投资增加幅度较大，而最终消费相对变化较小。因此，总体来看，GDP 调整幅度主要是受到投资增加幅度的影响。

8. 采用生产函数理论来看全国 R&D 资本化的影响

前面我们已经对生产函数理论进行了描述，并考虑将 R&D 纳入无形资本后，对生产函数表达形式进行改进。根据上文得出的相关结论，我们采用生产函数法来分析各个生产要素的贡献情况。我们先来看调整前后对各年 GDP 增速的影响（见表 2-90）。

表 2-90　　R&D 经费调整前后对 GDP 增速的影响

年份	调整前不变价 GDP（亿元）	GDP 增加额（亿元）	调整后 GDP（亿元）	变化度（%）	调整前 GDP 增速（%）	调整后 GDP 增速（%）
1996	66878.28	348.10	67226.38	0.52	—	—
1997	73095.98	387.47	73483.45	0.53	9.30	9.31
1998	78821.84	444.26	79266.10	0.56	7.83	7.87
1999	84827.94	541.44	85369.37	0.64	7.62	7.70
2000	91980.02	713.63	92693.65	0.78	8.43	8.58
2001	99614.65	829.43	100444.08	0.83	8.30	8.36
2002	108661.72	945.59	109607.31	0.87	9.08	9.12
2003	119555.47	1087.35	120642.82	0.91	10.03	10.07
2004	131612.69	1298.16	132910.85	0.99	10.09	10.17
2005	146498.13	1537.01	148035.13	1.05	11.31	11.38
2006	165069.01	1809.43	166878.44	1.10	12.68	12.73
2007	188446.74	2067.77	190514.51	1.10	14.16	14.16
2008	206602.96	2340.02	208942.97	1.13	9.63	9.67
2009	225639.77	2816.29	228456.05	1.25	9.21	9.34
2010	249212.33	3238.69	252451.02	1.30	10.45	10.50
2011	272388.79	3695.45	276084.24	1.36	9.30	9.36
2012	293233.48	4227.80	297461.28	1.44	7.65	7.74
2013	315727.98	4740.32	320468.31	1.50	7.67	7.73
平均	—	—	—	—	9.57	9.64

从表 2-90 可以看出，我国经济从 1996 年至 2011 年一直处于高速增长时期，GDP 的增速保持在 10% 左右。近年来，经济增速由高速转为中高速，基本在 7% 左右徘徊。对于 R&D 经费支出纳入 GDP 后，主要是 GDP 增长的因素考虑更为全面，对经济增速的影响并不像大多数人预料的可以高达 2%—3%，调整后的增长速度达不到 0.1%。所以从全国范围来看，我们将 R&D 经费纳入 GDP 核算并不会大幅推高经济的增速，主要的意义在于完善 R&D 无形资产的核算，遵循 SNA2008，做好 GDP 核算的国际接轨工作。按照前文生产函数的方法，参考倪红福（2004）的资本存量测算方法，从经费按用途支出进行资本存量测算，结果如表 2-91、表 2-92 所示。

表2-91　　　　　　　　1995—2013年按经费用途来测算资本存量　　　　　　　单位：亿元

年份	政府支出（包含高校和研究机构）							
	研发总投入		日常性支出			资本性支出		
	名义	存量	名义	实际	存量	名义	实际	存量
1995	188.7	596.5	143.4	—	453.2	45.4	—	143.4
1996	220.7	716.6	167.6	—	539.2	53.0	—	177.4
1997	264.1	870.9	200.7	—	655.3	63.5	—	215.7
1998	291.6	1051.1	221.5	—	790.4	70.1	—	260.7
1999	324.0	1251.3	246.1	—	940.8	77.9	—	310.5
2000	334.7	1476.4	254.2	—	1110.3	80.4	—	366.0
2001	390.9	1707.5	296.9	—	1284.7	94.0	—	422.8
2002	481.8	1975.8	366.0	335.1	1487.0	115.8	108.3	488.8
2003	561.3	2308.4	426.4	385.8	1738.4	134.9	123.5	570.0
2004	632.7	2690.3	522.8	455.2	2027.7	165.4	143.3	662.6
2005	755.4	3139.3	651.4	557.2	2369.1	206.1	175.4	770.2
2006	844.1	3689.0	798.4	672.9	2787.0	252.6	212.3	902.0
2007	1002.6	4352.9	986.5	793.3	3291.7	312.1	252.4	1061.2
2008	1201.5	5137.2	1227.3	931.9	3886.6	388.3	288.4	1250.5
2009	1464.1	6052.4	1078.6	824.8	4585.6	385.5	293.3	1466.8
2010	1783.7	6891.1	1320.1	977.2	5204.2	463.6	340.5	1686.8
2011	1995.6	7879.4	1529.3	1074.1	5937.2	466.2	321.2	1942.2
2012	2329.5	8925.9	1794.1	1228.2	6742.8	535.4	364.9	2183.1
2013	2638.1	10120.7	2038.7	1360.2	7663.9	599.4	407.3	2456.8

表2-92　　　　　　　　1995—2013年按经费用途来测算资本存量　　　　　　　单位：亿元

年份	企业							
	研发总投入		日常性支出			资本性支出		
	名义	存量	名义	实际	存量	名义	实际	存量
1995	160.0	505.6	140.6	—	444.5	19.4	—	61.2
1996	183.8	625.6	161.6	—	549.9	22.2	—	75.7
1997	245.0	753.5	215.4	—	661.8	29.6	—	91.7
1998	259.6	919.6	228.2	—	806.9	31.4	—	112.7

续表

年份	企业							
	研发总投入		日常性支出			资本性支出		
	名义	存量	名义	实际	存量	名义	实际	存量
1999	354.9	1096.9	312.0	—	961.8	42.9	—	135.0
2000	561.0	1342.4	493.1	—	1176.7	67.9	—	165.7
2001	651.6	1728.6	572.8	—	1515.0	78.8	—	213.6
2002	805.8	2174.2	708.3	648.5	1905.2	97.5	91.2	269.0
2003	978.3	2728.9	860.0	778.1	2391.6	118.4	108.3	337.3
2004	1333.6	3393.7	1123.5	978.3	2975.2	154.6	134.0	418.6
2005	1694.6	4228.0	1399.8	1197.4	3708.9	192.6	164.3	519.0
2006	2159.0	5249.3	1715.9	1446.1	4607.0	236.1	198.4	642.3
2007	2707.6	6482.6	2119.9	1704.8	5691.5	291.7	235.9	791.1
2008	3414.5	7938.2	2637.4	2002.8	6970.1	363.0	269.6	968.1
2009	4338.0	9642.4	3801.3	2906.9	8472.2	536.7	408.4	1170.2
2010	5278.9	12128.9	4620.3	3420.4	10652.3	658.5	483.7	1476.5
2011	6691.5	15056.9	5811.6	4081.8	13217.6	879.9	606.2	1839.3
2012	7968.9	18572.9	7030.2	4812.6	16279.0	938.8	639.8	2293.9
2013	9208.5	22662.2	8149.7	5437.6	19888.4	1058.8	719.4	2773.8

在对名义存量进行实际存量转换时采用分类的价格指数，针对日常性支出采用CPI价格指数，针对资本性支出采用固定资产投资价格指数。

由于该类数据的分类从2002年以后才完整，所以我们将采用多种方法对2002年至2013年的数据进行衔接测算，并衡量各要素对于GDP增长的贡献率。由于R&D纳入GDP核算，将对消费、资本形成进行调整（见表2-93、表2-94）。

表2-93　　　　　　支出法下GDP核算的构成要素（消费、资本）　　　　　单位：亿元

年份	消费					资本形成				
	居民		政府		总消费	固定资本形成		存货增加		总资本形成
	名义	实际	名义	实际	调整后	名义	实际	名义	实际	调整后
2001	49435.9	44902.4	17498.0	15893.3	61080.8	37754.5	1592.5	2014.9	1888.1	3480.6
2002	56851.3	49392.6	19597.8	17482.6	67188.9	45305.4	1656.2	2417.9	2228.0	4246.3

续表

年份	消费					资本形成				
	居民		政府		总消费	固定资本形成		存货增加		总资本形成
	名义	实际	名义	实际	调整后	名义	实际	名义	实际	调整后
2003	62536.4	54331.9	21949.5	19230.9	73907.8	54366.5	1722.4	2901.5	2629.0	5180.5
2004	68790.1	59765.1	24583.4	21154.0	81298.5	65239.8	1791.3	3481.7	3102.2	6320.2
2005	75669.1	65741.6	27533.4	23269.4	89428.4	78287.7	1863.0	4178.1	3660.6	7710.7
2006	82575.5	69591.5	30528.4	25728.2	95262.9	87954.1	1936.5	5000.1	4201.4	8256.9
2007	96332.5	77467.0	35900.4	28869.8	106270.4	103948.6	1937.5	6994.6	5656.9	10092.4
2008	111670.4	84798.1	41752.1	31704.9	116428.9	128084.4	1938.5	10240.9	7605.4	12478.6
2009	123584.6	94506.8	45690.2	34939.9	129632.6	156679.8	1939.5	7783.4	5922.5	11593.7
2010	140758.6	104201.3	53356.3	39498.8	143873.7	183615.2	1940.5	9988.7	7336.4	13674.6
2011	168956.6	118667.8	63154.9	44357.3	163266.8	215682	1941.5	12662.3	8724.3	15821.0
2012	190584.6	130466.2	71409.0	48883.6	179612.3	241756.8	1942.5	11016.4	7507.7	15490.9
2013	212187.5	141573.8	79978.1	53362.2	195265.9	269075.4	1943.5	11280.7	7664.8	16406.1

资料来源:《中国统计年鉴》。

表2-94 **支出法下GDP核算的构成要素(净出口、价格指数)**

年份	NX(净出口)(亿元)		CPI(1995=100)	固定资产投资指数(1995=100)	GDP指数(1995=100)
	名义	实际			
2001	2324.7	42471.4	110.1	106.7	108.1
2002	3094.1	47392.0	109.2	106.9	118.4
2003	2964.9	54679.3	110.5	109.3	130.8
2004	4235.6	61038.5	114.8	115.4	144.5
2005	10209.1	68121.0	116.9	117.2	160.1
2006	16654.6	77712.9	118.7	119.0	181.4
2007	23423.1	91398.4	124.4	123.6	207.9
2008	24226.8	100020.9	131.7	134.7	228.9
2009	15037	107522.7	130.8	131.4	247.9
2010	15097.6	116827.1	135.1	136.2	273.2
2011	12163.3	119586.3	142.4	145.1	297.0
2012	14632.4	129112.4	146.1	146.7	321.9
2013	14151.3	136893.7	149.9	147.2	345.8

由于 R&D 纳入 GDP 后,原有的总消费调整:剔除政府的日常性消费,增加政府 R&D 资本的私人收益,按照 R&D 投入的 16% 来计算私人收益。调整原有资本形成:原有的政府部门和企业的日常投入均由中间投入纳入到资本投入。调整后计算 GDP:仍为调整后的消费 + 调整后的资本形成额 + 净出口。调整前后的 GDP 如表 2-95 所示。

表 2-95　　　　　　　　　　　调整前后的 GDP

年份	GDP(亿元)		
	名义	实际 GDP(2000=100)	调整后
2002	120475.6	116888.7	117867.2
2003	136613.4	129162.0	130325.6
2004	160956.6	142724.0	144151.7
2005	187423.4	158138.2	159859.9
2006	222712.5	179170.6	181232.7
2007	266599.2	205329.5	207761.2
2008	315974.6	226067.8	228928.5
2009	348775.1	244831.4	248749.1
2010	402816.5	269804.2	274375.4
2011	472619.2	293277.3	298674.8
2012	529399.2	317912.5	324215.7
2013	586673.0	341438.0	348565.7

根据生产函数的核算方程,可以测算 R&D 资本、有形的固定资本和劳动对于经济增长的贡献。具体测算结果参见表 2-96。

表 2-96　　　　　　资本化后各经济要素对经济增长的贡献情况　　　　　　单位:%

年份	R&D 资本的贡献率	其他固定资本的贡献率	劳动的贡献率	全要素生产率的贡献率	GDP 增长率	R&D 资本的贡献率	其他固定资本的贡献率	劳动的贡献率	全要素生产率的贡献率
2003	0.21	4.82	2.65	2.89	10.57	2.00	45.61	25.08	27.32
2004	0.24	4.20	5.72	0.45	10.61	2.25	39.59	53.92	4.24
2005	0.28	2.52	2.02	6.08	10.90	2.54	23.11	18.54	55.81
2006	0.33	4.37	3.45	5.22	13.37	2.44	32.71	25.81	39.04
2007	0.36	3.75	1.78	8.75	14.64	2.45	25.60	12.19	59.76
2008	0.37	3.42	2.95	3.44	10.19	3.66	33.60	28.97	33.76
2009	0.38	5.37	1.31	1.61	8.66	4.35	61.98	15.08	18.59

续表

年份	R&D资本的贡献率	其他固定资本的贡献率	劳动的贡献率	全要素生产率的贡献率	GDP增长率	R&D资本的贡献率	其他固定资本的贡献率	劳动的贡献率	全要素生产率的贡献率
2010	0.32	3.12	2.43	4.44	10.30	3.07	30.28	23.58	43.06
2011	0.36	2.30	2.67	3.53	8.86	4.05	25.96	30.12	39.86
2012	0.38	1.94	2.11	4.13	8.55	4.39	22.73	24.64	48.24
2013	0.42	2.20	2.44	2.45	7.51	5.65	29.28	32.51	32.56
平均	0.33	3.46	2.68	3.91	10.38	3.35	33.68	26.40	36.57

注：2009年、2010年R&D资本贡献率存在跳跃，主要是由于当年R&D统计制度口径调整所致。

（七）国家现行R&D支出纳入GDP核算方法

2016年7月5日，国家统计局正式发布了《国家统计局关于改革研发支出核算方法修订国内生产总值核算数据的公告》，在国家层面正式实施R&D支出核算方法改革。

1. 核算范围与核算主体

从核算范围来看，依据SNA2008的要求，只有能给所有者带来经济利益的R&D支出才作为固定资本形成处理，而不能给其所有者带来经济利益的R&D支出依然视为中间消耗。因此，根据此原则，对于不成功的R&D活动是否应该剔除，是值得商榷的。国家统计局认为，"从宏观层面上看，尽管某些R&D活动表面上没有成功，但生产者可从中获得经验教训，为未来R&D活动提供指导帮助，也在某种程度上为所有者带来潜在的经济利益，提高未来R&D活动的成功率；相反，如果剔除不成功的R&D活动，则会低估整个R&D活动的总成本。其次，从数据获取角度考虑，现实中很难区分成功的R&D活动和不成功的R&D活动，特别是某些R&D活动跨越时间较长，且未来的不确定性较大，很难判断是否能够成功"。综合以上考虑，国家统计局将全部R&D活动纳入到R&D支出资本化的核算范围。另外，从R&D成果的使用来源来看，可分为自研自用和外购两类。

根据我国R&D核算实践，我国R&D活动是从执行角度开展的。据此，按照执行部门，R&D活动可划分为企业、研究与开发机构、高等学校和其他，其中，将企业视为市场生产者，简称企业；将研究与开发机构、高等学校和其他视为非市场生产者，简称非企业。

结合 R&D 支出资本化的核算范围和核算主体，R&D 支出计入 GDP 按以下分类进行核算，具体见表 2-97。

表 2-97　　　　　　　　　　R&D 支出纳入 GDP 核算分类

	企业	非企业
自研自用		
外购		

2. 核算思路

在国家 R&D 支出纳入 GDP 核算过程中，其分别从生产法、收入法、支出法三个视角系统梳理了上述四种类型 R&D 活动的资本化核算对 GDP 核算和相关主要变量的影响，并进而明确了 R&D 支出纳入 GDP 核算的基本思路。

（1）生产法视角

对于企业自研自用而言，R&D 支出资本化之前，企业自研自用 R&D 活动为辅助性生产活动，在实际核算中对其产出并没有单独核算，而其中间消耗已经纳入到企业总生产活动的中间消耗核算中。因此，R&D 支出资本化后，企业生产活动的中间消耗未发生变化，其总产出将会增加，进而增加值得以增加，其增加量 = R&D 生产活动的总产出。

对于企业外购而言，R&D 支出资本化之前，企业外购 R&D 活动成果是作为企业生产活动的中间消耗进行处理的，因此，R&D 支出资本化后，企业生产活动的中间消耗将减少，总产出未发生变化，进而使得增加值增加，即中间消耗减少量 = 增加值增加量 = 外购的 R&D 资产价值。

对于非企业自研自用而言，由于非企业的总产出按照总成本计算，无论 R&D 支出资本化之前还是 R&D 支出资本化之后，非企业自研自用 R&D 活动成本和中间消耗已经纳入到总生产活动的总成本和中间消耗中，不过由于 R&D 支出资本化之后，在生产中使用了 R&D 资产，因此需要计提 R&D 资产的消耗。这样，非企业总产出增加，使得增加值增加，即总产出增加量 = 增加值增加量 = R&D 资产消耗量。

对于非企业外购而言，R&D 支出资本化之前，非企业外购 R&D 活动成果是作为非企业生产活动的中间消耗进行处理的，因此，R&D 支出资本化后，非企业生产活动的中间消耗将减少。并且，由于非企业的总产出按照总成本计算，R&D 支出资本化之后,在生产中使用了 R&D 资产,因此需要计提 R&D 资产的消耗。这样,R&D 支出资本化产生的影响为:总产出增加量=中间消耗减少量+R&D 资产消耗量。

(2) 收入法视角

对于企业自研自用而言,R&D 支出资本化之前,企业自研自用 R&D 活动为辅助性生产活动,在实际核算中对其产出并没有单独核算。R&D 支出资本化之后,R&D 资产参与了企业生产活动,因此需要计提 R&D 资产的消耗。同时,根据收入法核算的基本构成,企业营业盈余也会增加,其增加部分=R&D 生产活动的总产出 – R&D 资产消耗量。

对于企业外购而言,R&D 支出资本化后,企业外购 R&D 活动成果作为资产参与了企业生产活动,因此需要计提 R&D 资产的消耗。同时,根据收入法核算的基本构成,企业营业盈余也会增加,其增加部分=外购的 R&D 资产价值 – R&D 资产消耗量。

对于非企业自研自用而言,由于非企业的总产出按照总成本计算,R&D 支出资本化之后,在生产中使用了 R&D 资产,因此需要计提 R&D 资产的消耗,即增加值增加量=R&D 资产消耗量。

对于非企业外购而言,由于非企业的总产出按照总成本计算,R&D 支出资本化之后,在生产中使用了 R&D 资产,因此需要计提 R&D 资产的消耗;同时,非企业生产者在实际核算中不计算营业盈余。因此,增加值增加量=R&D 资产消耗量。

(3) 支出法视角

对于企业自研自用而言,R&D 支出资本化之后,R&D 活动成果被划归为资产,因此资本形成总额增加,其他构成部分未发生变化。因此,增加值增加量=资本形成总额增加量=R&D 生产活动的总产出。

对于企业外购而言,与企业自研自用类似,R&D 支出资本化之后,R&D 活动成果被划归为资产,因此资本形成总额增加,其他构成部分未发生变化。因此,增加值增加量=资本形成总额增加量=外购的 R&D 资产价值。

对于非企业自研自用而言,非企业的总产出按照总成本计算。R&D 支出资本化之后,在生产中使用了 R&D 资产,因此需要计提 R&D 资产的消耗,这部分需要计入到政府消费中;同时,R&D 支出资本化之前,R&D 生产活动的总产出是作为政府消费来进行处理的,R&D 支出资本化之后,R&D 生产活动的总产出被识别为资产,因此,这一变化导致 R&D 生产活动的总产出需从政府消费中扣除,同时纳入到资本形成总额中。总体来看,增加值增加量=R&D资产消耗量。

对于非企业外购而言,与非企业自研自用类似,R&D支出资本化之后,在生产中使用了R&D资产,因此需要计提R&D资产的消耗,这部分需要计入到政府消费中;同时,R&D支出资本化之前,外购R&D活动成果是作为政府消费来进行处理的,R&D支出资本化之后,外购R&D活动成果被识别为资产,因此,这一变化导致外购R&D活动成果需从政府消费中扣除,同时纳入到资本形成总额中。总体来看,增加值增加量=外购R&D资产消耗量。

综合以上分析,对R&D支出资本化所产生的主要影响汇总如表2-98所示。

表2-98　　　　　　　　R&D支出资本化所产生的主要影响

	核算方法	企业自研自用	企业外购	非企业自研自用	非企业外购
生产法	总产出	R&D生产活动的总产出	—	R&D资产消耗量	—外购的R&D资产价值+R&D资产消耗量
	中间消耗	—	—外购的R&D资产价值	—	—外购的R&D资产价值
	增加值	R&D生产活动的总产出	外购的R&D资产价值	R&D资产消耗量	R&D资产消耗量
收入法	劳动者报酬	—	—	—	—
	固定资产折旧	R&D资产消耗量	R&D资产消耗量	R&D资产消耗量	R&D资产消耗量
	生产税净额	—	—	—	—
	营业盈余	R&D生产活动的总产出-R&D资产消耗量	外购的R&D资产价值-R&D资产消耗量	—	—
	增加值	R&D生产活动的总产出	外购的R&D资产价值	R&D资产消耗量	R&D资产消耗量
支出法	最终消费	—	—	—	—
	居民消费	—	—	—	—
	政府消费	—	—	—R&D生产活动的总产出+R&D资产消耗量	—外购的R&D资产价值+R&D资产消耗量
	资本形成总额	R&D生产活动的总产出	外购的R&D资产价值	R&D生产活动的总产出	外购的R&D资产价值
	净出口	—	—	—	—
	增加值	R&D生产活动的总产出	外购的R&D资产价值	R&D资产消耗量	R&D资产消耗量

注:国内生产的R&D产品可能用于出口,国内使用的R&D产品也可能来源于进口。但由于资料限制,核算时暂不考虑R&D产品的进口和出口影响。因此,R&D产出等于国内当期所形成的R&D产品价值。

根据 R&D 支出资本化所产生的主要影响分析，R&D 支出纳入 GDP 的基本核算思路是：

Δ增加值 = 企业自研自用 R&D 产出 + 企业外购 R&D 资产价值 + 非企业自研自用 R&D 资产消耗量 + 非企业外购 R&D 资产消耗量　　　　(2 - 86)

其中，"Δ"表示变动额。理论上，外购的 R&D 产品价值应按交易价值计算，但因缺乏资料，国家统计局仍按总成本法计算。由此，上式调整为：

Δ增加值 = 企业 R&D 产出 + 非企业 R&D 资产消耗量　　(2 - 87)

总体来看，R&D 支出资本化纳入 GDP 部分由企业 R&D 产出和非企业 R&D 资产消耗量两部分构成。

3. 测算方法

根据核算思路，在对 R&D 支出资本化纳入 GDP 部分进行测算过程中，主要包括对 R&D 产出和 R&D 资产消耗进行测算。

（1）R&D 产出测算

研发活动的产出按总成本法计算。研发活动的总成本，主要包括中间投入成本、劳动力成本和固定资产成本三部分。由于资本回报难以计算，按总成本法计算的研发产出价值暂不包括资本回报。测算 R&D 产出所需的基础数据是 R&D 内部经费支出，包括日常性支出和资本性支出。其中，日常性支出是指人员劳务费和其他日常性支出，资本性支出是指当期购买机器设备等固定资产的支出。而 R&D 产出主要由中间投入成本、劳动力成本、固定资产成本三部分构成，其具体测算公式为：

R&D 产出 =（中间投入成本 + 劳动力成本）+ 固定资产成本
　　　　 = 日常性支出 + 固定资产消耗　　　　　　　　　　(2 - 88)
　　　　 = 日常性支出 + 固定资本存量 × 折旧率

可见，R&D 产出与 R&D 内部经费支出具有很强的相关性，因此在 R&D 内部经费支出基础上进行适当调整，可得到 R&D 产出。具体调整过程如下：

①对重复的软件 R&D 进行剔除。对于软件 R&D 活动而言，软件 R&D 的试验发展支出在 R&D 支出资本化之前就已计入软件开发活动的产出。因此，在计算 R&D 产出时，为避免重复计算，应扣除这部分支出。为此，国家统计局用 1.8% 比例对 1978 年以来企业 R&D 支出作了适当剔除调整，其依据是：根据《2009 年第二次全国 R&D 资产清查资料汇编》，2009 年软件企业 R&D 的试验发展支出为 76.3

亿元，占企业 R&D 的 1.8%。

②固定资产消耗的计算。在估算固定资产折旧①过程中，先计算固定资本存量，然后通过折旧率计算得到固定资产折旧。具体方法是选用 Goldsmith（1951）提出的永续盘存法，即 $K_t = E_t + (1-\delta)K_{t-1}$。这里主要涉及 4 个变量：$E_t$、$\delta$、固定资产投资价格指数、初始固定资本存量。

E_t 取 R&D 内部经费支出的资本性支出。由于 2008 年 SNA 的固定资本存量不包括土地价值；同时，资本性支出的统计范围只涉及当年新购买资产的支出，未剔除原有资产的处置所得，因此，国家统计局根据其比例关系对资本性支出作了适当的向下调整，约为 5%。

关于 R&D 活动所使用的固定资产的折旧率 δ 的确定。国家统计局假定仪器和设备的平均使用寿命为 15 年，其他固定资产的平均使用寿命为 30 年，并且假定这些固定资产的相对效率以几何方式递减，残值率取为 4%，这样可计算出仪器和设备的折旧率为 19.3%，其他固定资产的折旧率为 10.2%。然后，用这两类资产在总固定资产中的比重进行加权计算。1995—2014 年市场生产者和非市场生产者中这两类资产支出的年平均比例分别为 95∶5 和 72∶28，因此，国家统计局将市场生产者和非市场生产者的固定资产折旧率 δ 分别取为 18.8% 和 16.8%。

关于固定资产投资价格指数。考虑到我国的固定资产投资价格指数从 1990 年才开始公布，国家统计局采用 1952—1989 年的 GDP 缩减指数代替同期的固定资产价格指数，GDP 缩减指数根据《中国国内生产总值历史资料：1952—2004》计算，而 1990 年及以后的固定资产价格指数直接取自《中国统计年鉴》，不变价基期取为 2010 年。

关于初始资本存量的确定。国家统计局根据其资本性支出占比及类似张军等（2004）的初始资本存量计算方法（初始资本存量等于初始固定资产投资除以折旧率与投资增长率之和），估计 1952 年用于 R&D 活动的固定资本存量为 0.10 亿元。

根据以上相关变量，可测算出历年 R&D 活动所使用的固定资产的资本存量，再根据永续盘存法，可得到相应年份的固定资本消耗，即固定资本消耗 $CFC_t = \delta K_t$。

（2）R&D 资产消耗测算

与实物固定资本存量测算相似，测算 R&D 资产消耗之前，首先要测算 R&D 资本存量，然后再根据 R&D 资产折旧率进行推算。其方法依然是选用 Goldsmith

---

① 国家统计局未区分固定资产折旧和固定资本消耗。

(1951) 提出的永续盘存法，即 $R_t = (1-\delta')R_{t-1} + A_t$。这里主要涉及 4 个变量：$A_t$、$\delta'$、R&D 资产投资价格指数、初始 R&D 资本存量。

关于 A_t 的确定。国家统计局认为 R&D 内部经费支出与 R&D 投资在概念上存在差异，A_t 应使用每期的 R&D 投资，即先前所测算的当期 R&D 产出。

关于 δ' 的确定。国家统计局假定我国 R&D 资产平均使用寿命为 10 年，这个假定与 OCED 等的建议也是一致的。同时假定 R&D 资产的相对效率以几何方式递减，并用代表几何折旧模式的余额折旧法来计算其折旧率，在 R&D 资产使用寿命取为 10 年的情况下，如果将残值率取为 10%，那么可得出 R&D 资产折旧率为 20.6%。据此国家统计局将我国 R&D 资产折旧率取为 20.6%。

关于 R&D 资产投资价格指数的计算。国家统计局选用成本价格指数法来构造 R&D 资产价格指数，R&D 投资价格指数为工业生产者购进价格指数、R&D 人员工资指数、固定资产投资价格指数的加权平均值，权重为研发支出占比。

关于初始 R&D 资本存量的确定。国家统计局假定投资增长率和资本存量增长率大体相同，据此选用初始 R&D 资本存量等于初始 R&D 资产投资除以折旧率与投资增长率之和来确定初始 R&D 资本存量，其中，投资增长率取 1952—1959 年 R&D 投资的年平均增长率，折旧率取 20.6%。

通过对以上相关变量的确定，可测算出历年 R&D 资本存量，再根据永续盘存法，可得到相应年份的 R&D 资本消耗，即 R&D 资本消耗 $CRC_t = \delta' R_t$。

4. 全国测算结果

根据以上核算思路和测算方法，对中国 R&D 支出纳入 GDP 部分进行测算，具体结果见表 2-99、表 2-100。

表 2-99　　　　　　　　　不同部门 R&D 产出与资本存量

年份	R&D 资产价格指数（2010 年 = 100）	非企业部门 R&D 产出（不变价）（亿元）	企业部门 R&D 产出（不变价）（亿元）	R&D 总产出（不变价）（亿元）	非企业部门 R&D 资本存量（不变价）（亿元）	企业部门 R&D 资本存量（不变价）（亿元）
1995	51.24	213.35	260.11	473.46	725.14	760.52
1996	53.48	241.54	287.83	529.37	817.30	891.68
1997	54.97	289.22	327.18	616.40	938.16	1035.18
1998	55.01	337.80	379.21	717.00	1082.70	1201.14

续表

年份	R&D资产价格指数（2010年=100）	非企业部门 R&D产出（不变价）（亿元）	企业部门 R&D产出（不变价）（亿元）	R&D总产出（不变价）（亿元）	非企业部门 R&D资本存量（不变价）（亿元）	企业部门 R&D资本存量（不变价）（亿元）
1999	54.82	380.86	491.50	872.36	1240.52	1445.21
2000	58.30	391.32	667.95	1059.27	1376.29	1815.45
2001	59.54	423.84	760.85	1184.69	1516.62	2202.31
2002	60.41	525.19	919.38	1444.57	1729.38	2668.01
2003	64.13	570.66	1043.97	1614.63	1943.79	3162.38
2004	72.29	581.72	1240.93	1822.65	2125.09	3751.86
2005	76.90	638.76	1467.22	2105.98	2326.08	4446.20
2006	82.00	653.84	1738.20	2392.04	2500.74	5268.48
2007	86.08	744.42	2067.44	2811.85	2730.01	6250.61
2008	94.77	813.60	2360.66	3174.26	2981.23	7323.64
2009	92.10	1064.92	3019.34	4084.26	3432.02	8834.31
2010	100.00	1183.26	3376.72	4559.98	3908.28	10391.16
2011	108.69	1260.40	3900.31	5160.70	4363.57	12150.89
2012	109.50	1451.18	4657.75	6108.93	4915.86	14305.55
2013	110.33	1622.82	5354.54	6977.36	5526.02	16713.15
2014	110.81	2071.67	5346.53	7418.20	6459.33	18616.77

表2-100　　R&D支出资本化后对GDP的影响

年份	R&D中纳入到GDP部分（不变）（亿元）	R&D中纳入到GDP部分（现价）（亿元）	R&D经费支出（不变价）（亿元）	R&D纳入GDP部分占R&D经费支出比重（不变价）（%）	R&D纳入GDP部分占GDP比重（不变价）（%）	R&D纳入GDP部分占GDP比重（现价）（%）
1995	409.49	209.81	680.53	60.17	0.42	0.34
1996	456.20	243.95	756.39	60.31	0.42	0.34
1997	520.44	286.09	875.92	59.42	0.44	0.36
1998	602.24	331.29	1001.88	60.11	0.47	0.39
1999	747.05	409.56	1238.34	60.33	0.55	0.45
2000	951.47	554.66	1536.42	61.93	0.64	0.56
2001	1073.27	639.04	1750.87	61.30	0.67	0.58
2002	1275.63	770.67	2131.33	59.85	0.73	0.64
2003	1444.39	926.35	2400.64	60.17	0.75	0.68

续表

年份	R&D 中纳入到 GDP 部分（不变）（亿元）	R&D 中纳入到 GDP 部分（现价）（亿元）	R&D 经费支出（不变价）（亿元）	R&D 纳入 GDP 部分占 R&D 经费支出比重（不变价）（%）	R&D 纳入 GDP 部分占 GDP 比重（不变价）（%）	R&D 纳入 GDP 部分占 GDP 比重（现价）（%）
2004	1678.70	1213.49	2720.15	61.71	0.79	0.76
2005	1946.39	1496.70	3186.08	61.09	0.82	0.81
2006	2253.35	1847.73	3662.34	61.53	0.85	0.85
2007	2629.82	2263.79	4310.14	61.01	0.87	0.84
2008	2974.79	2819.32	4870.56	61.08	0.89	0.89
2009	3726.33	3432.12	6299.48	59.15	1.03	0.99
2010	4181.83	4181.83	7062.58	59.21	1.04	1.02
2011	4799.20	5216.28	7992.42	60.05	1.09	1.08
2012	5670.41	6208.93	9405.20	60.29	1.20	1.16
2013	6492.90	7163.75	10737.23	60.47	1.25	1.22
2014	6677.15	7398.89	11745.96	56.85	1.20	1.16
均值	—	—	—	60.30	0.81	0.76

统计数据显示，实施研发支出核算方法改革后，1995—2014 年我国 GDP 总量有所增加，其中，改革后现价 GDP 总量年均提高 0.76 个百分点。此外，R&D 纳入 GDP 部分占 R&D 经费支出平均比重为 60.3%。

5. 国家统计局发布的测算结果

根据以上核算思路和测算方法，国家统计局于 2016 年 7 月 5 日发布了关于改革研发支出核算方法、修订国内生产总值核算数据的公告，具体结果见表 2-101。

表 2-101　　　　　　R&D 支出资本化后对 GDP 的影响

年份	GDP（亿元）当年价			增长速度（%）			贡献率*（%）	R&D 经费支出*（亿元）现价	R&D 纳入 GDP 部分占 R&D 经费支出比重*（%）
	修订后	修订前	变化	修订后	修订前	变化	现价	现价	
2000	100280	99776	504	8.5	8.4	0.06	0.51	895.66	56.27
2001	110863	110270	593	8.3	8.3	0.03	0.54	1042.49	56.88
2002	121717	121002	715	9.1	9.1	0.05	0.59	1287.64	55.53

续表

年份	GDP（亿元）当年价			增长速度（%）			贡献率*（%）	R&D经费支出*（亿元）	R&D纳入GDP部分占R&D经费支出比重*（%）
	修订后	修订前	变化	修订后	修订前	变化	现价	现价	
2003	137422	136565	857	10	10	0.02	0.63	1539.63	55.66
2004	161840	160714	1126	10.1	10.1	0.04	0.70	1966.33	57.26
2005	187319	185896	1423	11.4	11.3	0.05	0.77	2449.97	58.08
2006	219438	217657	1781	12.7	12.7	0.03	0.82	3003.10	59.31
2007	270232	268019	2213	14.2	14.2	0.03	0.83	3710.24	59.65
2008	319516	316752	2764	9.7	9.6	0.03	0.87	4616.02	59.88
2009	349081	345629	3452	9.4	9.2	0.16	1.00	5802.11	59.50
2010	413030	408903	4127	10.6	10.6	0.01	1.01	7062.58	58.43
2011	489301	484124	5177	9.5	9.5	0.05	1.07	8687.00	59.59
2012	540367	534123	6244	7.9	7.7	0.11	1.17	10298.41	60.63
2013	595244	588019	7225	7.8	7.7	0.07	1.23	11846.60	60.99
2014	643974	635910	8064	7.3	7.3	0.04	1.27	13015.60	61.96
2015	685506	676708	8798	6.9	6.9	0.04	1.30	1416.99	62.09

注：*表示根据国家统计局对改革研发支出核算方法、修订国内生产总值核算数据的发布，笔者计算整理。

统计数据显示，实施研发支出核算方法改革后，2000—2015年我国GDP总量、速度均有所增加，其中，改革后GDP增速年均提高0.06个百分点，GDP总量年均提高0.89个百分点。两个计算结果比较相同。

（八）按国家现行R&D支出纳入GDP核算法深圳测算实践

按照国家统计局宁吉喆局长的指示，在国家层面正式实施R&D支出核算方法改革后，深圳市在前期开展R&D支出纳入GDP核算方法研究的基础上，继续按国家局R&D支出核算方法并结合地区实际情况进行研究，为下一步国家统计局制定地区版的R&D支出核算方法提供有益的探索和有价值的参考。为此，深圳市统计局根据国家局核算司提供的资料，严格按照国家统计局的测算思路和方法对深圳市的数据进行了研究、试算。

1. 深圳市核算思路

深圳市在R&D支出纳入GDP核算试点过程中，以国家R&D支出核算方法为基础，结合深圳市R&D支出的结构、特点，对R&D相关数据进行了评估和试算。在国家R&D支出纳入GDP核算过程中，分别从生产法、收入法、支出法三个视角系统梳理了上述四种类型R&D活动的资本化核算对GDP核算和相关主要变量的影响，并进而明确了R&D支出纳入GDP核算的基本思路。

（1）生产法视角

对于企业自研自用而言，R&D支出资本化之前，企业自研自用R&D活动为辅助性生产活动，在实际核算中对其产出并没有单独核算，而其中间消耗已经纳入到企业总生产活动的中间消耗核算中。R&D支出资本化后，企业生产活动的中间消耗未发生变化，因R&D生产活动独立出来核算，总产出将会增加，进而增加值得以增加，其增加量=R&D生产活动的总产出。

对于企业外购而言，R&D支出资本化之前，企业外购R&D活动成果是作为企业生产活动的中间消耗进行处理的。R&D支出资本化后，企业生产活动的中间消耗将减少，总产出未发生变化，进而使得增加值增加，即中间消耗减少量=增加值增加量=外购的R&D资产价值。

对于非企业自研自用而言，由于非企业的总产出按照总成本计算，无论R&D支出资本化之前还是R&D支出资本化之后，非企业自研自用R&D活动成本和中间消耗已经纳入到总生产活动的总成本和中间消耗中。R&D支出资本化之后，R&D资产参与了企业生产活动，因此需要计提R&D资产的消耗。这样，非企业总产出增加，使得增加值增加，即总产出增加量=增加值增加量=R&D资产折旧。

对于非企业外购而言，R&D支出资本化之前，非企业外购R&D活动成果是作为非企业生产活动的中间消耗进行处理的。R&D支出资本化后，非企业生产活动的中间消耗将减少。并且，由于非企业的总产出按照总成本计算，R&D支出资本化之后，R&D资产参与了企业生产活动，因此需要计提R&D资产的消耗。这样，R&D支出资本化产生的影响为：总产出增加量=中间消耗减少量+R&D资产折旧；增加值增加量=R&D资产折旧。

（2）收入法视角

对于企业自研自用而言，R&D支出资本化之前，企业自研自用R&D活动为辅助性生产活动,在实际核算中对其产出并没有单独核算。R&D 支出资本化之后,R&D 资产参与了企业生产活动,因此需要计提 R&D 资产的消耗。同时,根据收入法核算的基本构成,企业营业盈余也会增加,其增加部分 = R&D 生产活动的总产出 – R&D 资产折旧。

对于企业外购而言,R&D 支出资本化后,企业外购 R&D 活动成果作为资产参与了企业生产活动,因此需要计提 R&D 资产的消耗。同时,根据收入法核算的基本构成,企业营业盈余也会增加,其增加部分 = 外购的 R&D 资产价值 – R&D 资产折旧。

对于非企业自研自用而言,由于非企业的总产出按照总成本计算,R&D 支出资本化之后,在生产中使用了 R&D 资产,因此需要计提 R&D 资产的消耗,即增加值增加量 = R&D 资产折旧。

对于非企业外购而言,由于非企业的总产出按照总成本计算,R&D 支出资本化之后,在生产中使用了 R&D 资产,因此需要计提 R&D 资产的消耗;同时,非企业生产者在实际核算中不计算营业盈余。因此,增加值增加量 = R&D 资产折旧。

(3) 支出法视角

对于企业自研自用而言,R&D 支出资本化之后,R&D 活动成果被划归为资产,因此资本形成总额增加,其他构成部分未发生变化。因此,增加值增加量 = 资本形成总额增加量 = R&D 生产活动的总产出。

对于企业外购而言,与企业自研自用类似。R&D 支出资本化之后,R&D 活动成果被划归为资产,资本形成总额增加,其他构成部分未发生变化。因此,增加值增加量 = 资本形成总额增加量 = 外购的 R&D 资产价值。

对于非企业自研自用而言,非企业的总产出按照总成本计算。R&D 支出资本化之后,在生产中使用了 R&D 资产,因此需要计提 R&D 资产的消耗,这部分需要计入到政府消费中。同时,R&D 支出资本化之前,R&D 生产活动的总产出是作为政府消费来进行处理的,R&D 支出资本化之后,R&D 生产活动的总产出被识别为资产。这一变化导致 R&D 生产活动的总产出需从政府消费中扣除,同时纳入到资本形成总额中。总体来看,增加值增加量 = R&D 资产折旧。

对于非企业外购而言,与非企业自研自用类似。R&D 支出资本化之后,在生产中使用了 R&D 资产,因此需要计提 R&D 资产的消耗,这部分需要计入到政府消费中。同时,R&D 支出资本化之前,外购 R&D 活动成果是作为政府消费来进行处理的;R&D 支出资本化之后,外购 R&D 活动成果被识别为资产。这一变化导致外购 R&D 活动成果需从政府消费中扣除，同时纳入到资本形成总额中。总体来看，增加值增加量 = 外购 R&D 资产折旧。

综合以上分析，R&D 支出资本化所产生的主要影响见表 2–102。

表 2–102　　　　　　　R&D 支出资本化所产生的主要影响

核算方法		企业自研自用	企业外购	非企业自研自用	非企业外购
生产法	总产出	R&D 生产活动的总产出	—	R&D 资产折旧	—外购的 R&D 资产价值 + R&D 资产折旧
	中间消耗	—	—外购的 R&D 资产价值	—	—外购的 R&D 资产价值
	增加值	R&D 生产活动的总产出	外购的 R&D 资产价值	R&D 资产折旧	R&D 资产折旧
收入法	劳动者报酬	—	—	—	—
	固定资产折旧	R&D 资产折旧	R&D 资产折旧	R&D 资产折旧	R&D 资产折旧
	生产税净额	—	—	—	—
	营业盈余	R&D 生产活动的总产出 – R&D 资产折旧	外购的 R&D 资产价值 – R&D 资产折旧	—	—
	增加值	R&D 生产活动的总产出	外购的 R&D 资产价值	R&D 资产折旧	R&D 资产折旧
支出法	最终消费	—	—	—	—
	居民消费	—	—	—	—
	政府消费	—	—	—R&D 生产活动的总产出 + R&D 资产折旧	—外购的 R&D 资产价值 + R&D 资产折旧
	资本形成总额	R&D 生产活动的总产出	外购的 R&D 资产价值	R&D 生产活动的总产出	外购的 R&D 资产价值
	净出口	—	—	—	—
	增加值	R&D 生产活动的总产出	外购的 R&D 资产价值	R&D 资产折旧	R&D 资产折旧

注：国内生产的 R&D 产品可能用于出口，国内使用的 R&D 产品也可能来源于进口。但由于资料限制，核算时暂不考虑 R&D 产品的进口和出口影响。因此，R&D 产出等于国内当期所形成的 R&D 产品价值。

根据 R&D 支出资本化所产生的主要影响分析，R&D 支出纳入 GDP 的基本核算思路是：

Δ 增加值 = 企业自研自用 R&D 产出 + 企业外购 R&D 资产价值 + 非企业自研自

用R&D资产折旧+非企业外购R&D资产折旧　　　　　　　　　　　　　　(2-89)

其中,"Δ"表示变动额。理论上,外购的R&D产品价值应按交易价值计算,但因缺乏资料,国家统计局仍按总成本法计算。由此,式(2-89)调整为:

$$\Delta 增加值 = 企业R\&D产出 + 非企业R\&D资产折旧 \quad (2-90)$$

总体来看,R&D支出资本化纳入GDP部分由企业R&D产出和非企业R&D资产折旧两部分构成。

此外,从前面整个R&D支出资本化核算思路来看,R&D支出资本化不会引起GDP重复核算。此前部分学者担忧R&D支出资本化可能导致GDP重复核算,其担忧主要有两个:一是R&D支出中已经有一部分形成了无形资产;二是R&D支出中一部分劳动力成本和固定资产作为使用成本,已计入了GDP。实际上,在SNA1993中,虽然部分R&D支出形成了无形资产,但是在后续核算中,这部分无形资产并不像固定资产那样提取固定资产折旧,而是以无形资产摊销费或服务费计入了使用者的中间消耗,仍作为费用化处理,因此第一个担忧不成立。R&D支出资本化核算后,GDP总量虽然增加了,但劳动者报酬没有变化,固定资产折旧所增加的部分只是R&D资产折旧,原来计提的固定资产折旧并没有变化,因此第二个担忧也不成立。

2. 深圳市测算方法

根据上述核算思路,对R&D支出资本化纳入GDP部分进行测算主要包括对R&D产出和R&D资产消耗进行测算。

(1) R&D产出测算

R&D生产活动的产出是计算R&D投资的基础。根据SNA2008的要求,当存在可观测的市场价格时,R&D产出要按市场价值来估算;当缺乏可观测的市场价格时,R&D产出可按照总成本法来估计。据此,国家统计局在实际核算中,囿于资料的限制,研发活动的产出按总成本法计算。研发活动的总成本,主要包括中间投入成本、劳动力成本和固定资产成本三部分。由于资本回报难以计算,按总成本法计算的研发产出价值暂不包括资本回报。测算R&D产出所需的基础数据是R&D内部经费支出,包括日常性支出和资本性支出。其中,日常性支出是指人员劳务费和其他日常性支出,资本性支出是指当期购买机器设备等固定资产的支出。而R&D产出主要由中间投入成本、劳动力成本、固定资产成本三部分构成。其具体测算公式为:

R&D 产出 =（中间投入成本 + 劳动力成本）+ 固定资产成本
       = 日常性支出 + 固定资产消耗
       = 日常性支出 + 固定资本存量 × 折旧率   (2-91)

可见，R&D 产出与 R&D 内部经费支出具有很强的相关性，但也存在一些区别（见表 2-103）。

表 2-103　　　　R&D 产出与 R&D 内部经费支出的联系与区别

指标	R&D 产出构成	R&D 内部经费支出构成
相似的处理	中间投入成本	其他日常性支出
	劳动力成本	人员劳务费
不同的处理	固定资产成本	资本性支出

其中，两者的主要区别有：一是 R&D 内部经费支出包括软件 R&D 支出，而在 SNA2008 中软件与 R&D 资产为并列关系，都是知识产权产品，因此在计算 R&D 产出时应将软件 R&D 支出扣除，否则会引起重复核算。二是对固定资产的处理方式不同，R&D 产出计算的是已有固定资产在生产中的耗减成本，而 R&D 内部经费支出计算的是对新增固定资产的购买支出。三是其他覆盖范围存在一些差别。因此，在 R&D 内部经费支出基础上进行适当调整，可得到 R&D 产出见表 2-104。

表 2-104　　　　从 R&D 内部经费支出到 R&D 产出的调整

加减（+ 或 -）	R&D 内部经费支出
-	重复的软件 R&D
-	资本性支出
+	固定资本消耗
+	其他调整
=	产出

具体调整过程如下。

①对重复的软件 R&D 进行剔除。对于软件 R&D 活动而言，软件 R&D 的试验发展支出在 R&D 支出资本化之前就已计入软件开发活动的产出。因此，在计算 R&D 产出时，为避免重复计算，应扣除这部分支出。为此，国家统计局对 1978 年以来企业 R&D 支出作了适当剔除调整。根据深圳市软件 R&D 活动情况，按照

14%的比例对深圳市R&D经费支出做相应剔除。

②对不成功的R&D活动进行适当剔除。R&D活动根据其活动的性质和目的分为基础研究、应用研究和试验发展三种类型。

基础研究是对所要研究的方面的一种探索,通过了解事物的客观现象,对现实中各种问题提出的假设,以及对各种理论或者定律进行分析、验证,以求寻找内在事物运动的规律,是对研究过程中认知的一种活动。基础研究在进行研究时对实际的研究前景并不清楚,只是一种理论的认识。其一般是科学家或科研人员进行研究,研究成果具有普遍的适用性与正确性,并常发表在论文期刊上或用于学术会议交流中。因此,谈不上为研究者带来经济收益。

应用研究是指为获得新的知识,针对某一特定的实际目的而进行的创造性研究,其成果是某一专门用途的新知识或模型。应用研究与基础研究的根本不同之处就在于,应用研究是在解决实际问题的前提下进行的,是为了达到某种应用目标。

应用研究一旦获得成功,就可以迅速进入试验发展阶段。试验发展是指利用现有的科学知识或实际经验,为了生产新的材料、产品和装置,建立新的工艺、系统和服务,或对已生产或建立的上述各项进行实质性的改进所进行的系统性的工作。试验发展就是利用已经获得的科学知识,或者在已有产品基础上通过系统集成开发出新产品,新产品开发出来一旦进入市场,就可以从营销中获益。

在上述三类R&D活动中,基础研究与研究者未来的经济收益不直接相关,它一般由政府担当,政府是基础研究的主体,而企业则是应用研究和试验发展领域的主体。因此,在实际R&D核算中,将基础研究作费用化处理,同时还必须考虑应用研究与试验发展转化为资本的程度。为此,结合深圳市实际情况,对深圳市R&D经费支出做适当下调,约为7%。

③固定资产消耗的计算。在估算固定资产折旧①过程中,先计算固定资本存量,然后通过折旧率计算得到固定资产折旧,具体方法是选用Goldsmith(1951)提出的永续盘存法,即$K_t = E_t + (1-\delta)K_{t-1}$。其中,$K_t$、$K_{t-1}$分别为$t$、$t-1$期的固定资本存量,$E_t$为$t$期的新增的固定资产,$\delta$为固定资产折旧率。

永续盘存法的理论基础来自耐用品生产模型,耐用资本品在使用过程中,其效率会随着使用年限的增加而发生改变,即资产能够提供的生产能力会发生改变,由此其资产价值也会发生改变,因而永续盘存法在对资产进行累加时根据耐用品生产

---

① 国家统计局未区分固定资产折旧和固定资本消耗。

模型考虑了资产效率的改变。

设 d_τ 为役龄为 τ 的资本品相对于新资本品的效率（或旧资本品相对于新资本品的边际产出）；$E_{(t-\tau)}$ 为过去投资不同役龄的资产额，则其资本存量的估算公式为：

$$K_t = \sum_{\tau=0}^{\infty} d_\tau E_{t-\tau} \qquad (2-92)$$

其中：d_τ 对于某一资产而言，全新时其相对效率为 1；随着资产的使用相对效率将表现为递减的状态；当该资产最终退役或报废时，其相对效率递减为 0，即：

$$\begin{cases} d_0 = 1 \\ d_\tau - d_{\tau-1} \leqslant 0 \qquad \tau = 0, 1, 2, \cdots, \infty \\ \lim_{\tau \to \infty} d_\tau = 0 \end{cases} \qquad (2-93)$$

经证明，Goldsmith（1951）的永续盘存法的基本公式可以表达为：

$$K_t = E_t + (1-\delta) K_{t-1} \qquad (2-94)$$

其中：K_t 表示第 t 年的资本存量，K_{t-1} 表示第 $t-1$ 年的资本存量，E_t 表示第 t 年的投资额，δ 表示第 t 年的折旧率。

可以证明，式（2-92）等于式（2-93）。

设 m_τ 为 d_τ 的效率减少量（或称役龄死亡率），即：$m_\tau = (d_{\tau-1} - d_\tau) = -(d_\tau - d_{\tau-1})$，$\tau = 0, 1, 2, \cdots, L$。其中 L 是资本品的寿命期，所有役龄死亡率之和为 1，即：

$$\sum_{\tau=1}^{\infty} m_\tau = -\sum_{\tau=1}^{\infty} (d_\tau - d_{\tau-1}) = d_0 = 1 \qquad (2-95)$$

设 δ_τ 为初始投资购置后第 τ 期需要重置比例（或称重置率，也称折旧率），利用更新方程，重置率可由役龄死亡率序列递归计算：

$$\delta_\tau = m_1 \delta_{\tau-1} + m_2 \delta_{\tau-2} + \cdots + m_\tau \delta_0, \quad \tau = 1, 2, \cdots \qquad (2-96)$$

由式（2-92）对相邻两期资本存量做一阶差分，得到：

$$\begin{aligned} K_t - K_{t-1} &= \sum_{\tau=0}^{\infty} d_\tau E_{t-\tau} - \sum_{\tau=0}^{\infty} d_\tau E_{(t-1)-\tau} \\ &= E_t + \sum_{\tau=1}^{\infty} d_\tau E_{t-\tau} - \sum_{\tau=1}^{\infty} d_{(\tau-1)} E_{(t-1)-(\tau-1)} \\ &= E_t - \left[\sum_{\tau=1}^{\infty} d_{(\tau-1)} E_{(1-\tau)} - \sum_{\tau=1}^{\infty} d_\tau E_{1-\tau} \right] \\ &= E_t - R_t \end{aligned} \qquad (2-97)$$

其中：令 $R_t = \left[\sum_{\tau=1}^{\infty} d_{(\tau-1)} E_{(t-\tau)} - \sum_{\tau=1}^{\infty} d_\tau E_{t-\tau} \right] = \sum_{\tau=1}^{\infty} [d_{(t-1)} - d_\tau] E_{(t-\tau)} = \sum_{\tau=1}^{\infty} m_\tau E_{(t-\tau)}$，

称 R_t 为 t 年资本品需要重置的价值（或称折旧额）。由此可得：

$$K_t = K_{t-1} + E_t - R_t \qquad (2-98)$$

在几何递减模式下，可以证明，平均重置率等于重置率，即：$\hat{\delta}_\tau = R_t/K_{t-1} = \delta$，带入上式，可得到 Goldsmith（1951）的永续盘存法基本公式：

$$K_t = E_t + (1-\delta)K_{t-1} \qquad (2-99)$$

因此，在具体测算过程中主要涉及4个变量：E_t、δ、固定资产投资价格指数、初始固定资本存量。

E_t 取 R&D 内部经费支出的资本性支出。考虑到资本性支出由仪器和设备、土地和建筑物、软件和数据库等固定资产支出组成，而2008年SNA的固定资本存量不包括土地价值；同时，资本性支出的统计范围只涉及当年新购买资产的支出，未剔除原有资产的处置所得，因此，深圳市根据其比例关系对资本性支出作了适当的向下调整，约为5%。

关于 R&D 活动所使用的固定资产的折旧率 δ 的确定。国家统计局假定仪器和设备的平均使用寿命为15年，其他固定资产的平均使用寿命为30年，并且假定这些固定资产的相对效率以几何方式递减，残值率取为4%，与张军等（2004）的取值相同。这样可计算出仪器和设备的折旧率为19.3%，其他固定资产的折旧率为10.2%。然后，用这两类资产在总固定资产中的比重进行加权计算。1995—2014年市场生产者和非市场生产者中这两类资产支出的年平均比例分别为95∶5 和 72∶28，因此，国家统计局将市场生产者和非市场生产者的固定资产折旧率 δ 分别取为18.8%和16.8%。通过调研，这种折旧模式和折旧率的设定也符合深圳市 R&D 活动所使用的固定资产的实际情况。

关于固定资产投资价格指数。考虑到我国的固定资产投资价格指数从1990年才开始公布，国家统计局采用1952—1989年的GDP缩减指数代替同期的固定资产价格指数，GDP缩减指数根据《中国国内生产总值历史资料：1952—2004》计算，而1990年及以后的固定资产价格指数直接取自《中国统计年鉴》，不变价基期取为2010年。选取2010年为不变价基期，原因是：从价格指数理论可知，在构造拉链式价格指数时，与基期较近的价格指数偏差较小，由于更关注近期的资本存量大小，所以选择了国民经济核算中最近的不变价基期。据此，深圳市在实际测算过程中，不变价基期取为2010年。

关于初始资本存量的确定。初始资本存量的选择对核算资本存量有着重要影响，但随着时间的延长，初始资本存量对后续年份的影响会越来越小。早些年，对初始资本存量的研究主要采取经验比例的定性方法。如帕金斯通过经验估算，得出中国1953年资本产出比为3的假设；邹（Chou，1993）利用一些私人可得的数据进行经验推算，得出中国1952年资本产出比为2.58的假设。后来发展到数学模型测算的定量方法，如霍尔和琼斯（Hall and Jones，1999）在估计世界各国1960年的资本存量时，采取了1960—1970年各国投资增长的几何平均数加上折旧率进行定量测算。其理论逻辑是，从长期看投资增长率和资本存量增长率大体相同。在实践中，该方法得到普遍应用，比如，Young（2003）、张军等（2004）用初始投资除以投资增长率与折旧率之和，推算出我国1952年的初始资本存量。类似Young（2003）、张军等（2004）的初始资本存量计算方法，国家统计局估计1952年用于R&D活动的固定资本存量为0.10亿元。

根据以上相关变量，可测算出历年R&D活动所使用的固定资产的资本存量，再根据永续盘存法，可得到相应年份的固定资本消耗，即固定资本消耗$CFC_t = \delta K_t$。

（2）R&D资产消耗测算

与实物固定资本存量测算相似，测算R&D资产消耗之前，首先要测算R&D资本存量，然后再根据R&D资产折旧率进行推算。其选择的方法依然是Goldsmith（1951）提出的永续盘存法，即$R_t = (1-\delta')R_{t-1} + A_t$。其中，$R_t$、$R_{t-1}$分别为$t$、$t-1$期的R&D资本存量，$A_t$为$t$期的R&D资产价值，$\delta'$为R&D资产折旧率。R&D资本存量的测算主要涉及4个变量：A_t、δ'、R&D资产投资价格指数、初始R&D资本存量。

①关于A_t的确定。国家统计局认为R&D内部经费支出与R&D投资在概念上存在差异，A_t应使用每期的R&D投资，即先前所测算的当期R&D产出。因此，在深圳市R&D支出纳入GDP核算过程中，A_t为深圳市当期R&D活动的产出。

②关于δ'的确定。R&D资产需要计提折旧，是因为R&D资产中的"知识"会随时间推移而过时或失效，进而对生产的贡献下降，这一过程等同于生产中资产相对效率的降低。因此，与其他固定资产折旧率的计算相似，R&D资产折旧率与R&D资产的使用寿命和折旧模式密切相关。从各国的实践看，主要通过如下几种方式来确定R&D资产的使用寿命：一是开展专项调查，如英国、以色列等；二是根据各种专利的保护期长短或所购买专利的付费期长短计算，如澳大利亚等；三是通过建立生产函数，并测度R&D资产对生产的贡献来确定，如美国等；四是根据经验分析主观判断。OECD（2010）和欧盟统计局（2014）建议，理论上应该通过调查分析确定每类R&D资产的使用寿命，如果没有其他可用的信息，R&D资产预

期使用寿命可定为 10 年。我国官方并没有公布专利的平均使用寿命,也没有关于 R&D 资产使用寿命的权威分析。国家统计局根据《中华人民共和国企业所得税法实施条例》第六十七条第二款规定"无形资产的摊销年限不得低于 10 年",假定我国 R&D 资产平均使用寿命为 10 年。这个假定与 OCED 等的建议也是一致的。

对于固定资产的折旧模式,现有研究在理论上和方法上均较为成熟,常见的有直线折旧、几何折旧等。考虑到知识产权产品资产价值在最初几年下降较快,OECD(2010)建议使用几何模型来计算 R&D 资产的折旧率。事实上,大多数国家都采用了几何折旧模型来计算。这样,国家统计局假定 R&D 资产的相对效率以几何方式递减,并用代表几何折旧模式的余额折旧法来计算其折旧率,在 R&D 资产使用寿命取为 10 年的情况下,如果将残值率取为 10%,那么可得出 R&D 资产折旧率为 20.6%。考虑到现阶段我国的科技创新质量不及发达国家,R&D 资产的使用寿命相对较短,相应地 R&D 资产折旧率相对较高。对比各国 R&D 资产所采用的平均折旧率,同时结合深圳市 R&D 资产的实际使用情况,将深圳市 R&D 资产折旧率选取为 20.6%。

③关于 R&D 资产投资价格指数的计算。R&D 资产价格指数对测算当期的 R&D 资产价值、R&D 资本存量以及 R&D 资产折旧都非常重要。但是,由于缺乏可观测的市场价格,各国均未编制 R&D 资产价格指数,因此,需要构造合适的 R&D 资产价格指数。不同学者对 R&D 资产价格指数的测算方法不尽相同,总的来看使用相关价格指数替代或用一组价格指数加权计算比较普遍。例如(Jaffe,1972)、(Griliches,1980)用非金融企业工资价格指数和 GNP 价格指数加权计算,(Loeb & Lin,1977)用 R&D 人员工资价格指数和设备投资的 GNP 价格指数加权计算等。也有部分学者用其他方法来测算,例如,Mansfield(1984)根据企业层面的价格调查信息利用生产函数来推导各行业的 R&D 价格指数。我国学者普遍借鉴国外学者的做法,朱平芳和徐伟民(2003)用居民消费价格指数和固定资产投资价格指数来加权计算,李小胜(2007)用工业生产者出厂价格指数和 GDP 缩减指数来加权计算,魏和清(2012)则建议用劳动用工价格指数、原材料价格指数和固定资产价格指数三者加权平均,原因是 R&D 经费主要由劳务费、原材料费用及固定资产购建费等构成。

从各国统计机构的实践看,采用较多的是成本价格指数法。前文已指出,SNA2008 建议 R&D 产出价格按照总成本来估价,所以根据 R&D 投入成本项的价格指数来构造 R&D 资产价格指数是一个可行的替代方法,即分别对总成本中的中间消耗、劳动者报酬和固定资本消耗等进行价格缩减,然后再加权计算。借鉴各国的经验,国家统计局选用成本价格指数法来构造 R&D 资产价格指数,即 R&D 投资价格指数为中间消耗缩减指数、劳动者报酬缩减指数和固定资产折旧缩减指数的加权平均,权重为各自所占的比重。据此,深圳市构造 R&D 资产价格指数选取成本价格指数法。其中,中间消耗缩减指数用工业生产者购进价格指数中的原材料燃料动力购进指数代替。劳动者报酬缩减指数为 R&D 人员工资指数,用 R&D 内部支出中劳务费除以 R&D 人员全时当量,得到每单位 R&D 全时当量的劳务费,相邻时期之比即为 R&D 人员劳务费价格指数。固定资产折旧缩减指数,用固定资产投资价格指数中的设备、工器具购置价格指数代替。

④关于初始 R&D 资本存量的确定,仍然选用当期投资与资本存量的比例关系推算。与 Young(2003)、张军等(2004)的推算方法一样,国家统计局假定 R&D 投资增长率和 R&D 资本存量增长率大体相同,即初始 R&D 资本存量等于初始 R&D 资产投资除以折旧率与投资增长率之和来确定初始 R&D 资本存量,全国 R&D 投资增长率取 1952—1959 年 R&D 投资的年平均增长率。

通过对以上相关变量的确定,可测算出历年 R&D 资本存量,再根据永续盘存法,可得到相应年份的 R&D 资本消耗,即 R&D 资本消耗 $CRC_t = \delta' R_t$。

3. 深圳市测算结果

根据以上核算思路和测算方法,对深圳市 R&D 支出纳入 GDP 部分进行测算见表 2-105、表 2-106。

(1) R&D 产出与资本存量

表 2-105　　　　　深圳市不同部门 R&D 产出与资本存量

年份	R&D 资产价格指数(2010年=100)	非企业部门 R&D 产出(不变价)(万元)	企业部门 R&D 产出(不变价)(万元)	R&D 总产出(不变价)(万元)	非企业部门 R&D 资本存量(不变价)(万元)	企业部门 R&D 资本存量(不变价)(万元)
2002	80.50	7869	621866	629735	—	—
2003	80.20	9136	710364	719501	9400	745137
2004	83.02	10876	835884	846760	18340	1427523
2005	86.26	12944	987520	1000464	27506	2120973
2006	89.60	15483	1175595	1191078	37323	2859647

续表

年份	R&D资产价格指数（2010年=100）	非企业部门 R&D产出（不变价）（万元）	企业部门 R&D产出（不变价）（万元）	R&D总产出（不变价）（万元）	非企业部门 R&D资本存量（不变价）（万元）	企业部门 R&D资本存量（不变价）（万元）
2007	92.34	17244	1300997	1318240	46878	3571557
2008	97.99	20425	1536236	1556660	57646	4372052
2009	96.22	26667	1988811	2015478	72437	5460220
2010	100.00	16644	2293154	2309797	74159	6628569
2011	105.26	69573	2673401	2742974	128455	7936485
2012	107.77	61719	3083675	3145394	163713	9385244
2013	107.99	105421	3653788	3759208	235408	11105671
2014	110.92	132241	3876615	4008856	319155	12694518
2015	113.92	181262	4288892	4470154	434671	14368339

（2）R&D支出资本化后对GDP的影响

表2-106　　　　深圳市R&D支出资本化后对GDP的影响

年份	R&D中纳入到GDP部分（不变价）（万元）	R&D经费支出（不变价）（万元）	R&D经费支出（现价）（万元）	R&D中纳入到GDP部分（现价）（万元）	R&D纳入GDP部分占R&D经费支出比重（%）	R&D纳入GDP部分占GDP比重（现价）（%）
2002	621935	909412	732039	500631	68.39	1.69
2003	712301	1038599	832936	571251	68.58	1.59
2004	839662	1221925	1014484	697116	68.72	1.63
2005	993186	1443452	1245112	856716	68.81	1.73
2006	1183283	1718249	1539550	1060221	68.87	1.82
2007	1310654	1901381	1755674	1210216	68.93	1.78
2008	1548111	2245087	2199907	1516956	68.96	1.95
2009	2003734	2906853	2797112	1928087	68.93	2.35
2010	2308430	3333102	3333102	2308430	69.26	2.41
2011	2699863	3953247	4161363	2841995	68.29	2.47
2012	3117400	4531722	4883739	3359555	68.79	2.59
2013	3702282	5413408	5846115	3998214	68.39	2.76
2014	3942361	5770670	6381479	4359649	68.32	2.73
2015	4378434	6428930	7323851	4987921	68.11	2.85
均值	—	—	—	—	68.67	2.17

结果显示，实施研发支出核算方法改革后，2002—2015 年深圳市 GDP 总量有所增加。2002—2015 年，改革后现价 GDP 总量年均增加 2.17 个百分点，R&D 纳入 GDP 部分占 R&D 经费支出平均比重为 68.67%。具体来看，2013—2015 年深圳市可纳入 GDP 核算的 R&D 分别为 399.82 亿元、435.96 亿元、498.79 亿元，占全市 R&D 经费支出比重分别为 68.39%、68.32%、68.11%，全市 GDP 总量分别增加 2.76%、2.73%、2.85%。

4. 对测算结果的简要分析

由表 2-101 所示，实施研发支出核算方法改革后，2002—2015 年我国 GDP 总量有所增加。2002—2015 年，改革后现价 GDP 总量年均提高 0.95 个百分点，R&D 纳入 GDP 部分占 R&D 经费支出平均比重为 59.18%，但比重逐年提高，2015 年达到 62.09%。

与全国 R&D 纳入 GDP 核算结果相比，深圳市 R&D 纳入 GDP 部分占 R&D 经费支出比重相对较高，2015 年该比重比全国高 6.02 个百分点。究其原因，主要有以下几点。

（1）深圳 R&D 数据质量较高

近几年，国家统计局为提高 R&D 数据质量，从严控制全国 R&D 经费总量，对各地上报的 R&D 经费进行部分核减。为支持和配合国家局工作，深圳市每年都对上报的 R&D 数据进行大幅核减。2015 年，深圳市工业 R&D 经费上报数据为 868 亿元，国家最终核定 673 亿元，核减了 195 亿元。深圳市 R&D 经费占广东省的 40%，被核减额占广东省的 45%。以华为为例，2015 年华为研发支出 590 亿（华为官网），国家局核减后其 R&D 支出为 329 亿元，仅占其研发支出的 55.8%。经国家局大幅核减后深圳市的 R&D 数据已经非常真实，数据质量较高。同时，作为改革开放的排头兵，深圳市市场经济发达，政府对企业干预较少，统计部门对企业的填报从不干涉。因此，相对于全国其他地区，深圳的 R&D 数据更真实，数据质量更高。据此，深圳在核算 R&D 原始数据时，相对于全国剔除的部分更少，R&D 支出纳入 GDP 的比例更高。

（2）深圳企业 R&D 支出占比大，无效支出少

从 R&D 支出构成结构看，深圳的企业支出占比远高于全国。以 2015 年为例，深圳市企业 R&D 支出占全市 R&D 总支出的 96.2%，全国为 76.8%。按国家 R&D

支出纳入 GDP 核算思路，核算后企业形成的增加值等于其 R&D 活动的总产出，非企业形成的增加值等于其 R&D 资产的折旧。据此，企业占比越大的地区，R&D 支出纳入 GDP 的比例越高。

（3）深圳有 R&D 支出的企业效益显著高于同业

调查表明，深圳工业企业中，有 R&D 支出的企业效益显著高于同业。以深圳市 R&D 投入最大的行业——计算机、通信和其他电子设备制造业为例，2015 年该行业共有企业 1968 家，R&D 投入 551.8 亿元，增加值率为 25.4%。其中，华为 R&D 投入最大为 328.6 亿元，其增加值率也最高为 40.8%，显著高于行业内其他企业。如果扣除华为，该行业增加值率仅为 22.4%。这恰好说明企业的 R&D 支出最能给所有者带来直接的经济利益，因此企业 R&D 支出占比越大，R&D 支出纳入 GDP 的比例越高。

（4）深圳 PCT 专利申请占全国半成，R&D 支出成效大

企业 R&D 投入成效最直接的体现就是专利，尤其是 PCT 国际专利。PCT 国际专利申请已成为衡量国家创新能力和科技竞争力的重要指标，成为全球技术竞争格局及发展态势的重要反映。2015 年，深圳市 PCT 国际专利申请 13308 件，占全国的 46.9%，连续十二年保持全国大中城市首位。2015 年国内企业 PCT 申请量前十强中的 6 家来自深圳，其中华为以 3538 件高居全国首位，中兴通讯紧随其后。专利申请越多，表明 R&D 支出的成效越大，越能给所有者带来经济利益。因此，R&D 支出成效越大的地区，R&D 支出纳入 GDP 的比例越高。

此外，据第五部分运用美国 BEA、Griliches、Goldsmith 等三种 R&D 资本化核算方法对深圳市数据和全国各省数据进行的研究、试算的结果都表明，经济越发达、R&D 活动越活跃的地区 R&D 支出纳入 GDP 的比例越高。

综上，深圳市 R&D 支出纳入 GDP 的比例高于全国水平是正常的、合理的，也是有充分依据的。

（九）试点研究的结论和启示

R&D 资本化是 SNA2008 的重要内容，在实践上面临许多技术难题，是一项复杂的系统工程。我国相关统计基础相对薄弱，R&D 卫星账户尚未建立，客观上限

制了R&D资本化测算方法的应用与拓展。与此同时,中国将R&D支出纳入GDP统计过程中缺乏相应的理论与方法基础,成为制约R&D资本化核算的又一重要因素。基于此,从现有的研究成果与国外R&D资本化核算经验出发,本书从不同视角对R&D资本化测算方法进行了比较,并结合中国国民经济核算的实践,对深圳和全国R&D资本化进行了初步估算。

1. 国家统计局R&D支出纳入GDP核算方法科学、合理

为验证试算结果,深圳市统计局除采用国家局R&D支出纳入GDP核算方法对深圳市数据进行研究、试算外,还运用美国BEA、Griliches、Goldsmith等三种核算方法对深圳市数据和全国各省数据进行研究、试算结果差异不大。国家局的R&D核算方法从生产法、收入法、支出法三个视角系统梳理了企业与非企业、自研自用和外购四种类型R&D活动的资本化核算对GDP核算和相关主要变量的影响,核算思路与核算方法更科学、合理。

2. 国家统计局在实施地方R&D核算时进行差异化核算

前文所述,企业R&D支出占比越大、R&D支出成效越大的地区,R&D支出纳入GDP的比例越高。同时,通过对全国各省、自治区、直辖市数据进行的试算结果也表明经济越发达、R&D活动越活跃的地区,R&D支出纳入GDP的比例越高。因此,建议国家统计局在实施地方R&D核算时,应充分考虑各地R&D支出的结构、特点,进行差异化的核算。

3. 国家统计局出台可操作的R&D核算细则,便于地方规范使用

鉴于我国地域辽阔,东、西部,南、北方,经济发展差异明显,R&D活动结构迥异。在实施地方R&D核算后,建议国家统计局出台可操作的R&D核算细则,以便于各地科学、规范地使用,不出差异。

附录2-1 相关数据

1. 全国R&D支出纳入GDP核算基础数据(深圳方法)

全国R&D支出纳入GDP核算的基础数据如下所示。

1995—2014年中国R&D经费支出情况（现价）　　　　　　　　　　　　　　单位：亿元

年份	R&D经费支出	基础研究	应用研究	试验发展
1995	348.69	18.10	92.00	238.60
1996	404.48	20.20	99.10	285.10
1997	481.50	27.40	130.60	323.40
1998	551.12	28.95	124.62	397.54
1999	678.91	33.90	151.55	493.46
2000	895.66	46.73	151.90	697.03
2001	1042.49	55.60	184.85	802.03
2002	1287.64	73.77	246.68	967.20
2003	1539.63	87.65	311.45	1140.52
2004	1966.33	117.18	400.49	1448.67
2005	2449.97	131.21	433.53	1885.24
2006	3003.10	155.76	488.97	2358.37
2007	3710.24	174.52	492.94	3042.78
2008	4616.02	220.82	575.16	3820.04
2009	5802.11	270.29	730.79	4801.03
2010	7062.58	324.49	893.79	5844.30
2011	8687.00	411.81	1028.40	7246.8
2012	10298.41	498.81	1161.97	8637.63
2013	11846.60	554.95	1269.12	10022.50
2014	13015.60	613.54	1398.53	11003.60

1995—2014年中国R&D经费支出情况（不变价）　　　　　　　　　　　　单位：亿元

年份	R&D经费支出	基础研究	应用研究	试验发展
1995	348.69	18.10	92.00	238.60
1996	380.05	18.98	93.12	267.88
1997	445.67	25.36	120.88	299.33
1998	514.68	27.04	116.38	371.26
1999	642.20	32.07	143.36	466.78
2000	830.35	43.32	140.82	646.20
2001	947.03	50.51	167.92	728.59
2002	1162.75	66.62	222.75	873.39
2003	1355.23	77.15	274.15	1003.92
2004	1618.69	96.46	329.69	1192.55
2005	1940.74	103.94	343.42	1493.39

续表

年份	R&D 经费支出	基础研究	应用研究	试验发展
2006	2291.66	118.86	373.13	1799.67
2007	2630.38	123.73	349.47	2157.18
2008	3036.77	145.27	378.38	2513.11
2009	3840.35	178.90	483.70	3177.75
2010	4383.63	201.41	554.76	3627.46
2011	5001.52	237.10	592.10	4172.33
2012	5813.31	281.57	655.92	4875.82
2013	6575.26	308.02	704.40	5562.82
2014	6991.24	329.50	751.13	5910.61

注：选用 GDP 平减价格指数（1995 年 = 100）作为 R&D 支出价格指数的替代指标。

1995—2014 年中国 R&D 经费支出情况（不变价）　　　　单位：亿元

年份	R&D 经费支出	基础研究	应用研究	试验发展
1995	348.69	18.10	92.00	238.60
1996	373.43	18.65	91.49	263.22
1997	432.47	24.61	117.30	290.47
1998	498.95	26.21	112.82	359.91
1999	623.46	31.13	139.17	453.16
2000	819.10	42.74	138.92	637.45
2001	946.83	50.50	167.89	728.43
2002	1178.93	67.54	225.85	885.54
2003	1392.93	79.30	281.77	1031.85
2004	1712.23	102.04	348.74	1261.47
2005	2095.67	112.24	370.84	1612.61
2006	2530.64	131.26	412.04	1987.34
2007	2983.38	140.33	396.37	2446.68
2008	3505.07	167.67	436.73	2900.66
2009	4437.10	206.70	558.86	3671.54
2010	5228.76	240.24	661.71	4326.81
2011	6102.43	289.29	722.43	5090.72
2012	7050.96	341.52	795.56	5913.88
2013	7905.04	370.31	846.86	6687.85
2014	8514.79	401.38	914.38	7198.55

注：选用居民消费价格指数（1995 年 = 100）作为 R&D 支出价格指数的替代指标。

1995—2014年不同执行部门R&D经费支出情况（现价）　　　　　　　　单位：亿元

年份	R&D经费支出	高等院校	科研机构	企业
1995	348.69	42.3	146.4	159.99
1996	404.48	47.8	172.9	183.78
1997	481.5	57.7	206.4	217.4
1998	551.12	57.3	234.3	259.52
1999	678.91	63.5	260.5	354.91
2000	895.66	76.7	258	560.96
2001	1042.49	102.4	288.5	651.59
2002	1287.64	130.5	351.3	805.84
2003	1539.63	162.3	398.99	978.34
2004	1966.33	200.94	431.75	1333.64
2005	2449.97	242.3	513.1	1694.57
2006	3003.1	276.81	567.3	2158.99
2007	3710.24	314.7	687.9	2707.64
2008	4616.02	390.2	811.3	3414.52
2009	5802.11	468.2	996	4337.91
2010	7062.58	597.3	1186.4	5278.88
2011	8687.0	688.84	1306.74	6691.42
2012	10298.41	780.56	1548.93	7968.92
2013	11846.6	856.7	1781.4	9208.5
2014	13015.6	898.1	1926.2	10191.3

1995—2014年不同执行部门R&D经费支出情况（不变价）　　　　　　单位：亿元

年份	R&D经费支出	高等院校	科研机构	企业
1995	348.69	42.30	146.40	159.99
1996	380.05	44.91	162.46	172.68
1997	445.67	53.41	191.04	201.22
1998	514.68	53.51	218.81	242.36
1999	642.20	60.07	246.41	335.72
2000	830.35	71.11	239.19	520.06
2001	947.03	93.02	262.08	591.93
2002	1162.75	117.84	317.23	727.68

续表

年份	R&D 经费支出	高等院校	科研机构	企业
2003	1355.23	142.86	351.20	861.17
2004	1618.69	165.41	355.42	1097.86
2005	1940.74	191.94	406.45	1342.35
2006	2291.66	211.23	432.91	1647.52
2007	2630.38	223.11	487.69	1919.59
2008	3036.77	256.70	533.73	2246.33
2009	3840.35	309.90	659.24	2871.21
2010	4383.63	370.73	736.38	3276.51
2011	5001.52	396.60	752.35	3852.57
2012	5813.31	440.62	874.35	4498.34
2013	6575.26	475.50	988.74	5111.02
2014	6991.24	329.56	751.21	5910.51

注：选用 GDP 平减价格指数（1995 年 = 100）作为 R&D 支出价格指数的替代指标。

1995—2014 年高等院校 R&D 经费不同来源情况（现价）　　　　单位：亿元

年份	高等院校			
	总经费	来源于政府	来源于企业	其他
1995	42.30	24.28	14.90	3.12
1996	47.80	27.44	16.84	3.52
1997	57.70	33.12	20.33	4.25
1998	57.30	32.89	20.19	4.22
1999	63.50	36.45	22.37	4.68
2000	76.70	44.03	27.02	5.65
2001	102.40	58.78	36.08	7.54
2002	130.50	74.91	45.98	9.61
2003	162.30	93.17	57.18	11.95
2004	200.94	108.83	74.55	17.56
2005	242.30	133.12	88.93	20.25
2006	276.81	151.52	101.22	24.07
2007	314.70	177.70	110.31	26.69
2008	390.20	225.45	134.90	29.85

续表

年份	高等院校			
	总经费	来源于政府	来源于企业	其他
2009	468.20	262.20	171.70	34.30
2010	597.30	358.84	198.51	39.95
2011	688.84	405.15	242.91	40.78
2012	780.56	474.07	260.48	46.01
2013	856.70	516.90	289.30	50.50
2014	898.15	536.49	302.70	58.96

1995—2014年科研机构R&D经费不同来源情况（现价）　　单位：亿元

年份	科研机构			
	总经费	来源于政府	来源于企业	其他
1995	146.40	123.10	5.29	18.01
1996	172.90	145.38	6.25	21.27
1997	206.40	173.55	7.46	25.39
1998	234.30	197.00	8.47	28.82
1999	260.50	219.03	9.42	32.05
2000	258.00	216.93	9.33	31.74
2001	288.50	242.58	10.43	35.49
2002	351.30	295.38	12.70	43.22
2003	398.99	320.33	20.81	57.85
2004	431.75	344.30	22.40	65.05
2005	513.10	424.70	17.60	70.80
2006	567.30	481.20	17.30	68.80
2007	687.90	592.90	26.20	68.80
2008	811.30	699.70	28.20	83.40
2009	996.00	849.50	29.80	116.70
2010	1186.40	1036.50	34.20	115.70
2011	1306.74	1106.12	39.88	160.74
2012	1548.93	1292.71	47.41	208.81
2013	1781.40	1481.23	60.95	239.22
2014	1926.18	1581.05	62.09	283.04

1995—2014 年企业 R&D 经费不同来源情况（现价）　　　　　　　　　单位：亿元

年份	企业			
	总经费	来源于政府	来源于企业	其他
1995	159.99	6.40	152.46	1.13
1996	183.78	7.35	175.41	1.02
1997	217.40	8.70	207.62	1.09
1998	259.52	10.38	247.01	2.13
1999	354.91	14.20	334.11	6.60
2000	560.96	22.44	518.75	19.77
2001	651.59	26.06	602.03	23.50
2002	805.84	32.23	644.30	129.31
2003	978.34	39.13	855.38	83.83
2004	1333.64	53.35	1211.47	68.82
2005	1694.57	67.78	1555.77	71.02
2006	2158.99	86.36	1978.20	94.43
2007	2707.64	108.31	2509.08	90.25
2008	3414.52	136.58	3175.58	102.36
2009	4337.91	173.52	4034.27	130.12
2010	5278.88	211.16	4920.23	147.49
2011	6691.42	267.66	6241.89	181.87
2012	7968.92	318.76	7452.98	197.18
2013	9208.50	368.34	8621.56	218.60
2014	9254.26	376.29	8741.64	136.33

1995—2014 年高等院校 R&D 经费不同来源情况（不变价）　　　　　单位：亿元

年份	高等院校		
	来源于政府	来源于企业	其他
1995	24.28	14.90	3.12
1996	25.78	15.82	3.31
1997	30.66	18.82	3.93
1998	30.72	18.85	3.94
1999	34.48	21.16	4.42
2000	40.82	25.05	5.24
2001	53.40	32.77	6.85
2002	67.65	41.52	8.68
2003	82.01	50.33	10.52

续表

年份	高等院校		
	来源于政府	来源于企业	其他
2004	89.59	61.37	14.46
2005	105.45	70.45	16.04
2006	115.62	77.24	18.37
2007	125.98	78.20	18.92
2008	148.32	88.75	19.64
2009	173.55	113.65	22.70
2010	222.73	123.21	24.80
2011	233.26	139.85	23.48
2012	267.61	147.04	25.97
2013	286.90	160.57	28.03
2014	288.17	162.59	31.67

注：选用GDP平减价格指数（1995年=100）作为R&D支出价格指数的替代指标。

1995—2014年科研机构R&D经费不同来源情况（不变价） 单位：亿元

年份	科研机构		
	来源于政府	来源于企业	其他
1995	123.10	5.29	18.01
1996	136.60	5.87	19.99
1997	160.63	6.91	23.50
1998	183.98	7.91	26.92
1999	207.19	8.91	30.31
2000	201.11	8.65	29.43
2001	220.37	9.48	32.24
2002	266.73	11.47	39.03
2003	281.96	18.32	50.92
2004	283.43	18.44	53.55
2005	336.43	13.94	56.08
2006	367.20	13.20	52.50
2007	420.34	18.57	48.78
2008	460.32	18.55	54.87
2009	562.27	19.72	77.24
2010	643.34	21.23	71.81
2011	636.85	22.96	92.55

续表

年份	科研机构		
	来源于政府	来源于企业	其他
2012	729.72	26.76	117.87
2013	822.13	33.83	132.78
2014	849.25	33.35	152.03

注：选用GDP平减价格指数（1995年=100）作为R&D支出价格指数的替代指标。

1995—2014年企业R&D经费不同来源情况（不变价）　　　　单位：亿元

年份	企业		
	来源于政府	来源于企业	其他
1995	6.40	152.46	1.13
1996	6.91	164.81	0.96
1997	8.05	192.17	1.01
1998	9.69	230.68	1.99
1999	13.43	316.04	6.25
2000	20.80	480.92	18.33
2001	23.68	546.90	21.35
2002	29.11	581.81	116.77
2003	34.45	752.93	73.79
2004	43.91	997.29	56.65
2005	53.69	1232.40	56.26
2006	65.90	1509.56	72.06
2007	76.78	1778.82	63.98
2008	89.85	2089.14	67.34
2009	114.85	2670.24	86.12
2010	131.06	3053.91	91.54
2011	154.10	3593.76	104.71
2012	179.93	4207.10	111.31
2013	204.44	4785.25	121.33
2014	202.12	4695.51	73.23

注：选用GDP平减价格指数（1995年=100）作为R&D支出价格指数的替代指标。

1995—2014年基于不同来源高等院校R&D资本存量（Goldsmith方法）　单位：亿元

年份	高等院校		
	来源于政府	来源于企业	其他
1995	104.36	65.61	14.39
1996	119.71	74.87	16.26
1997	138.40	86.20	18.57
1998	155.28	96.43	20.65
1999	174.23	107.95	23.01
2000	197.63	122.20	25.95
2001	231.26	142.76	30.20
2002	275.78	170.00	35.86
2003	330.22	203.33	42.80
2004	386.78	244.37	52.97
2005	453.56	290.38	63.72
2006	523.82	338.58	75.71
2007	597.42	382.93	87.06
2008	686.00	433.38	97.99
2009	790.95	503.69	110.90
2010	934.58	576.53	124.60
2011	1074.38	658.73	135.62
2012	1234.55	739.90	148.03
2013	1397.99	826.48	161.26
2014	1546.37	906.42	176.80

1995—2014年基于不同来源科研机构R&D资本存量（Goldsmith方法）　单位：亿元

年份	科研机构		
	来源于政府	来源于企业	其他
1995	646.58	28.17	91.94
1996	718.52	31.22	102.74
1997	807.30	35.01	115.96
1998	910.55	39.42	131.29
1999	1026.69	44.39	148.47
2000	1125.13	48.59	163.05
2001	1232.98	53.21	178.99
2002	1376.42	59.36	200.12
2003	1520.74	71.74	231.03

续表

年份	科研机构		
	来源于政府	来源于企业	其他
2004	1652.09	83.01	261.47
2005	1823.31	88.65	291.41
2006	2008.18	92.98	314.77
2007	2227.70	102.26	332.07
2008	2465.25	110.59	353.73
2009	2781.00	119.25	395.60
2010	3146.24	128.55	427.85
2011	3468.46	138.66	477.61
2012	3851.33	151.56	547.72
2013	4288.33	170.23	625.72
2014	4708.75	186.56	715.18

1995—2014年基于不同来源企业R&D资本存量（Goldsmith方法）　　单位：亿元

年份	企业		
	来源于政府	来源于企业	其他
1995	22.12	529.91	2.42
1996	26.82	641.73	3.14
1997	32.19	769.72	3.83
1998	38.66	923.43	5.44
1999	48.22	1147.13	11.14
2000	64.20	1513.34	28.36
2001	81.46	1908.91	46.87
2002	102.42	2299.82	158.95
2003	126.63	2822.77	216.84
2004	157.88	3537.79	251.81
2005	195.78	4416.41	282.89
2006	242.11	5484.33	326.66
2007	294.68	6714.72	357.98
2008	355.06	8132.38	389.52
2009	434.41	9989.38	436.69
2010	522.03	12044.35	484.57
2011	623.93	14433.68	540.82
2012	741.47	17197.41	598.05
2013	871.76	20262.92	659.57
2014	1040.42	23308.15	740.43

1996—2014年基于不同来源不同执行部门R&D资本形成额（Goldsmith方法）

单位：亿元

年份	高等院校			科研机构			企业		
	来源于政府	来源于企业	其他	来源于政府	来源于企业	其他	来源于政府	来源于企业	其他
1996	15.35	9.26	1.87	71.94	3.06	10.79	4.69	111.82	0.72
1997	18.69	11.33	2.31	88.78	3.78	13.23	5.37	127.99	0.69
1998	16.88	10.23	2.08	103.25	4.41	15.32	6.48	153.71	1.60
1999	18.95	11.52	2.36	116.13	4.97	17.19	9.56	223.70	5.70
2000	23.40	14.26	2.94	98.44	4.21	14.58	15.98	366.21	17.22
2001	33.64	20.55	4.26	107.85	4.62	15.94	17.26	395.57	18.51
2002	44.52	27.24	5.66	143.43	6.15	21.13	20.96	390.91	112.08
2003	54.43	33.33	6.94	144.32	12.38	30.91	24.20	522.95	57.89
2004	56.57	41.04	10.18	131.36	11.27	30.45	31.25	715.01	34.97
2005	66.77	46.01	10.74	171.22	5.64	29.94	37.91	878.62	31.08
2006	70.27	48.20	12.00	184.87	4.34	23.36	46.32	1067.92	43.77
2007	73.60	44.35	11.35	219.52	9.28	17.30	52.57	1230.39	31.32
2008	88.58	50.45	10.93	237.55	8.33	21.66	60.39	1417.67	31.54
2009	104.95	70.31	12.90	315.75	8.67	41.87	79.34	1857.00	47.17
2010	143.63	72.84	13.71	365.24	9.30	32.25	87.62	2054.97	47.88
2011	139.81	82.20	11.02	322.22	10.11	49.76	101.90	2389.32	56.25
2012	160.17	81.16	12.41	382.87	12.90	70.11	117.54	2763.74	57.22
2013	163.44	86.58	13.23	437.00	18.67	78.00	130.29	3065.51	61.53
2014	148.37	79.95	15.54	420.42	16.33	89.46	168.66	3045.22	80.86

1995—2014年基于不同来源高等院校R&D资本存量（Griliches方法）

单位：亿元

年份	高等院校		
	来源于政府	来源于企业	其他
1995	98.29	61.79	13.56
1996	112.74	70.51	15.32
1997	127.25	79.28	17.09
1998	145.19	90.17	19.32
1999	161.38	100.01	21.32

续表

年份	高等院校		
	来源于政府	来源于企业	其他
2000	179.73	111.17	23.62
2001	202.57	125.10	26.49
2002	235.72	145.36	30.69
2003	279.79	172.34	36.30
2004	333.82	205.44	43.19
2005	390.03	246.27	53.33
2006	456.48	292.09	64.04
2007	526.45	340.12	76.00
2008	599.79	384.31	87.32
2009	688.13	434.63	98.23
2010	792.86	504.81	111.11
2011	936.30	577.54	124.79
2012	1075.94	659.64	135.79
2013	1235.95	740.72	148.19
2014	1399.25	827.22	161.40

1995—2014年基于不同来源科研机构R&D资本存量（Griliches方法）　单位：亿元

年份	科研机构		
	来源于政府	来源于企业	其他
1995	582.67	25.38	82.86
1996	647.50	28.14	92.58
1997	719.35	31.20	103.31
1998	808.04	34.98	116.48
1999	911.22	39.40	131.75
2000	1027.29	44.37	148.89
2001	1125.67	48.58	163.43
2002	1233.47	53.20	179.33
2003	1376.85	59.35	200.42
2004	1521.13	71.73	231.30
2005	1652.45	83.00	261.72
2006	1823.63	88.64	291.63

续表

年份	科研机构		
	来源于政府	来源于企业	其他
2007	2008.47	92.98	314.97
2008	2227.96	102.25	332.25
2009	2465.48	110.58	353.89
2010	2781.21	119.25	395.74
2011	3146.42	128.55	427.98
2012	3468.63	138.65	477.73
2013	3851.48	151.55	547.83
2014	4288.47	170.23	625.82

1995—2014年基于不同来源企业R&D资本存量（Griliches方法）　　单位：亿元

年份	企业		
	来源于政府	来源于企业	其他
1995	20.50	490.20	2.84
1996	24.85	593.64	3.69
1997	29.27	699.09	4.28
1998	34.39	821.35	4.86
1999	40.65	969.89	6.36
2000	50.01	1188.95	11.97
2001	65.81	1550.97	29.10
2002	82.91	1942.78	47.54
2003	103.72	2330.31	159.56
2004	127.80	2850.21	217.39
2005	158.93	3562.48	252.30
2006	196.73	4438.63	283.33
2007	242.96	5504.33	327.06
2008	295.45	6732.72	358.33
2009	355.76	8148.58	389.84
2010	435.03	10003.97	436.98
2011	522.59	12057.48	484.83
2012	624.43	14445.49	541.06
2013	741.92	17208.04	598.26
2014	872.17	20272.49	659.76

1996—2014年基于不同来源不同执行部门R&D资本形成额（Griliches方法）

单位：亿元

年份	高等院校			科研机构			企业		
	来源于政府	来源于企业	其他	来源于政府	来源于企业	其他	来源于政府	来源于企业	其他
1996	14.45	8.72	1.76	64.83	2.76	9.73	4.35	103.44	0.84
1997	14.51	8.77	1.78	71.85	3.06	10.73	4.42	105.45	0.59
1998	17.93	10.89	2.22	88.70	3.79	13.17	5.12	122.26	0.58
1999	16.20	9.84	2.01	103.17	4.41	15.27	6.26	148.54	1.50
2000	18.34	11.16	2.29	116.07	4.97	17.14	9.36	219.05	5.61
2001	22.85	13.93	2.88	98.38	4.21	14.54	15.80	362.03	17.13
2002	33.14	20.26	4.20	107.80	4.62	15.90	17.10	391.81	18.44
2003	44.08	26.98	5.61	143.38	6.15	21.09	20.82	387.53	112.02
2004	54.03	33.10	6.89	144.28	12.38	30.88	24.07	519.90	57.83
2005	56.21	40.83	10.14	131.32	11.27	30.42	31.13	712.27	34.91
2006	66.45	45.82	10.71	171.18	5.64	29.91	37.80	876.15	31.03
2007	69.98	48.03	11.96	184.84	4.34	23.34	46.23	1065.70	43.73
2008	73.34	44.19	11.32	219.49	9.28	17.28	52.49	1228.39	31.28
2009	88.34	50.32	10.91	237.52	8.33	21.64	60.31	1415.87	31.51
2010	104.73	70.18	12.88	315.73	8.67	41.85	79.27	1855.38	47.14
2011	143.44	72.73	13.69	365.22	9.30	32.24	87.56	2053.51	47.85
2012	139.63	82.10	11.00	322.20	10.11	49.75	101.84	2388.01	56.23
2013	160.01	81.07	12.39	382.85	12.90	70.10	117.49	2762.55	57.20
2014	163.30	86.50	13.21	436.98	18.67	77.99	130.25	3064.45	61.50

1995—2014年基于不同来源高等院校R&D资本存量（BEA方法）

单位：亿元

年份	高等院校		
	来源于政府	来源于企业	其他
1995	99.15	62.33	13.67
1996	113.72	71.13	15.45
1997	131.48	81.89	17.64
1998	147.51	91.61	19.62
1999	165.52	102.55	21.86

续表

年份	高等院校		
	来源于政府	来源于企业	其他
2000	187.74	116.09	24.65
2001	219.70	135.62	28.69
2002	261.99	161.50	34.07
2003	313.70	193.16	40.66
2004	367.44	232.15	50.32
2005	430.88	275.86	60.53
2006	497.63	321.65	71.93
2007	567.55	363.78	82.71
2008	651.70	411.71	93.09
2009	751.40	478.50	105.35
2010	887.85	547.70	118.37
2011	1020.67	625.80	128.84
2012	1172.82	702.90	140.63
2013	1328.09	785.15	153.20
2014	1469.05	861.10	167.96

1995—2014年基于不同来源科研机构R&D资本存量（BEA方法）　　单位：亿元

年份	科研机构		
	来源于政府	来源于企业	其他
1995	614.25	26.76	87.35
1996	682.60	29.66	97.60
1997	766.94	33.26	110.17
1998	865.02	37.45	124.72
1999	975.35	42.17	141.05
2000	1068.87	46.16	154.90
2001	1171.33	50.55	170.04
2002	1307.60	56.39	190.11
2003	1444.70	68.15	219.47
2004	1569.49	78.86	248.40
2005	1732.15	84.22	276.84

续表

年份	科研机构		
	来源于政府	来源于企业	其他
2006	1907.77	88.34	299.03
2007	2116.32	97.15	315.47
2008	2341.99	105.06	336.04
2009	2641.95	113.29	375.82
2010	2988.92	122.13	406.46
2011	3295.04	131.73	453.73
2012	3658.76	143.98	520.34
2013	4073.91	161.72	594.44
2014	4473.31	177.23	679.43

1995—2014年基于不同来源企业R&D资本存量（BEA方法）　　单位：亿元

年份	企业		
	来源于政府	来源于企业	其他
1995	21.02	503.41	2.30
1996	25.48	609.64	2.98
1997	30.58	731.24	3.64
1998	36.73	877.26	5.17
1999	45.81	1089.77	10.58
2000	60.99	1437.67	26.94
2001	77.39	1813.46	44.53
2002	97.30	2184.83	151.00
2003	120.29	2681.63	206.00
2004	149.98	3360.90	239.22
2005	186.00	4195.59	268.74
2006	230.00	5210.11	310.33
2007	279.95	6378.98	340.08
2008	337.31	7725.76	370.04
2009	412.69	9489.92	414.86

续表

年份	企业		
	来源于政府	来源于企业	其他
2010	495.93	11442.14	460.34
2011	592.73	13711.99	513.78
2012	704.39	16337.54	568.14
2013	828.17	19249.78	626.59
2014	937.37	21785.54	633.50

1996—2014年基于不同来源不同执行部门R&D资本形成额（BEA方法）

单位：亿元

年份	高等院校			科研机构			企业		
	来源于政府	来源于企业	其他	来源于政府	来源于企业	其他	来源于政府	来源于企业	其他
1996	14.58	8.80	1.77	68.34	2.90	10.25	4.46	106.23	0.68
1997	17.75	10.76	2.19	84.34	3.60	12.57	5.10	121.59	0.66
1998	16.03	9.72	1.98	98.09	4.19	14.56	6.15	146.02	1.52
1999	18.01	10.94	2.24	110.33	4.72	16.33	9.08	212.52	5.42
2000	22.23	13.54	2.79	93.52	4.00	13.85	15.18	347.90	16.36
2001	31.96	19.52	4.04	102.46	4.39	15.14	16.39	375.79	17.59
2002	42.30	25.88	5.38	136.26	5.84	20.07	19.91	371.37	106.48
2003	51.71	31.66	6.59	137.11	11.76	29.36	22.99	496.80	55.00
2004	53.74	38.99	9.67	124.79	10.70	28.92	29.69	679.26	33.22
2005	63.43	43.71	10.21	162.66	5.36	28.44	36.01	834.69	29.52
2006	66.76	45.79	11.40	175.63	4.12	22.19	44.01	1014.52	41.58
2007	69.92	42.13	10.78	208.54	8.81	16.43	49.94	1168.87	29.75
2008	84.15	47.93	10.38	225.67	7.91	20.58	57.37	1346.78	29.97
2009	99.70	66.79	12.26	299.96	8.23	39.78	75.37	1764.15	44.81
2010	136.45	69.20	13.02	346.98	8.84	30.64	83.24	1952.22	45.48
2011	132.82	78.09	10.47	306.11	9.60	47.27	96.81	2269.86	53.44
2012	152.16	77.11	11.79	363.73	12.25	66.60	111.66	2625.55	54.36
2013	155.27	82.25	12.56	415.15	17.74	74.10	123.78	2912.24	58.45
2014	140.95	75.95	14.77	399.37	15.51	84.99	109.20	2535.76	6.71

二 R&D支出纳入GDP核算方法研究

1995—2014年基于不同来源高等院校R&D资本存量（组合方法）　　单位：亿元

年份	高等院校		
	来源于政府	来源于企业	其他
1995	100.60	63.24	13.87
1996	115.39	72.17	15.68
1997	132.38	82.46	17.77
1998	149.32	92.74	19.86
1999	167.04	103.50	22.07
2000	188.37	116.49	24.74
2001	217.85	134.49	28.46
2002	257.83	158.95	33.54
2003	307.90	189.61	39.92
2004	362.68	227.32	48.83
2005	424.82	270.83	59.19
2006	492.65	317.44	70.56
2007	563.81	362.27	81.92
2008	645.83	409.80	92.80
2009	743.49	472.27	104.83
2010	871.76	543.02	118.03
2011	1010.45	620.69	129.75
2012	1161.10	700.81	141.49
2013	1320.68	784.12	154.21
2014	1471.55	864.91	168.72

1995—2014年基于不同来源科研机构R&D资本存量（组合方法）　　单位：亿元

年份	科研机构		
	来源于政府	来源于企业	其他
1995	614.50	26.77	87.38
1996	682.87	29.67	97.64
1997	764.53	33.15	109.81
1998	861.21	37.28	124.16
1999	971.09	41.98	140.42

续表

年份	科研机构		
	来源于政府	来源于企业	其他
2000	1073.76	46.38	155.61
2001	1176.66	50.78	170.82
2002	1305.83	56.32	189.85
2003	1447.43	66.41	216.97
2004	1580.91	77.86	247.06
2005	1735.97	85.29	276.66
2006	1913.20	89.99	301.81
2007	2117.50	97.46	320.83
2008	2345.06	105.97	340.67
2009	2629.48	114.37	375.10
2010	2972.12	123.31	410.02
2011	3303.31	132.98	453.11
2012	3659.57	144.73	515.26
2013	4071.24	161.17	589.33
2014	4490.17	178.00	673.48

1995—2014年基于不同来源企业R&D资本存量（组合方法）　　　单位：亿元

年份	企业		
	来源于政府	来源于企业	其他
1995	21.21	507.84	2.52
1996	25.71	615.00	3.27
1997	30.68	733.35	3.92
1998	36.59	874.01	5.15
1999	44.89	1068.93	9.36
2000	58.40	1379.99	22.42
2001	74.89	1757.78	40.17
2002	94.21	2142.48	119.16
2003	116.88	2611.57	194.13
2004	145.22	3249.63	236.14

续表

年份	企业		
	来源于政府	来源于企业	其他
2005	180.24	4058.16	267.98
2006	222.95	5044.36	306.77
2007	272.53	6199.34	341.70
2008	329.28	7530.29	372.63
2009	400.95	9209.29	413.80
2010	484.33	11163.49	460.63
2011	579.75	13401.05	513.14
2012	690.10	15993.48	569.08
2013	813.95	18906.91	628.14
2014	949.99	21788.73	677.90

1996—2014年基于不同来源不同执行部门R&D资本形成额（组合方法）

单位：亿元

年份	高等院校			科研机构			企业		
	来源于政府	来源于企业	其他	来源于政府	来源于企业	其他	来源于政府	来源于企业	其他
1996	14.79	8.93	1.80	68.37	2.91	10.26	4.50	107.17	0.75
1997	16.98	10.29	2.09	81.66	3.48	12.17	4.96	118.34	0.65
1998	16.95	10.28	2.10	96.68	4.13	14.35	5.92	140.66	1.24
1999	17.72	10.77	2.20	109.88	4.70	16.26	8.30	194.92	4.21
2000	21.32	12.99	2.67	102.68	4.39	15.19	13.51	311.05	13.06
2001	29.48	18.00	3.72	102.90	4.40	15.20	16.48	377.80	17.74
2002	39.99	24.46	5.08	129.16	5.54	19.03	19.32	384.70	79.00
2003	50.07	30.66	6.38	141.60	10.10	27.12	22.67	469.09	74.97
2004	54.78	37.71	8.91	133.47	11.45	30.08	28.34	638.06	42.01
2005	62.14	43.51	10.36	155.06	7.42	29.60	35.02	808.53	31.84
2006	67.82	46.61	11.37	177.23	4.70	25.15	42.71	986.20	38.79
2007	71.16	44.84	11.37	204.30	7.48	19.02	49.58	1154.98	34.93
2008	82.02	47.53	10.88	227.57	8.50	19.84	56.75	1330.95	30.93
2009	97.66	62.47	12.02	284.41	8.41	34.43	71.68	1679.01	41.16

续表

年份	高等院校			科研机构			企业		
	来源于政府	来源于企业	其他	来源于政府	来源于企业	其他	来源于政府	来源于企业	其他
2010	128.27	70.74	13.20	342.65	8.94	34.92	83.38	1954.19	46.83
2011	138.69	77.67	11.72	331.18	9.67	43.09	95.42	2237.56	52.51
2012	150.65	80.12	11.73	356.27	11.75	62.15	110.35	2592.43	55.94
2013	159.57	83.30	12.73	411.67	16.44	74.07	123.85	2913.43	59.06
2014	150.88	80.80	14.51	418.93	16.84	84.15	136.04	2881.81	49.76

1996—2014年基于不同方法R&D私人收益额　　单位：亿元

年份	Goldsmith方法	Griliches方法	BEA方法	组合方法
1996	247.17	224.69	234.81	235.56
1997	276.37	251.28	262.55	263.40
1998	312.29	280.07	296.68	296.34
1999	351.86	315.62	334.27	333.92
2000	396.36	354.86	376.54	375.92
2001	437.40	399.06	415.53	417.33
2002	485.99	439.83	461.69	462.50
2003	550.51	488.17	522.98	520.56
2004	623.92	552.47	592.72	589.70
2005	696.94	625.68	662.09	661.57
2006	782.83	698.53	743.69	741.68
2007	872.02	784.26	828.42	828.23
2008	969.63	873.31	921.14	921.36
2009	1078.18	970.79	1024.27	1024.41
2010	1222.34	1079.22	1161.22	1154.26
2011	1387.95	1223.28	1318.55	1309.93
2012	1547.88	1388.80	1470.49	1469.06
2013	1734.99	1548.64	1648.24	1643.96
2014	1795.64	1633.46	1708.24	1712.45

2. 美国 BEA 的 R&D 卫星账户的相关表格

美国 BEA 的 R&D 卫星账户的相关表格如下所示。

调整前的 GDP 和 R&D 作为投资的 GDP

1. GDP（来自 NIPAs）				
2. 调整的 GDP（R&D 作为投资）				
3. 投入成本指数				
4. 总产出价格指数				

调整前的 GDI 和 R&D 作为投资的 GDI

1. GDI（来自 NIPAs）				
2. 调整的 GDI（R&D 作为投资）				
3. 投入成本指数				
4. 总产出价格指数				

调整前的国民储蓄和 R&D 作为投资的国民储蓄

1. 总储蓄（来自 NIPAs）				
2. 调整的国民储蓄（R&D 作为投资）				
3. 总产出价格指数				

R&D 资本的收益

1. 非营利服务机构				
净收益				
折旧				
2. 政府部门				
净收益				
折旧				

R&D 投资的来源

R&D 总投资				
私人部门				
行业				
化学				
交通运输				
计算机和电子产品				
其他行业				
高等院校				
其他非营利服务机构				
政府部门				
联邦政府内部的				
联邦政府外部的				
州和地方政府				
高等院校				

实际 R&D 投资的类型来源

R&D 总投资				
私人部门				
行业				
化学				
交通运输				
计算机和电子产品				
其他行业				
高等院校				
其他非营利服务机构				
政府部门				
联邦政府内部的				
联邦政府外部的				
州和地方政府				
高等院校				

按照当前成本计算的 R&D 净资产存量来源

R&D 净资产存量				
私人部门				
行业				
化学				
交通运输				
计算机和电子产品				
其他行业				
高等院校				
其他非营利服务机构				
政府部门				
联邦政府内部的				
联邦政府外部的				
州和地方政府				
高等院校				

实际 R&D 净资产存量来源

R&D 净资产存量				
私人部门				
行业				
化学				
交通运输				
计算机和电子产品				
其他行业				
高等院校				
其他非营利服务机构				
政府部门				
联邦政府内部的				
联邦政府外部的				
州和地方政府				
高等院校				

按照当前成本计算的R&D资产折旧来源

R&D资产折旧总量				
私人部门				
行业				
化学				
交通运输				
计算机和电子产品				
其他行业				
高等院校				
其他非营利服务机构				
政府部门				
联邦政府内部的				
联邦政府外部的				
州和地方政府				
高等院校				

实际R&D资产折旧来源

R&D资产折旧总量				
私人部门				
行业				
化学				
交通运输				
计算机和电子产品				
其他行业				
高等院校				
其他非营利服务机构				
政府部门				
联邦政府内部的				
联邦政府外部的				
州和地方政府				
高等院校				

国内 R&D 总产出（按执行者分类）

R&D 执行				
私人部门				
行业				
化学				
交通运输				
计算机和电子产品				
其他行业				
高等院校				
其他非营利服务机构				
政府部门				
联邦政府内部的				
联邦政府外部的				
州和地方政府				
高等院校				

实际国内 R&D 总产出（按执行者分类）

R&D 执行				
私人部门				
行业				
化学				
交通运输				
计算机和电子产品				
其他行业				
高等院校				
其他非营利服务机构				
政府部门				
联邦政府内部的				
联邦政府外部的				
州和地方政府				
高等院校				

R&D 投资的总产出价格指数

R&D 总投资				
联邦单位以外的				
联邦内部的				
非联邦国内				
总 R&D 执行				
私人部门				
企业				
高等院校				
其他为居民服务的非营利机构				
联邦政府资助的研发中心				
企业				
高等院校				
其他为居民服务的非营利机构				
公众				
联邦政府				
州和地方政府				
高等院校				
联邦政府资助的研发中心				
高等院校				

R&D 投资的替代价格指数

总产出价格指数				
投入价格指数				

行业内部的 R&D 投资

北美行业分类				
行业总计				
自我生产				
购买的 R&D				
所有的营利行业				
化学制造				
自我生产				
购买的 R&D				
医药和医药制造业				
自我生产				
购买的 R&D				
计算机和电子产品制造业				
自我生产				
购买的 R&D				
……				
所有非营利行业				
自我生产				
购买的 R&D				
政府部门				
自我生产				
购买的 R&D				
联邦政府				
自我生产				
购买的 R&D				
州和地方政府				
自我生产				
购买的 R&D				

行业内部的实际 R&D 投资

北美行业分类				
行业总计				
自我生产				
购买的 R&D				
所有的营利行业				
化学制造				
自我生产				
购买的 R&D				
医药和医药制造业				
自我生产				
购买的 R&D				
计算机和电子产品制造业				
自我生产				
购买的 R&D				
……				
所有非营利行业				
自我生产				
购买的 R&D				
政府部门				
自我生产				
购买的 R&D				
联邦政府				
自我生产				
购买的 R&D				
州和地方政府				
自我生产				
购买的 R&D				

私人产业增加值和 R&D 作为投资的私人产业增加值

现价增加值				
未经调整的 R&D 投资				
经调整的 R&D 投资				
增加值变化的百分比				
来自年度利率合约期的变化百分比				
未经调整的 R&D 投资				
经调整的 R&D 投资				

R&D 作为投资对国内总产出、中间投入、增加值的水平及增长率的平均年效应

北美行业分类				
医药和医药制造业				
名义的				
投入价格指数				
总产出价格指数				
计算机及外围设备制造业				
名义的				
投入价格指数				
总产出价格指数				
……				
非营利机构				
名义的				
投入价格指数				
总产出价格指数				
联邦政府				
名义的				
投入价格指数				
总产出价格指数				
州和地方政府				
名义的				
投入价格指数				
总产出价格指数				

R&D 作为投资的行业内部的总产出

北美行业分类				
行业				
所有的营利行业				
化学制造				
医药和医药制造业				
……				
计算机和电子产品制造业				
计算机及外围设备制造业				
……				
所有非营利行业				
政府部门				
联邦政府				
州和地方政府				

R&D 作为投资的经过行业调整的国内总产出

北美行业分类				
行业				
所有的盈利行业				
化学制造				
医药和医药制造业				
……				
计算机和电子产品制造业				
计算机及外围设备制造业				
……				
所有非营利行业				
政府部门				
联邦政府				
州和地方政府				

R&D 作为投资的行业增加值

北美行业分类				
行业				
国内生产总值				
所有的营利行业				
化学制造				
医药和医药制造业				
……				
计算机和电子产品制造业				
计算机及外围设备制造业				
……				
所有非营利行业				
政府部门				
联邦政府				
州和地方政府				

R&D 作为投资的经过行业调整的行业增加值

北美行业分类				
行业				
国内生产总值				
所有的盈利行业				
化学制造				
医药和医药制造业				
……				
计算机和电子产品制造业				
计算机及外围设备制造业				
……				
所有非营利行业				
政府部门				
联邦政府				
州和地方政府				

3. 中国各地区 R&D 转化比例调整系数的测算过程

中国各地区 R&D 转化比例调整系数的测算结果如表 2-157 所示。

中国各地区R&D转化比例调整系数的测算数据

年份	地区	R&D经费(万元)	日常性支出(万元)	#人员劳务费(万元)	#其他日常性支出(万元)	资产性支出(万元)	#仪器和设备(万元)	增长率(%)	R&D人员劳务费权重	R&D资本性权重	R&D其他日常性支出权重	CPI消费指数	设备指数	购进价格指数	合成指数
2009	安徽	1359535	1112970	251154	861816	246565	205083	—	18.47	18.14	63.39	100.00	100.00	100.00	100.00
	北京	6686351	5367567	1674560	3693007	1318784	974321	—	25.04	19.72	55.23	100.00	100.00	100.00	100.00
	福建	1353819	1096674	364757	731917	257145	246703	—	26.94	18.99	54.06	100.00	100.00	100.00	100.00
	甘肃	372612	304218	91575	212643	68395	52431	—	24.58	18.36	57.07	100.00	100.00	100.00	100.00
	广东	6529820	5783323	2438676	3344647	746498	637586	—	37.35	11.43	51.22	100.00	100.00	100.00	100.00
	广西	472028	398911	114710	284201	73116	65877	—	24.30	15.49	60.21	100.00	100.00	100.00	100.00
	贵州	264134	224918	53911	171007	39216	36400	—	20.41	14.85	64.74	100.00	100.00	100.00	100.00
	海南	57806	46747	18307	28440	11059	10295	—	31.67	19.13	49.20	100.00	100.00	100.00	100.00
	河北	1348446	1097007	277054	819953	251439	218800	—	20.55	18.65	60.81	100.00	100.00	100.00	100.00
	河南	1747599	1407047	365155	1041891	340553	289187	—	20.89	19.49	59.62	100.00	100.00	100.00	100.00
	黑龙江	1091704	896141	221512	674629	195563	125719	—	20.29	17.91	61.80	100.00	100.00	100.00	100.00
	湖北	2134490	1771399	449057	1322342	363091	272942	—	21.04	17.01	61.95	100.00	100.00	100.00	100.00
	湖南	1534995	1323326	355477	967849	211669	176668	—	23.16	13.79	63.05	100.00	100.00	100.00	100.00
	吉林	813602	705576	152934	552642	108026	93159	—	18.80	13.28	67.93	100.00	100.00	100.00	100.00
	江苏	7019529	6172378	1736001	4436378	847151	645012	—	24.73	12.07	63.20	100.00	100.00	100.00	100.00
	江西	758936	616200	136893	479307	142737	98718	—	18.04	18.81	63.16	100.00	100.00	100.00	100.00
	辽宁	2323687	2028380	395789	1632591	295307	262446	—	17.03	12.71	70.26	100.00	100.00	100.00	100.00
	内蒙古	520726	422149	105012	317137	98577	81209	—	20.17	18.93	60.90	100.00	100.00	100.00	100.00
	宁夏	104422	85112	25564	59549	19310	18494	—	24.48	18.49	57.03	100.00	100.00	100.00	100.00
	青海	75938	64709	24082	40626	11229	10219	—	31.71	14.79	53.50	100.00	100.00	100.00	100.00

续表

年份	地区	R&D经费（万元）	日常性支出（万元）	#人员劳务费（万元）	#其他日常性支出（万元）	资产性支出（万元）	#仪器和设备（万元）	增长率（%）	R&D人员劳务费权重	R&D资本性权重	R&D其他日常性支出权重	CPI消费指数	设备指数	购进价格指数	合成指数
	山东	5195920	4365000	1008618	3356382	830920	772496	—	19.41	15.99	64.60	100.00	100.00	100.00	100.00
	山西	808563	645164	159283	485881	163399	141886	—	19.70	20.21	60.09	100.00	100.00	100.00	100.00
	陕西	1895063	1491059	305453	1185606	404004	231013	—	16.12	21.32	62.56	100.00	100.00	100.00	100.00
	上海	4233774	3555593	1261208	2294385	678182	557392	—	29.79	16.02	54.19	100.00	100.00	100.00	100.00
	四川	2144590	1755258	527437	1227821	389332	211410	—	24.59	18.15	57.25	100.00	100.00	100.00	100.00
2009	天津	1784661	1446838	320884	1125954	337824	275948	—	17.98	18.93	63.09	100.00	100.00	100.00	100.00
	西藏	14385	12270	4327	7943	2115	1855	—	30.08	14.70	55.22	100.00	100.00	100.00	100.00
	新疆	218043	176974	67607	109367	41069	36372	—	31.01	18.84	50.16	100.00	100.00	100.00	100.00
	云南	372304	279932	80223	199709	92373	64443	—	21.55	24.81	53.64	100.00	100.00	100.00	100.00
	浙江	3988367	3428616	1153854	2274761	559751	528732	—	28.93	14.03	57.03	100.00	100.00	100.00	100.00
	重庆	794599	605928	173388	432540	188671	140906	—	21.82	23.74	54.43	100.00	100.00	100.00	100.00
	安徽	1637219	1340932	332036	1008897	296290	233047	20.42	20.28	18.10	61.62	103.10	101.20	109.00	106.39
	北京	8218234	6559340	1891119	4668221	1658893	1187882	22.91	23.01	20.19	56.80	102.40	99.10	102.20	101.62
	福建	1708982	1377018	427112	949906	331964	321024	26.23	24.99	19.42	55.58	103.20	99.80	103.20	102.54
	甘肃	419385	358839	98338	260501	60545	51243	12.55	23.45	14.44	62.12	104.10	100.80	115.00	110.39
	广东	8087478	6957660	2864269	4093390	1129817	1032952	23.85	35.42	13.97	50.61	103.10	99.80	103.20	102.69
2010	广西	628696	526983	150319	376664	101710	88868	33.19	23.91	16.18	59.91	103.00	101.20	112.00	108.10
	贵州	299665	267772	60945	206827	31895	25181	13.45	20.34	10.64	69.02	102.90	100.10	104.70	103.85
	海南	70204	53253	17340	35913	16952	11013	21.45	24.70	24.15	51.16	104.80	100.30	107.70	105.20
	河北	1554492	1251688	300663	951025	302804	224358	15.28	19.34	19.48	61.18	103.10	101.20	109.00	106.34
	河南	2111675	1739846	443403	1296443	371829	327883	20.83	21.00	17.61	61.39	103.50	100.50	107.80	105.61

续表

年份	地区	R&D经费（万元）	日常性支出（万元）	#人员劳务费（万元）	#其他日常性支出（万元）	资产性支出（万元）	#仪器和设备（万元）	增长率（%）	R&D人员劳务费权重	R&D资本性权重	R&D其他日常性支出权重	CPI消费指数	设备指数	购进价格指数	合成指数
	黑龙江	1230434	1041582	257457	784125	188849	164521	12.71	20.92	15.35	63.73	103.90	100.40	115.00	110.44
	湖北	2641180	2254809	499213	1755597	386369	312494	23.74	18.90	14.63	66.47	102.90	99.80	104.90	103.78
	湖南	1865584	1628550	404237	1224313	237037	210382	21.54	21.67	12.71	65.63	103.10	101.70	106.90	105.42
	吉林	758005	668322	143672	524649	89681	72894	(6.83)	18.95	11.83	69.21	103.70	99.90	105.20	104.29
	江苏	8579491	7292419	1846520	5445900	1287075	1130353	22.22	21.52	15.00	63.48	103.80	101.70	107.30	105.71
	江西	871527	697914	174080	523834	173617	155503	14.84	19.97	19.92	60.11	103.00	102.00	115.30	110.19
	辽宁	2874703	2512699	471477	2041222	362005	303856	23.71	16.40	12.59	71.01	103.00	100.30	107.40	105.78
	内蒙古	637205	541394	120693	420701	95811	91703	22.37	18.94	15.04	66.02	103.20	100.10	106.70	105.04
	宁夏	115101	92956	27897	65059	22146	21429	10.23	24.24	19.24	56.52	104.10	100.20	109.10	106.18
	青海	99438	81709	20932	60777	17729	15394	30.95	21.05	17.83	61.12	105.40	101.50	109.30	107.09
2010	山东	6720045	5807270	1351814	4455456	912779	805258	29.33	20.12	13.58	66.30	102.90	100.20	107.20	105.38
	山西	898835	744856	182636	562220	153980	137689	11.16	20.32	17.13	62.55	103.00	100.30	109.50	106.60
	陕西	2175042	1723741	338000	1385742	451300	327552	14.77	15.54	20.75	63.71	104.00	100.40	108.70	106.25
	上海	4817031	4204858	1391191	2813666	612172	508563	13.78	28.88	12.71	58.41	103.10	98.60	102.30	102.06
	四川	2642695	1973478	561041	1412437	669219	350832	23.23	21.23	25.32	53.45	103.20	100.80	105.00	103.55
	天津	2295644	1853558	443444	1410114	442084	349635	28.63	19.32	19.26	61.43	103.50	100.20	105.10	103.85
	西藏	14599	12225	3753	8472	2375	2206	1.49	25.71	16.27	58.03	102.20	100.40	105.80	104.00
	新疆	266545	233523	73389	160134	33023	30863	22.24	27.53	12.39	60.08	104.30	100.40	125.30	116.43
	云南	441672	351001	98619	252382	90673	73865	18.63	22.33	20.53	57.14	103.70	100.40	108.80	105.94
	浙江	4942349	4323623	1456286	2867337	618723	587852	23.92	29.47	12.52	58.02	103.80	101.30	106.20	104.88
	重庆	1002663	778744	218186	560558	223920	191782	26.18	21.76	22.33	55.91	103.20	99.60	103.10	102.34

续表

年份	地区	R&D经费（万元）	日常性支出（万元）	#人员劳务费（万元）	#其他日常性支出（万元）	资产性支出（万元）	#仪器和设备（万元）	增长率（%）	R&D人员劳务费权重	R&D资本性权重	R&D其他日常性支出权重	CPI消费指数	设备指数	购进价格指数	合成指数
2011	安徽	2146439	1743101	469539	1273562	403344	335209	31.10	21.88	18.79	59.33	108.87	103.12	118.05	113.24
	北京	9366439	7678573	2373410	5305163	1687868	1228386	13.97	25.34	18.02	56.64	108.13	98.01	104.55	104.28
	福建	2215151	1729453	547625	1181828	485701	470061	29.62	24.72	21.93	53.35	108.67	100.60	107.22	106.13
	甘肃	485261	392574	114290	278284	92686	65583	15.71	23.55	19.10	57.35	110.24	99.79	127.65	118.23
	广东	10454872	9033006	3666826	5366180	1421865	1272849	29.27	35.07	13.60	51.33	108.56	100.30	107.02	106.65
	广西	810205	667288	194040	473248	142915	130585	28.87	23.95	17.64	58.41	109.08	102.21	121.52	115.13
	贵州	363089	326471	71750	254721	36619	32315	21.17	19.76	10.09	70.15	108.15	101.00	110.35	108.97
	海南	103717	85875	25726	60149	17844	11217	47.74	24.80	17.20	57.99	111.19	101.40	117.18	112.98
	河北	2013377	1710348	437208	1273140	303029	270145	29.52	21.72	15.05	63.23	108.98	102.82	117.39	113.37
	河南	2644923	2198482	540314	1658168	446468	397746	25.25	20.43	16.88	62.69	109.30	102.81	115.56	112.13
	黑龙江	1287788	1142789	283782	859007	145000	129400	4.66	22.04	11.26	66.70	109.93	101.50	128.80	121.57
	湖北	3230129	2729448	630592	2098856	500681	411950	22.30	19.52	15.50	64.98	108.87	100.20	111.82	109.44
	湖南	2332181	2036433	560266	1476167	295750	262125	25.01	24.02	12.68	63.30	108.77	104.45	115.99	112.79
	吉林	891337	758087	171244	586843	133250	124981	17.59	19.21	14.95	65.84	109.09	100.80	110.88	109.03
	江苏	10655109	8977597	2380992	6596605	1677509	1520221	24.19	22.35	15.74	61.91	109.30	102.92	113.95	111.18
	江西	967529	816119	211353	604766	151409	136133	11.02	21.84	15.65	62.51	108.36	103.63	128.33	120.10
	辽宁	3638348	3203779	559841	2643938	434571	391919	26.56	15.39	11.94	72.67	108.36	101.90	114.38	111.96
	内蒙古	851685	745949	173338	572611	105738	90245	33.66	20.35	12.42	67.23	108.98	102.00	115.02	112.18
	宁夏	153183	124375	38095	86280	28807	27331	33.09	24.87	18.81	56.32	110.66	101.70	119.46	113.93
	青海	125756	105500	22093	83407	20257	17877	26.47	17.57	16.11	66.32	111.83	103.02	117.39	114.10
	山东	8443667	7252714	1750657	5502057	1190955	1087520	25.65	20.73	14.10	65.16	108.05	102.00	113.63	110.83

续表

年份	地区	R&D经费（万元）	日常性支出（万元）	#人员劳务费（万元）	#其他日常性支出（万元）	资产性支出（万元）	#仪器和设备（万元）	增长率（%）	R&D人员劳务费权重	R&D资本性权重	R&D其他日常性支出权重	CPI消费指数	设备指数	购进价格指数	合成指数
2011	山西	1133926	941263	214324	726939	192667	160901	26.16	18.90	16.99	64.11	108.36	101.40	117.71	113.17
	陕西	2493548	1976517	441325	1535192	517027	392565	14.64	17.70	20.73	61.57	109.93	101.20	116.53	112.18
	上海	5977131	5200556	1645689	3554867	776580	648863	24.08	27.53	12.99	59.47	108.46	98.30	105.27	105.24
	四川	2941009	2371221	709893	1661328	569790	352725	11.29	24.14	19.37	56.49	108.67	102.72	112.67	109.77
	天津	2977580	2388932	581208	1807724	588648	472557	29.71	19.52	19.77	60.71	108.57	100.00	109.09	107.19
	西藏	11530	8904	3505	5399	2626	2609	(21.03)	30.40	22.78	46.83	107.31	98.79	110.35	106.79
	新疆	330031	286963	84231	202732	43069	39915	23.82	25.52	13.05	61.43	110.45	98.79	143.84	129.44
	云南	560797	459591	127036	332555	101203	81705	26.97	22.65	18.05	59.30	108.78	101.60	113.91	110.53
	浙江	5980824	5224555	1748609	3475946	756266	721342	21.01	29.24	12.64	58.12	109.41	102.92	111.51	109.81
	重庆	1283560	1037141	265470	771671	246419	217047	28.02	20.68	19.20	60.12	108.67	100.70	107.02	106.15
	安徽	2817953	2284073	668806	1615267	533880	402769	31.29	23.73	18.95	57.32	111.38	102.30	116.04	112.33
	北京	10633640	8967244	2806947	6160297	1666396	1239551	13.53	26.40	15.67	57.93	111.70	95.46	102.88	104.05
	福建	2709891	2260912	739167	1521745	448979	428056	22.33	27.28	16.57	56.16	111.28	99.49	105.83	106.27
	甘肃	604762	500554	137918	362636	104208	83438	24.63	22.81	17.23	59.96	113.22	100.09	123.57	117.16
	广东	12361501	10917145	4739988	6177157	1444356	1320122	18.24	38.34	11.68	49.97	111.60	99.00	106.48	107.57
2012	广西	971539	820223	228590	591633	151316	138183	19.91	23.53	15.57	60.90	112.57	101.50	118.85	114.67
	贵州	417261	368420	91860	276560	48841	34974	14.92	22.02	11.71	66.28	111.07	100.09	111.46	110.04
	海南	137244	116642	36683	79959	20601	17627	32.32	26.73	15.01	58.26	114.75	100.29	118.12	114.54
	河北	2457670	2125273	609296	1515978	332397	295180	22.07	24.79	13.52	61.68	111.81	102.00	111.17	110.09
	河南	3107802	2638544	706720	1931824	469258	436285	17.50	22.74	15.10	62.16	112.03	102.50	114.87	112.36
	黑龙江	1459588	1293518	354607	938911	166070	135897	13.34	24.30	11.38	64.33	113.44	100.79	128.80	121.88

续表

年份	地区	R&D经费（万元）	日常性支出（万元）	#人员劳务费（万元）	#其他日常性支出（万元）	资产性支出（万元）	#仪器和设备（万元）	增长率（%）	R&D人员劳务费权重	R&D资本性权重	R&D其他日常性支出权重	CPI消费指数	设备指数	购进价格指数	合成指数
2012	湖北	3845239	3273191	840458	2432734	572048	460911	19.04	21.86	14.88	63.27	112.03	99.90	112.16	110.31
	湖南	2876780	2548642	670019	1878623	328138	283867	23.35	23.29	11.41	65.30	110.95	104.03	114.94	112.77
	吉林	1098010	921819	222892	698927	176192	145245	23.19	20.30	16.05	63.65	111.82	99.79	109.88	108.66
	江苏	12878616	10938039	3256354	7681685	1940577	1771635	20.87	25.28	15.07	59.65	112.14	101.07	110.65	109.58
	江西	1136552	955967	238035	717932	180585	155890	17.47	20.94	15.89	63.17	111.28	102.39	123.84	117.80
	辽宁	3908680	3382490	654196	2728295	526189	483059	7.43	16.74	13.46	69.80	111.39	101.19	114.27	112.02
	内蒙古	1014468	893259	195857	697403	121209	110282	19.11	19.31	11.95	68.75	112.36	105.16	115.25	113.49
	宁夏	182304	153480	47635	105845	28824	27373	19.01	26.13	15.81	58.06	112.87	101.50	116.36	113.10
	青海	131228	88562	21608	66955	42666	41087	4.35	16.47	32.51	51.02	115.30	102.20	113.75	110.25
	山东	10203266	8929540	2223323	6706218	1273725	1151940	20.84	21.79	12.48	65.73	110.31	101.19	111.81	110.16
	山西	1323458	1135112	266598	868514	188345	161845	16.71	20.14	14.23	65.62	111.06	100.29	111.24	109.64
	陕西	2872035	2382904	487681	1895223	489131	297824	15.18	16.98	17.03	65.99	113.01	100.29	117.34	113.70
	上海	6794636	5748230	1872706	3875524	1046406	873760	13.68	27.56	15.40	57.04	111.50	96.93	103.58	104.74
	四川	3508589	2747195	752292	1994903	761394	409894	19.30	21.44	21.70	56.86	111.39	101.89	111.09	109.16
	天津	3604866	2987912	764356	2223557	616953	471889	21.07	21.20	17.11	61.68	111.50	98.30	105.82	105.74
	西藏	17839	15301	8176	7125	2538	2393	54.71	45.83	14.22	39.94	111.07	96.13	110.02	108.52
	新疆	397289	349534	95822	253712	47755	44264	20.38	24.12	12.02	63.86	114.65	96.13	139.39	128.22
	云南	687548	583664	152696	430969	103884	87770	22.60	22.21	15.11	62.68	111.72	100.89	111.52	109.96
	浙江	7225867	6427536	2191804	4235732	798332	755861	20.82	30.33	11.05	58.62	111.81	101.38	108.50	108.72
	重庆	1597973	1316849	362091	954758	281125	231793	24.50	22.66	17.59	59.75	111.50	99.79	106.91	106.70
2013	安徽	3520833	2934654	865982	2068671	586179	435427	24.94	24.60	16.65	58.76	114.05	101.27	113.95	111.87

续表

年份	地区	R&D经费（万元）	日常性支出（万元）	#人员劳务费（万元）	#其他日常性支出（万元）	资产性支出（万元）	#仪器和设备（万元）	增长率（%）	R&D人员劳务费权重	R&D资本性权重	R&D其他日常性支出权重	CPI消费指数	设备指数	购进价格指数	合成指数
2013	北京	11850469	10020407	3222578	6797829	1830062	1340780	11.44	27.19	15.44	57.36	115.39	93.27	100.20	103.26
	福建	3140589	2652805	903171	1749634	487784	464009	15.89	28.76	15.53	55.71	114.06	98.40	104.14	106.10
	甘肃	669194	565229	169377	395852	103965	87543	10.65	25.31	15.54	59.15	116.84	97.19	119.73	115.50
	广东	14434527	12800248	5545608	7254640	1634279	1466158	16.77	38.42	11.32	50.26	114.39	98.10	105.21	107.93
	广西	1076790	864559	283417	581142	212230	199199	10.83	26.32	19.71	53.97	115.04	101.09	116.71	113.19
	贵州	471850	399301	109830	289471	72548	51185	13.08	23.28	15.38	61.35	113.84	99.29	108.56	108.36
	海南	148357	132400	41553	90847	15958	14699	8.10	28.01	10.76	61.24	117.96	99.28	117.52	115.69
	河北	2818551	2423975	650692	1773282	394576	353694	14.68	23.09	14.00	62.91	115.16	101.08	107.39	108.30
	河南	3553246	3036171	866067	2170104	517075	488665	14.33	24.37	14.55	61.07	115.28	102.20	113.15	112.07
	黑龙江	1647838	1417165	358159	1059007	230673	177586	12.90	21.74	14.00	64.27	115.94	99.48	126.22	120.25
	湖北	4462043	3896737	1022411	2874325	565306	480432	16.04	22.91	12.67	64.42	115.16	98.90	111.26	110.59
	湖南	3270253	2886525	805105	2081420	383728	344479	13.68	24.62	11.73	63.65	113.72	103.61	113.22	112.21
	吉林	1196882	1011925	271402	740524	184957	139293	9.00	22.68	15.45	61.87	115.06	98.89	108.45	108.48
	江苏	14874466	12703099	4065334	8637765	2171366	2022447	15.50	27.33	14.60	58.07	114.72	99.86	108.44	108.90
	江西	1354972	1135530	300161	835369	219442	196280	19.22	22.15	16.20	61.65	114.06	101.36	121.98	116.89
	辽宁	4459322	4060808	750737	3310071	398514	312133	14.09	16.84	8.94	74.23	114.06	100.38	113.12	112.14
	内蒙古	1171877	1033339	258739	774600	138539	120903	15.52	22.08	11.82	66.10	115.95	104.11	111.80	111.80
	宁夏	209042	169150	53706	115444	39893	39430	14.67	25.69	19.08	55.23	116.71	100.59	111.70	110.87
	青海	137541	91522	18984	72538	46019	41961	4.81	13.80	33.46	52.74	119.79	101.18	110.34	108.58
	山东	11758027	10251492	2591477	7660015	1506534	1376942	15.24	22.04	12.81	65.15	112.74	100.48	110.02	109.40
	山西	1549799	1314543	286451	1028092	235256	192171	17.10	18.48	15.18	66.34	114.51	99.28	100.89	103.17

续表

年份	地区	R&D经费（万元）	日常性支出（万元）	#人员劳务费（万元）	#其他日常性支出（万元）	资产性支出（万元）	#仪器和设备（万元）	增长率（%）	R&D人员劳务费权重	R&D资本性权重	R&D其他日常性支出权重	CPI消费指数	设备指数	购进价格指数	合成指数
2013	陕西	3427454	2830302	601018	2229283	597153	377732	19.34	17.54	17.42	65.04	116.40	99.79	114.17	112.06
	上海	7767847	6725971	2389533	4336438	1041876	866876	14.32	30.76	13.41	55.83	114.06	95.47	101.72	104.68
	四川	3999702	3133297	873670	2259628	866405	632693	14.00	21.84	21.66	56.49	114.51	101.38	109.64	108.92
	天津	4280921	3428356	922354	2506002	852565	628933	18.75	21.55	19.92	58.54	114.96	97.12	102.65	104.20
	西藏	23033	17997	8471	9525	5036	3189	29.12	36.78	21.86	41.36	115.06	95.65	109.80	108.64
	新疆	454598	388700	98479	290221	65898	63986	14.42	21.66	14.50	63.84	119.12	95.65	134.51	125.54
	云南	798371	688491	178088	510403	109881	88432	16.12	22.31	13.76	63.93	115.18	100.19	108.73	109.00
	浙江	8172675	7274870	2583069	4691801	897805	830440	13.10	31.61	10.99	57.41	114.38	100.06	106.55	108.31
	重庆	1764911	1448575	478775	969800	316336	274124	10.45	27.13	17.92	54.95	114.51	98.49	104.77	106.29
	安徽	3936070	3211958	1061643	2150314	724112	612553	11.79	26.97	18.40	54.63	115.88	100.87	110.99	110.45
	北京	12687953	10738643	3535287	7203357	1949310	1356112	7.07	27.86	15.36	56.77	117.24	92.71	99.30	103.29
	福建	3550325	3029684	1053921	1975763	520641	497680	13.05	29.69	14.66	55.65	116.34	98.10	102.68	106.06
	甘肃	768739	642873	192990	449883	125866	94717	14.88	25.10	16.37	58.52	119.30	96.31	115.78	113.48
	广东	16054458	14403385	6100221	8303164	1651073	1514145	11.22	38.00	10.28	51.72	117.03	97.81	104.05	108.34
	广西	1119033	946395	313399	632997	172637	158426	3.92	28.01	15.43	56.57	117.46	101.49	114.84	113.51
2014	贵州	554795	471326	141034	330293	83468	63321	17.58	25.42	15.04	59.53	116.58	98.60	106.71	108.00
	海南	169151	141467	46564	94903	27683	21359	14.02	27.53	16.37	56.11	120.80	98.99	114.70	113.81
	河北	3130881	2668550	775885	1892665	462332	415438	11.08	24.78	14.77	60.45	117.12	100.57	102.24	105.68
	河南	4000099	3396244	983381	2412863	603855	572396	12.58	24.58	15.10	60.32	117.47	101.58	111.00	111.17
	黑龙江	1613469	1357655	362752	994903	255814	185782	(2.09)	22.48	15.85	61.66	117.68	99.19	122.56	117.76
	湖北	5108973	4412551	1094147	3318405	696422	583888	14.50	21.42	13.63	64.95	117.47	98.41	109.48	109.68

续表

年份	地区	R&D经费（万元）	日常性支出（万元）	#人员劳务费（万元）	#其他日常性支出（万元）	资产性支出（万元）	#仪器和设备（万元）	增长率（%）	R&D人员劳务费权重	R&D资本性权重	R&D其他日常性支出权重	CPI消费指数	设备指数	购进价格指数	合成指数
	湖南	3679345	3315716	955126	2360591	363629	333029	12.51	25.96	9.88	64.16	115.88	103.61	111.41	111.80
	吉林	1307243	1173817	272517	901300	133426	111058	9.22	20.85	10.21	68.95	117.36	98.60	107.48	108.63
	江苏	16528208	14118426	4633883	9484543	2409782	2211671	11.12	28.04	14.58	57.38	117.25	99.46	106.59	108.54
	江西	1531114	1260402	330099	930303	270713	257849	13.00	21.56	17.68	60.76	116.69	100.96	119.30	115.49
	辽宁	4351851	3939443	909774	3029669	412408	343021	(2.41)	20.91	9.48	69.62	116.00	99.98	111.09	111.06
	内蒙古	1221346	1081703	268353	813351	139643	132514	4.22	21.97	11.43	66.59	117.81	103.80	108.78	110.19
	宁夏	238580	199613	63290	136323	38968	38509	14.13	26.53	16.33	57.14	118.93	100.18	107.57	109.38
	青海	143235	105239	28985	76253	37997	30022	4.14	20.24	26.53	53.24	123.15	100.57	106.03	108.05
	山东	13040695	11316519	2854472	8462047	1724176	1588001	10.91	21.89	13.22	64.89	114.88	100.38	108.26	108.67
	山西	1521871	1305263	284978	1020285	216607	180568	(1.80)	18.73	14.23	67.04	116.45	100.38	108.26	97.72
2014	陕西	3667730	3073673	637069	2436604	594057	395441	7.01	17.37	16.20	66.43	118.26	98.99	92.22	110.34
	上海	8619549	7499007	2599985	4899022	1120542	885802	10.96	30.16	13.00	56.84	117.14	99.69	110.86	104.86
	四川	4493285	3577596	976146	2601451	915689	738027	12.34	21.72	20.38	57.90	116.34	95.00	100.60	108.57
	天津	4646868	3727256	1113280	2613976	919612	643375	8.55	23.96	19.79	56.25	117.14	101.28	108.22	102.75
	西藏	23519	21613	9207	12406	1906	1733	2.11	39.15	8.10	52.75	118.40	96.44	98.85	111.39
	新疆	491587	431476	115046	316430	60112	57437	8.14	23.40	12.23	64.37	121.62	94.98	108.70	123.37
	云南	859297	736746	194357	542389	122550	90522	7.63	22.62	14.26	63.12	117.95	94.98	129.40	108.00
	浙江	9078500	8166172	2988536	5177636	912328	833228	11.08	32.92	10.05	57.03	116.79	99.59	106.34	108.49
	重庆	2018528	1650418	567723	1082695	368110	330489	14.37	28.13	18.24	53.64	116.57	99.56	105.27	108.49
													98.20	102.99	105.94

附录 2-2 评审意见、相关批复及肯定评价

1. 专家评审意见

2016年12月19—20日，深圳市统计局就《国家统计局 R&D 支出纳入 GDP 核算方法深圳市试点试算结果报告》（以下简称《试算结果报告》）分别向国家统计局、中国人民大学、北京师范大学高级专家征求意见，各位专家对《试算结果报告》进行了认真评审。相关意见综合汇总如下。

（1）《试算结果报告》是深圳市统计局在前期开展 R&D 支出纳入 GDP 核算方法研究的基础上，遵照国家统计局试点要求，认真比较研究核算方法，最终确定采用国家 R&D 支出核算方法对深圳数据进行研究试算。从地区的角度，验证了国家 R&D 支出核算方法的可行性，对于在地区层面实施国家 R&D 支出核算方法具有重要的理论意义和实用价值。

（2）《试算结果报告》严格遵循国民经济核算国际标准《国民账户体系 2008》中 R&D 资本化核算的要求，按照国家统计局的测算思路和方法，对深圳市的 R&D 数据进行了严格的评估，从生产法、收入法和支出法三个方面对 R&D 活动纳入 GDP 核算进行了研究和试算。

（3）《试算结果报告》目标明确、思路清晰、方法科学、结构严谨、操作性强，较好地完成了国家统计局交办的试点任务。

试算结果：2015年，深圳市可纳入 GDP 核算的 R&D 为 498.79 亿元，占 R&D 总量的 68.11%。试算结果真实可信，基本符合深圳发展实际情况，对于深圳市创新发展具有重要鼓励和引导作用。

各位专家一致认为，《试算结果报告》具有重要的理论意义和实用价值，深圳市统计局以较高的质量完成了预期研究任务，同意通过评审并予验收。

建议在后续研究中，进一步探索地区间 R&D 支出结构、特点的差异，进一步改进不能带来经济利益等需扣除支出的处理方法。

评审组组长：许宪春
评审组副组长：董礼华
评审组成员：幸晓维　程子林　察志敏　高敏雪　宋旭光
签名另附：

深圳市统计局

高级专家签名

国家统计局副局长、高级统计师：

许宪春
2016.12.19

深圳市统计局

高级专家签名

国家统计局核算司司长、高级统计师：

2016.12.19

深 圳 市 统 计 局

高级专家签名

国家统计局设管司司长、高级统计师：

深 圳 市 统 计 局

高级专家签名

国家统计局社科司司长、高级统计师：

19/12

深圳市统计局

高级专家签名

中国人民大学教授：高敏雪

2016.12.19

深圳市统计局

高级专家签名

北京师范大学教授：宋旭光

2016.12.19

深圳市统计局

高级专家签名

广东省统计局局长、高级统计师：

2016.12.15

2. 国家统计局 R&D 支出纳入 GDP 核算试点批文

国家统计局司函

关于开展研发支出纳入 GDP 核算试点工作的通知

深圳市统计局：

根据 2014 年全国统计工作会议精神和《国家统计局关于印发全面深化统计改革总体方案的通知》（国统字〔2014〕5 号）要求，国家统计局将于 2014 年启动国民经济核算方法改革，我国的国民经济核算体系也将由 SNA-1993 逐步过渡到 SNA-2008。为进一步做好国民经济核算体系中有关"将研发支出作为固定资本形成计入 GDP 核算"的研究、试算工作，鉴于你市具有 R&D 投入规模大、强度高、大企业占比高和科技统计基础好等条件，经研究，决定在你市开展相关试点工作。现将有关要求通知如下：

一、请深入学习了解 SNA-2008 体系，特别是将研发支出作为固定资本形成计入 GDP 核算的有关内容。

二、研究形成固定资本的 R&D 支出界定标准、R&D 产出评估、R&D 价格指数的编制、R&D 资产存量及折旧率的确定等方面的问题。

三、研究 R&D 支出在企业会计上的处理方法，如企业的 R&D 支出是否单独核算，R&D 支出资本化的处理条件，R&D 活动成功与否在会计核算上有无区别等。

四、请于 10 月底前完成试点工作，并将试算结果报我司。试点过程中有何问题请及时同我司联系。

国家统计局社科文司
2014 年 7 月 14 日

抄送：广东省统计局。

3. 国家统计局宁吉喆局长的批示

三 新动能新经济统计方法改革创新

（一）新动能新经济定义及特征

"新经济"（New Economy）一词最早出现在美国1996年12月30日《商业周刊》的一组文章中。目前，"新经济"虽被广泛地用于描述经济的新生力量，但尚未形成一个为国际社会普遍认可并在经济学上有严谨定义与内涵的"新经济"概念。它被人们在不同的场合或从不同的出发点赋予了不同的含义，其内涵和外延都还存在很大的不确定性及发展空间。

1. 新经济的广义概念

2000年，瑞典工业经济研究所著名经济学家Jagrén Morell，以及欧盟委员会经济顾问、瑞典著名经济学家Jonung共同给出了"新经济"的概念。他们认为，"新经济"包含新的基础技术、日益开放和全球化的市场、越发重要的知识和智力资本、企业新的组织架构、新的经济政策和较低的通货膨胀率，以及新的价值观和态度等一系列不同变化的综合效应。

2. 新经济的狭义概念

2001年，欧洲央行（ECB）提出："新经济"是生产增长潜力的提升，这种提升源自经济过程效率的大幅提高。

3. 上升到"革命"层次的概念

2014年，美国麻省理工学院教授埃里克·布莱恩约弗森提出，"新经济"就是第二次机器革命。他指出，第一次机器革命是18世纪末伴随着蒸汽机诞生的工业革命，其基本特征是这场革命克服了人类肌肉力量的局限。第二次机器革命有所不同，其基本特征是由数字革命（核心是硬件、软件和网络）等所产生的巨大技术进步而带来的，它克服的是人类大脑智慧方面的局限性。该定义一经推出，即被互联网企业等所推崇。

4. 开放的定义

以 OECD（经济合作与发展组织）和欧盟统计局为代表的国际组织，以及以瑞典为代表的一些发达国家的政府统计机构持有此观点。OECD 于 2000 年和 2001 年两次指出，"新经济"对于不同的职业群体、不同结构、不同国家而言具有不同的内涵。现阶段不太可能，也无须定义一个国际上通用的、统一的概念。2002 年，欧盟统计局、瑞典统计局等一些统计机构提出："新经济的定义及内涵不是完全固定的，正如我们从宏观经济层面所观察到的，新经济从最初的 ICT（信息通信技术）及其引起的结构性变化，到全球化、更高的生产率、更低的价格压力以及较低的失业率，再到较为稳定的商业周期等。今后可能会涵盖其他的新兴事物。"

综上，可以形成这样的认识：所谓"新经济"最初是为了描述美欧等发达经济体的阶段性经济特征，即持续高增长、低通胀、科技进步快、经济效率高、全球配置资源的一种经济状态，其实质就是信息化与全球化，核心是科技创新及由此带动的一系列其他领域的创新，但在其确切内涵上，国际社会尚未达成共识，被人们在不同的场合或不同的出发点赋予不同的含义，目前仍是一个开放的、演进中的定义。

5. 现阶段新经济的显著特征

尽管对"新经济"及其相关新词汇都尚未达成共识，且缺少具有经济学意义上的严谨内涵定义，但基于对"新经济"诸多内涵要素的提炼，可以总结出"新经济"几个显著特征：互联网、物联网、云计算、大数据、信息化、数字化、共享型、知识型、全球化等。

（二）新动能新经济给政府统计带来的挑战

由于新经济尚未有明晰且公认的定义，其他与之相关的术语在内容上又互有交错，导致对新经济的统计测量比较困难。

1. 描述新经济的数据难以用现有的统计调查手段获得

企业抽样调查难以获得"共享经济"的增加值；劳动力调查不能准确反映"共享经济"的就业规模；现有的统计手段无法捕获通过互联网平台发生的大量经济活动等。

2. 现有的联合国《国际标准产业分类》无法直接反映新经济

世界各国统计调查大多按照联合国《国际标准产业分类（第四版）》（ISIC 4）进行。但是，现行的标准产业分类不能直接反映互联网的发展，进而导致无法区分新经济和旧经济。因为在制定现行国际标准产业分类时，互联网仅被视为传统方法中买卖具体商品和服务的一种手段。专门通过互联网出售商品和提供服务的单位被归类为其主要活动所属的行业，而随着互联网技术在各行业的不断渗透，新经济跨行业的特点日益突出，其经济活动可以分布到所有传统行业，这就给统计上产业分类、行业界定，以及产品或服务的界定带来一定的困难。例如，优步是一种新的服务，还是价格更便宜、与出租车同属一类的服务。

3. 新经济对价格统计提出挑战

现行政府统计中的价格不能体现个人对个人交易的相关价格。如各国当前的服务生产者价格指数（SPPI）和消费者价格指数（CPI）等都只包括了酒店价格，并未纳入 AirBnB 的价格。2013 年，英国中央统计局的研究结果显示：通过 AirBnB 租用一间房的费用比租酒店便宜 20%，租用一间套间的费用几乎便宜 50%。若官方价格缩减指数不能反映这种降低的价格，则住宿业的实际增加值将被低估，进而造成对实际 GDP 的低估。考虑到 2013 年以来类似 AirBnB 等"共享经济"业务的迅猛扩展，对英国 GDP 总量的低估还在不断扩大。

4. 新经济对 GDP 核算带来的挑战

新经济对政府统计带来的挑战，核心在于 SNA2008 能否准确测度新经济，即 GDP 规模和增速是否被漏统或低估。

第一，新产品，例如"数字化经济"中免费和（或）有补贴的电子消费品价值无法通过 SNA2008 估算。可以说，"数字化经济"对音乐等产业及国民经济核算造成颠覆。当前，越来越多的用户通过在线阅读新闻，而不是报纸；使用各种 APP

或网站收听或收看音频和视频,而不是购买 CD 和 DVD。此外,新媒体的流行又催生了新的消费形式。但这些数字化产品难以按照现行的核算方法进行测算。特别是,大多数数字产品均可提供用户免费下载,没有货币化交易,这类似国民经济核算中政府提供的公共服务产品。不过,公共服务产品的价值可以用投入的成本来估测,而数字化产品或服务却没有类似的测算标准。按照国际通用标准,以零价格提供的数字化产品全部排除在 GDP 之外,使得数字化产品所创造的经济价值无法在国民经济核算中反映出来。

第二,AirBnB 和优步等新兴服务的出现影响对 GDP 的测度。目前世界各国的政府统计体系难以精确测量住户之间的住房服务交易规模,虽然在大多数国家,这种服务的提供往往要求登记相关收入,以便征税。AirBnB 出现之前,短期和临时租赁规模较小,不会影响 GDP,但 AirBnB 的出现大大增加了租赁规模,进而影响到 GDP 的测度。美国和英国统计部门研究显示,汽车是世界上利用率最低的实体资产,普通美国或英国家庭一周使用汽车的时间平均仅为 7 个小时。但对优步司机的一项调查发现,优步司机记录的驾驶时间平均一周为 15 个小时。这意味着行驶中的汽车有 70% 时间是用于优步运输服务,而另外 30% 时间才是私人使用。英国中央统计局以此推算,2013—2015 年,仅英格兰地区就有约 1.3 亿英镑被错误归类为家庭消费而非投资的一种形式。

第三,新商业模式的出现,使得经济活动的场所模糊不清。"数字化经济"带来了新的商品和服务交换途径,促使新的和颠覆性的商业模式出现,进而产生了大量的非货币交易,经济活动的场所更加模糊不清,为 GDP 的测量带来了一系列全新的挑战。

第四,对新型资本,如知识资本的核算仍不完善。在从资本集约型生产转向知识集约型生产的过程中,衡量无形资本投资是一个关键问题。OECD 和欧盟统计局共同提出应把无形资产投资分为三大类:计算机化的信息,即存储在程序中的知识;创新性资产,即研发资产;经济能力,即人力资本和组织资本。在促进经济发展的过程中,无形资本投资补充了有形资本。但是,鉴于无形投资的无形性质,一般又不在市场中交易,这种资本形式很难加以衡量。

第五,SNA2008 未考虑商品和服务的质量调整带来的 GDP 提升。当今世界,持续创新已经显著提高了许多商品和服务的质量,而产品或服务由于质量变化而引起的价格变化,不应该在价格指数中反映,应当从价格指数中扣除,否则会造成 CPI 高估和实际 GDP 低估。目前,由于软件和数字产业中质量变化数据很难获得,使价格质量调整工作很难进行。

第六，新经济带来了GDP结构的变化。在传统核算框架中，耐用消费品被看作消费。而新经济中，耐用消费品是一种扩大生产能力的投资。例如优步等软件使得家庭能出租资产或出售资产为基础的服务，这时汽车等耐用消费品被用于生产，应该被算作投资而非消费。如果按照传统的对耐用消费品的定义来核算，会造成GDP核算的实际投资被低估，消费被拉高。

第七，新经济模糊了SNA2008的生产边界。"数字化经济"中，住户中互联网接入的普及，使得以市场销售为目的的住户生产、自给性生产、消费与休闲之间的传统界限变得模糊了。根据SNA2008，住户自给性生产除了居民自住住宅外，均不得计入GDP。

第八，跨国电子商务的核算问题。对于跨境电子商务，海关统计一般只记录超过一定价值的进出口活动，从而造成进出口数据的缺失。在涉及跨境电子商务的服务产品交易时，如数据传达或下载，统计数据就更难获得，为统计工作带来难度。

第九，新经济参与者、新业务程序和新业务活动的评估问题。在全球化日益加剧和国际竞争压力下，有些新公司成立不久就会倒闭，有关企业数量、地理位置、公司存续、合并倒闭等数据，不及时也不可靠。如何进行评估，如何利用现有统计和分类框架划分新业务活动对统计来说是一个挑战。

（三）深圳先行先试开展新动能新经济统计改革

深圳处于我国改革开放前沿，市场化程度高，经济发展活跃，尤其是近年深圳实施创新驱动发展战略，大力发展质量型经济，着力完善集科技创新与金融创新、产业创新、商业模式创新等为一体的综合创新生态体系，新产业、新业态、新模式蓬勃发展。新动能新经济日益成为推动深圳经济有质量稳定增长和可持续全面发展的重要力量。

为顺应经济发展新常态及统计改革创新的新要求，在国家统计局的重视和大力支持下，针对深圳较早出现的"新产业、新业态、新模式"等新经济形态，我们积极探索出"试点、试行"的"两试"统计改革创新方法。从2012年起，选取福田区作为统计改革创新综合试点，先后对总部经济、楼宇经济、战略性新兴产业、电子商务、会展经济、"大个体"经济、房屋租赁业及研发支出纳入GDP核算等进行调查研究，探索新兴经济业态的统计方法和手段，为全市推广提供可行经验。

2016年3月份，杨新洪局长受邀赴国家统计局作了关于新经济统计改革创新汇报，得到国家统计局的重视和大力支持。尤其是2016年8月18日和9月8日，国家统计局宁吉喆局长在短期内连续两次会见深圳市党政主要领导，充分肯定了深圳统计改革创新工作。许宪春副局长、鲜祖德总统计师以及相关司领导亦分别莅临深圳调研和指导。我们在新经济统计"试点、试行"的"两试"统计改革基础上，不停推进和完善，取得了阶段性成果。

1. 新产业统计起步较早

深圳战略性新兴产业统计始于2011年年底，在国家统计局公布《战略性新兴产业分类（2012）》（试行）之前，积极进行相关专题统计方法研究和数据测算工作，获得市委、市政府年度课题研究一等奖。到2015年，已形成新一代信息技术、互联网、新材料、生物、新能源、节能环保、文化创意七大战略性新兴产业统计方法制度。2015年，首次对航空航天、生命健康、机器人、可穿戴设备和智能装备、海洋等未来产业进行试统试算。新兴产业统计经历了产业由少到多、统计口径由"四上"到全口径的过程，统计方法制度不断完善。

在标准认定和范围界定上，由相关职能部门提供。新兴产业统计主要采用企业法。由市发展改革委、市科技创新委、市经贸信息委、市委宣传部等职能部门根据本市产业发展规划共同认定符合政策条件的法人单位，形成涵盖工业、商业、服务业和建筑业四个行业的新兴产业单位名录库。在此基础上，按照企业一套表制度，对企业进行规模认定，筛选出符合一套表平台统计范围的"四上"企业，生成新兴产业常规统计调查单位库。

在数据来源上，立足"四上"一套表企业数据库提取。以国家联网直报系统为依托，从一套表平台上采集企业数据，从而提高数据处理效率和数据生成过程的透明度和可控性。对"四上"企业采取全面定期统计报表调查方法测算相关指标，按照企业行业归属，采集对应行业报表数据，分行业测算企业增加值。对"四下"企业，利用第三次全国经济普查数据及抽样调查推算相关统计指标。

在质量控制上，与部门指标比对修订调整。加强与地税、国税等部门联系，对新兴产业企业相关指标数据进行比对和验证，修正、补充、完善深圳市统计局的统计数据，提高数据质量。

2. 新业态统计进行一系列探索

（1）电子商务统计情况

按照国家统计制度，2016年深圳市规模以上电子商务交易统计由企业端改为平台端，实行季度统计。另一方面，目前深圳市经贸信息委电子商务中心也按平台统计电子商务，按照《深圳市推进电子商务统计工作方案》（深经贸〔2014〕29号），深圳市统计局与电商中心就统计制度、指标等进行协商。主要协商内容有。

电子商务受很多不可控因素影响，如双十一、双十二等电商统计数据波动较大，统计周期越短，越能反映其发展变化情况。因此我们发挥统计专业优势，就电商中心月报指标设置等提出建议。

电商中心以全市法人单位为统计对象，可以比较全面地反映全市电子商务情况。按电子商务联席制度，由市经贸信息委牵头联合发布全市电子商务半年报和年报。

参考市电商中心"通过第三方电子商务平台"交易额推算相关指标，以补充深圳数据不足。借鉴市经贸信息委平台，多方面了解全市电子商务数据。

（2）供应链企业统计情况

近年来，深圳供应链企业呈现出"四不像"特征：既不像工业、商业企业，又具有工商特征；既不像金融、物流企业，又具备融资、供应功能。此类企业主要以电子商务为工具，为中小企业提供外贸综合服务。其利润来源主要依靠两方面：一是为客户提供贸易执行、综合物流服务，根据客户交易额的一定比例收取服务费；二是为资金紧张、贷款难的中小企业提供垫款、融资服务获得利息收入。供应链企业服务收费平均水平按报关金额的千分之五至百分之一的比例收取，如果有期票和垫付货款等业务，费率会有所提高，整体而言，企业利润率稳定在2%—3%的水平。我们按照现行统计制度，分别在规上服务业、批发和零售业报表制度中对供应链企业进行统计。

3. 新商业模式试统取得一定成效

（1）城市商业综合体统计情况

按照《国家统计局关于开展城市商业综合体统计专项调查的通知》（国统字

〔2015〕109号）开展城市商业综合体专项调查，获得初步数据。从企业填报情况看，存在个别统计指标不易理解、设置不够准确、不够完整，数据较难取得等问题。

租赁经营部分，大部分综合体管理者只出租铺位收取租金，没有统一收银或部分统一收银，商户销售额（营业额）指标不易取得。

总客流量指标仅少数综合体有统计，大部分只能估算。

全部可出租（使用）面积指标后，可加上出租率指标；经营情况部分各商户营业面积指标不包括办公面积、仓库及加工场地面积，不易统计，因管理者只负责出租，对商户有多少面积用于办公、仓库等难以一一统计。

自营、联营零售业业态中，百货店与专业、专卖店并列设置不太合适。百货店可能就包含了专业、专卖店这两种业态。

商户数中的法人、分支机构和个体户，需要比较专业的人员才能区分。

（2）"大个体"统计情况

深圳各种专业市场发达，针对现行统计制度较难反映经济发展多样性的实际情况，我们加大专业市场统计工作力度，把具有一定规模的个体商业户纳入限额以上商业统计。从2011年开始，探索建立"大个体+协会"统计调查新模式，对华强北电子市场、水贝珠宝市场、大芬村油画市场等专业市场的大个体户开展统计创新试点，逐步填补各类专业市场统计调查上的空白。通过创新机制，向保健协会、大芬美术产业协会、电子行业协会、茶叶流通协会等16家行业协会（事务所）购买统计服务，制定并试行《深圳市统计局关于加强专业市场"大个体"统计数据质量工作业务指引》，确保"大个体"上报数据质量。

（四）以获国家批准试点为契机，全面推进新动能新经济统计工作

1.《新产业、新业态、新商业模式专项统计报表制度》在深圳落实

新经济具有渗透、融合、高成长、动态变化等特性，目前国家层面还没有一个严格的统计行业分类界定，主要是从经济活动性质、服务载体形态、要素组合模式，对新出现经济活动进行总体描述。统计上面临界定难、采集难、核算难"三难"问题。根据深圳市新经济发展情况，我们对新经济的基本概念、产业特

征、分类界定、调查方法以及面临的困难等进行了调研,加强与相关部门、企业、行业协会合作,通过先行先试,形成了一定的新经济统计工作基础。2016年4月份,在深圳市徐安良副市长带领下拜访了国家统计局副局长许宪春、总统计师鲜祖德等领导。国家局领导肯定了深圳已开展的"三新两试"统计改革,并发文(国统办设管函〔2016〕137号)批准同意深圳积极探索。

国家统计局于2016年4月份下发了《新产业、新业态、新商业模式专项统计报表制度》,并先后召开新经济专业委员会会议共13次,逐项分解、研究、讨论相关报表制度,完成了细分和布置工作。另外,还结合深圳实际,修订了《深圳市"三新"统计报表制度》。以宝安区为试点,开展"准四上"企业调查。按照国家局、省统计局统一部署,探索深圳"四众"企业调查方法。

2. 新经济统计数据的季度测算

(1)国际统计界测算新经济的做法

OECD根据新经济在国际上的发展趋势以及国际上统计能力现状,务实地提出了应对挑战的总体思路。一是由各国的政府统计机构牵头及时组建有互联网公司、研究机构、相关部委等机构参加的工作组;二是各国、各主要国际组织应加强在对新经济测算研究方面或试测算方面的交流合作;三是在具体操作层面,建议各国政府统计机构积极面对,制订计划。

对于现行的国际标准产业分类,OECD已率先制定出"数字化经济"分类供其成员国参照执行。OECD认为:对于当前"数字化经济"带来的挑战,很多并不是新内容,如消费者对消费者(P2P)的交易模式之前就存在,无牌照黑车打车服务、居民在跳蚤市场出售二手产品的活动都是线下的P2P交易,只是互联网扩大了这种类型交易的规模,即GDP在概念上完全包括了所有的关联交易和创造的增加值,如今的"数字化经济"的不同之处在于这些交易的规模被无限扩大了。此外,对于这种用户和用户对接的交易形式,SNA2008中也已有解释,其定义类似SNA中的非正规经济交易(Informal Economy Transactions)。因此可以得出结论:问题不在于GDP的概念或SNA2008出现了错误,关键是当前的国民经济核算框架不具有足够的灵活性来充分体现"数字化经济"带来的转变,即当前的问题不是GDP的概念及核算框架是否包括这些交易,而是用来测算对等交易,旨在测算小规模和相对不重要的金额的数据汇编做法是否满足实现精确测算的要求,是否能够充分反映潜在的增加值等。

部分统计发达国家已于2000年前后开始了相关工作，并于2010年左右已根据商品和服务的质量变化对价格指数做出调整。在研究层面，美国和法国在国际上较早地系统研究了新经济对国民经济核算的影响；瑞典、英国等国家率先成立专门工作组，探索性地开展了新经济的测算工作。统计发达国家利用各种资源满足对新经济测算的需求：包括利用现有的统计调查数据；在已有的统计调查问卷中增加调查内容；利用互联网公司的管理数据或利用政府部门的行政记录；使用大数据测算等。

（2）深圳市新经济统计测算的做法

新产业的划定依据为深圳相关产业发展规划，与全国、广东省及内地城市有所不同。统计内容是：新产业按照《深圳市战略性新兴产业统计报表制度》和《深圳市未来产业统计报表制度》，实行月度统计，分别是七大战略性新兴产业和四大未来产业；新产品按国家"三新"报表制度统计；先进制造业、现代服务业分别按广东省统计局《现代产业统计报表制度》划定的范围统计。先进制造业主要包括汽车等装备制造业、钢铁冶炼、石油和化学制造业。现代服务业主要包括现代物流、信息传输、软件和信息技术服务业、金融业、房地产业、租赁和商务服务业等服务业。

新业态主要统计供应链企业和电子商务，供应链企业按现有商业专业报表制度统计销售额（表号为E204-1表），电子商务按国家制度结合市电商中心相关数据进行推算。

新商业模式主要统计城市商业综合体及大个体情况，城市商业综合体按国家制度，大个体在现有商业专业报表中统计销售额（表号为E204-3表）。

（五）现行统计方法制度下，深圳市新动能新经济GDP测算情况

1. 现行统计方法制度内的新动能新经济测算

经广东省统计局初步核定，2016年深圳生产总值19492.60亿元，其中，先进制造业增加值5428.39亿元，占GDP比重27.8%；高技术制造业增加值4762.87亿元，占GDP比重24.4%。

2016年新动能新经济（未含房屋租赁业及研发投入）经济增加值8790.06亿元，占GDP比重45.1%。其中：新产业7847.72亿元，新业态（主要是供应

链企业和新增企业）528.14 亿元，新模式（主要是商业综合体及大个体）414.2 亿元。

（1）新产业

在 GDP 中，按"三新"框架划分的新兴产业（共 11 个行业，合计数及单个行业已剔除重复计算）增加值 7847.72 亿元，占 GDP 比重 40.3%。其中，新一代信息技术 3801.71 亿元；互联网 485.68 亿元；新材料 304.85 亿元；生物 188.59 亿元；新能源 409.96 亿元；节能环保 266.39 亿元；文化创意 1491.44 亿元；海洋 369.16 亿元；航空航天 74.54 亿元；机器人、可穿戴设备和智能设备 411.51 亿元；生命健康 43.91 亿元。

（2）供应链企业和新增企业

供应链是指企业通过对商流、信息流、物流、资金流的控制，从采购原材料开始到制成中间产品及最终产品，最后由销售网络把产品送到消费者手中的一个整体功能性网链结构。作为一种新的业态，其对深圳商贸发展注入新的活力。2016 年，全市 72 家商业供应链企业实现增加值 43.2 亿元，销售额 2485.29 亿元，增长 13.7%，增速高于全市商品销售额 7.9 个百分点。贸易经纪与代理、机械设备、五金产品及电子产品批发等重点行业与飞马国际、富森、信利康等龙头企业规模效应显著，带动行业持续稳定健康发展。新增企业增加值 484.94 亿元，其中新增工业企业增加值 230.60 亿元，商业企业增加值 88.20 亿元，新增服务业企业增加值 160.30 亿元，新增建筑业企业增加值 5.84 亿元。

（3）商业综合体及大个体

城市商业综合体是指以区域为中心、以购物中心为主导，融合了商业零售、餐饮、休闲养生、娱乐、文化、教育等多项城市主要功能活动，面向各类消费人群、提供综合性服务的大型建筑综合体。2016 年，全市共有城市商业综合体 46 家，实现增加值 78.6 亿元，营业额 378.29 亿元，增长 18.9%，综合体内商户数 8215 个，商户从业人员 7.47 万人。分业态来看，零售业实现营业额 239.42 亿元，增长 16.1%，占 63.3%；餐饮业实现营业额 86.90 亿元，增长 31.6%，占 23.0%；服务业实现营业额 51.96 亿元，增长 13.0%，占 13.7%。通过对深圳华强北电子市场、水贝珠宝市场、大芬村油画市场等专业市场的大个体户调查，2016 年大个体实现增加值 335.60 亿元，实现商品销售额 5562.28 亿元，增长 14.3%，增速高于全市商品销售额 8.5 个百分点，销量居前的分别是文化办公用品类、机电产品及设备类、日用品类，分别占大个体商品销售额的31.4%、16.2%、12.0%。

（4）新孵化新创业

截至2016年年底，深圳累计建设重点实验室、工程实验室、工程（技术）研究中心、企业技术中心、孵化器、公共技术服务平台等创新载体1493家，其中国家级94家，省级165家，市级1234家。2016年新增创新载体210家，其中国家级14家，省级36家，市级160家。

2. 现行统计制度外及"三新"统计未计入部分

在目前统计方法制度下，仍有部分经济活动成果没有进入GDP核算，若按房屋租赁业及研发投入纳入GDP核算，2016年约1875.04亿元未进入GDP，占GDP的9.6%，其中研发投入约520亿元未计入，房屋租赁业855.49亿元未计入。若不含房屋租赁业及研发投入，2016年约499.55亿元未进入核算，占GDP的2.6%。其中，部分"三新"企业成长性好，发展快，出现企业达到入库规模但未能及时进入当年名录库情况（国家规定按年进库），这类新增企业2016年约有440.53亿元增加值未能进入GDP，占GDP的2.3%。

（六）新动能新经济统计业务创新机制与做法

为克服繁重的统计工作量与人员配备不相适应的矛盾，我们一方面积极配合国家局统一安排，加强与国家局新经济统计对接；另一方面，创新工作机制，成立新动能新经济统计工作领导小组及专业委员会，具体负责新动能新经济统计工作组织和实施。

新动能新经济统计工作领导小组组成是：局长任领导小组组长，副局长担任副组长，各处（专业办）、室、中心主要负责人为小组成员。专业委员会组成是各业务处（办）专业人员。其工作机制与职责主要是：由领导小组领导统筹，专业委员会负责，建立日常综合与委员牵头双重业务机制。任何一委员可依业务需要，动议和发起新经济综合或单一统计业务开展。专业委员会依托若干各类专员（专业人员，下同）启动专业工作，切实保证业务改革创新的有效性和针对性，确保每个时期和阶段新经济统计业务的贯彻执行。专业委员会以扁平化方式运作，召开了

50多次各类会议,有效解决了新经济统计中的难点问题,大大缩短了办事流程、提高了办事效率。

(七) 新动能新经济统计面临的问题及启示

1. 主要问题

(1) 统计标准认定与统计分类界定难度较大

①"全产业链"企业

新经济企业往往从事多种行业经营活动,形成对产品设计、原料采购、生产制造、物流配送,以及批发、零售整个产品生命周期垂直整合的"全产业链"模式。深圳很多规模较大的连锁经营企业都形成全产业链的综合业态。从组织结构看,这些企业设立子公司或分公司,均有连锁经营店或专柜,网上销售比重也在逐年上升。企业内设有研发、生产、销售、物流等部门。从经营模式看,企业经营产品单一,经营行为从研发到物流涉及国民经济行业第二、第三产业。分公司、连锁经营店、展厅及各个部门所有业务往来均纳入法人企业统一结算、统一纳税。

在实际统计中,由于按不同专业填报不同统计报表制度,对经营多元化企业来说,存在很大的局限性。比如全产业链经营模式企业,目前大多只填报工业报表,没有填报商业报表,其商品流转情况未能在商业统计数据中反映出来。由此会对统计分类及相关数据造成如下影响。一是对行业划分的影响。单位的产出已经不能简单用一个标准行业来区分,很难界定企业的行业属性。二是对名录库的影响。需要根据企业当期经营或服务的实际情况,在不同时期纳入不同的行业名录库中,造成名录库的不确定性。三是对行业增加值核算的影响。一张财务报表中的经济指标并不是单一行业生产活动实现的,如果全部推算到一个行业中,显然不合理。使用这种结果来推算某个行业增加值,会产生较大误差。

②供应链企业

对于供应链企业行业界定,目前国民经济行业分类标准尚未细分到供应链管理,且由于企业自身定位及企业经营模式不断调整等综合因素影响,深圳市供应链企业在贸易和规模以上服务业中均有统计,对供应链企业的行业归属存在争议。即使在规模以上服务业统计中,供应链管理企业应归属哪个行业,也存在争议。一种意见认为应归属租赁和商务服务业的7299（其他未列明商务服务业），一种意见倾向于归属交通运输业中的5829（运输代理服务）。在实际操作中，如深圳的创捷、商贸通等企业归属商务服务业，进入GDP核算；而朗华、飞马、信利康等归属运输代理服务业，属于交通运输门类，其数据则未能在季度GDP核算中得到使用。

深圳飞马是典型新型供应链的代表企业，主要为客户提供基础服务（通关、外汇、退税）和增值服务（物流、金融）。像飞马这样的企业，深圳还有郎华、易道物流等多家。这类企业商流、资金流、信息流和增值流合一，是一种混合型经营业态。这些企业不是销售公司，因为没有销售指标，也不管终端销售；不是金融机构，因为资金流是与银行合作，由银行对供应链给予信贷支持；不是物流公司，因为无车无船，物流外包；不是软件公司，因为IT平台仅仅是提高效率、规范管理的手段。

（2）电子商务、网络购物、跨境电商、供应链管理等新业态快速发展，尚未在商业、外贸等统计指标中予以全面体现

随着互联网和电子商务的发展，新商业模式也在不断更新和发展。通过"互联网+"进行的经济活动，特别是依托互联网平台由自然人之间产生的市场交易行为，在现行统计制度下，没有得到完全体现。这使得新业态经济尚未全部反映到社会消费品零售总额、外贸等统计指标中，也未纳入GDP核算。

（3）"四上"企业如何适时进库

深圳经济活跃，部分"三新"企业成长性好，发展快，出现企业达到"四上"企业入库规模但未能及时进入当年名录库情况（国家规定按年进库）。

（4）现行制度外统计成果如何全面计入GDP

深圳从2010年开始房屋租赁业统计调查工作，经过多年试点、试行，房屋租赁业增加值仍尚未全部纳入统计。2016年已计入GDP的房屋租赁业增加值1037亿元，按市场租金法测算，尚未进入GDP的约有855亿元。

2. 启示

第一，尽快建立健全新动能新经济统计标准及分类目录。调整统计调查单位的颗粒度。在互联网信息化技术前提下，企业经营模式变化快，融合度高。一家法人单位往往包含相对单一经营特征的分公司或更小的产业活动单位。或者跨同城各区，或者跨省市。调查单位越小，同质性越好；反之，异质性强，容易导致部分新

业态"漏统"。

修订国民经济行业分类。目前执行的《国民经济行业分类2011》中包含1094个小类。从小类细分看，第一产业和制造业小类比较全面详细，而服务业的小类细分迫切需要调整。随着制造业服务化趋势，第二产业行业分类需要因时制宜加以合并融合，而服务业中的行业小类却需要以业态活跃度高的地区为根据，进一步合理细分类别，使得行业分类的指导性和代表性都更切合实际需要。

改革统计调查方式。探索抽样调查方法与大型企业全面统计相结合的做法；充分根据调查目的设计统计指标，提升统计指标的可获得性和准确性。建议新动能新经济统计重点在于统计方法、指标设计的细化，可以按照行业大类来设计调查问卷，而不要轻易增加调查表式，并开发国家一套表平台对派生产业统计的功能。

第二，充分考虑地区新动能新经济发展状况，调整地区核算制度。地区发展差异对核算制度的影响。国家对地区的季度GDP核算基本采用统一的方案、核算方法。统一的制度方法在一定程度上具有了全国范围的可比性，但是我国地区经济发展程度差异特征明显，特别是在第三产业，部分行业东、西、中部地区发展差异性较为突出。采用统一的方法、核算指标，可能低估了新兴产业较为活跃的地区部分行业实际发展情况，在反映行业实时变化或特点方面存在不足。建议国家在第三产业部分行业考虑地区差异性实行分地区（如东部、中部、西部）的行业核算方法。比如，房屋租赁中的自有住房租赁，当前各地区居民自有住房服务均采用成本法（包括住房租赁部分），但是东南沿海尤其是一线城市，其房屋租赁活动活跃，而目前采用成本法严重低估了经济活动产生的增加值。可以考虑对房屋租赁活动活跃地区（如四大一线城市）实行市场租金法，而其他地区继续采用成本法测算。

部分核算指标对新兴行业的发展代表性不足，可能低估了行业发展状况。在季度GDP核算中，有部分指标取自部门传统统计指标，因这些传统指标的发展较为平稳，如果用这些指标推算行业发展状况，会对一些新兴业态的发展反映不足，从而导致出现低估行业发展状况的现象。

第三，为准确合理反映地方经济实际发展情况，建议调整"四上"企业进库频率，将年度改为季度。

第四，目前，国家统计局改革研发支出核算方法，将能够为所有者带来经济利益的研发支出不再作为中间消耗,而是作为固定资本形成处理,并修订了1952年以来的GDP数据。深圳作为改革创新的前沿城市,R&D支出占GDP比重已超过4%,改革研发支出核算方法对深圳意义重大,希望尽快将国家层面的统计改革成果共享地方。

附录 3-1 深圳市"三新"统计报表制度(试行)[①]

《中华人民共和国统计法》第七条规定:国家机关、企业事业单位和其他组织及个体工商户和个人等统计调查对象,必须依照本法和国家有关规定,真实、准确、完整、及时地提供统计调查所需的资料,不得提供不真实或者不完整的统计资料,不得迟报、拒报统计资料。

《中华人民共和国统计法》第九条规定:统计机构和统计人员对在统计工作中知悉的国家秘密、商业秘密和个人信息,应当予以保密。

本制度由深圳市统计局负责解释

一 总说明

(一)为反映新产业、新业态、新商业模式(简称"三新")等"新经济"发展情况,为政府加强经济管理和宏观调控,加快实现发展动力转换提供参考,根据《中华人民共和国统计法》,制定本制度。

(二)新产业、新业态、新商业模式是分别从经济活动性质、服务业载体形态、要素组合模式等方面,对新出现经济活动的总体描述。新产业是指应用新科技成果、新兴技术而形成一定规模的新型经济活动。新业态是指顺应多元化、多样化、个性化的产品或服务需求,依托技术创新和应用,从现有产业和领域中衍生叠加出的新环节、新链条、新活动形态。新商业模式指为实现用户价值和企业持续盈利目标,对企业经营的各种内外要素进行整合和重组,形成高效并具有独特竞争力

[①] 本制度根据《中华人民共和国统计法》的有关规定制定,由深圳市统计局修订,2016年6月。

的商业运行模式。

（三）本制度的统计内容主要反映提质增效转型升级、工业战略性新兴产业、新产品、新服务、高技术产业及新技术、科技企业孵化器、四众（众创、众包、众扶、众筹）、电子商务、互联网金融、城市商业综合体、开发园区、供应链企业商品销售和库存、大个体商品销售和库存等12个"三新"重点领域。

（四）本制度为专项统计报表制度，包括21张综合报表。综合报表分为专业处、中心组织统计调查加工汇总报送和依据相关基层报表超级汇总两种形式。基层报表取自现行常规（专项）调查制度，是加工汇总生成综合表的数据基础，按现行制度规定执行，无须另行组织调查。

（五）专业处、中心按照本制度规定的统计口径、范围、频率、内容和时间要求加工汇总并报送相关综合报表。

（六）本制度依据国家统计局下发的《新产业、新业态、新商业模式专项统计报表制度》修订，以国家制度为主体，增加深圳特色，不改变表式主体结构原则下，根据深圳实际有所调整，沿用国家制度中的表号。所搜集的相关数据是深圳市统计局数据发布的重要内容，各专业处、中心应按照本制度规定的制度方法组织统计调查，进行数据处理和加工，按时报送相关数据。

（七）随着"三新"的不断发展和对"三新"研究认识以及统计工作水平的提升，本制度将不断修改完善。

二 报表目录

	表名及表号	频率	统计范围	报送单位	报送时间	备注
	"三新"统计综合表	季度	现行年报统计范围	核算处、工交处、投资处、社科处、新兴产业办、现服处、贸外处、综合处	季后12日	
新产业	反映提质增效转型升级情况（34001表）	年度	现行年报统计范围	核算处、工交处、投资处、社科处、新兴产业办、能源办、人口办、综合处	6月20日前	
	工业战略性新兴产业情况（34002表）	年度	规模以上工业法人单位	工交处	6月20日前	

续表

	表名及表号	频率	统计范围	报送单位	报送时间	备注
	主要工业新产品产量（34003表）	季度	规模以上工业法人单位	工交处	季后12日	
	主要新能源产品产量（34004表）	季度	规模以上工业法人单位	能源办	季后12日	
	新服务企业综合情况（34005表）	年度	从事新服务活动的法人单位	现服处	6月20日前	
	高技术制造业情况（34006表）	年度	规模以上工业法人单位	工交处、社科处	6月20日前	
	高技术服务业情况（34007表）	年度	规模以上服务业法人单位	现服处	6月20日前	
新业态	科技企业孵化器情况（34008表）	年度	由科技部认定的所有科技企业孵化器法人单位	社科处	6月20日前	
	分区科技企业孵化器主要指标（34009表）	年度	由科技部认定的所有科技企业孵化器法人单位	社科处	6月20日前	
	企业电子商务应用情况（34012表）	年度	规模以上工业、有资质的建筑业、限额以上批发和零售业、限额以上住宿和餐饮业、房地产开发经营业、规模以上服务业法人单位	现服处	6月20日前	
	电子商务交易平台情况（34013表）	年度 季度	规模以上工业、有资质的建筑业、限额以上批发和零售业、限额以上住宿和餐饮业、房地产开发经营业、规模以上服务业法人单位拥有的电子商务交易平台，辖区内规模以下法人单位拥有的且电子商务年交易金额在2000万元以上的电子商务交易平台	现服处	季后12日	
	供应链企业商品销售和库存（E204-1表）	季度	限额以上供应链企业	贸外处	季后12日	
	批发和零售业商品销售和库存（E204-1表）	季度	限额以上批发和零售业法人单位	贸外处	季后12日	

续表

	表名及表号	频率	统计范围	报送单位	报送时间	备注
新商业模式	四众平台企业情况（34010表）	年度	从事众创、众包、众扶、众筹活动的平台企业	社科处	6月20日前	
	采用四众模式企业情况（34011表）	年度	采用四众模式的企业	社科处	6月20日前	
	城市商业综合体情况（34017表）	季度	辖区内城市商业综合体	贸外处	季后12日	
	大个体商品销售和库存（E204-3表）	季度	限额以上大个体	贸外处	季后12日	
园区经济	国家高新技术产业开发区情况（34018表）	年度	经国务院批准的国家高新技术产业开发区	社科处	6月20日前	
	国家经济技术开发区情况（34019表）	年度	国家级经济技术开发区	社科处	6月20日前	
	省级开发园区情况（34020表）	年度	省级开发园区	社科处	6月20日前	

"三新"统计综合表

年　季

	GDP（亿元）	未计入GDP（亿元）	企业个数（个）	备注
GDP				核算处
"三新"及R&D合计				新产办、社科处
R&D				社科处
新产业				新产办
新一代信息技术				
互联网				
新材料				
生物				
新能源				
节能环保				
文化创意				
航空航天				
生命健康				
机器人				
可穿戴设备和智能装备				
海洋				

续表

	GDP（亿元）	未计入GDP（亿元）	企业个数（个）	备注
新业态				
房屋租赁业				投资处
供应链				贸外处、现服处
新增企业				
新增工业企业				工交处
新增商业企业				贸外处
新增服务业企业				现服处
新增建筑业企业				投资处
新商业模式				贸外处
商业综合体				
大个体				

新 产 业

（一）反映提质增效转型升级情况

表　　号：34001表
制定机关：国家统计局
文　　号：国统字〔2016〕62号
201　年　有效期至：2017年1月

指标名称	计量单位	代码	本年	备注
甲	乙	丙	1	
服务业增加值占GDP比重	%	01		核算处
居民消费率	%	02		核算处
城镇化率	%	03		
高技术制造业增加值占工业增加值比重	%	04		工交处
文化及相关产业增加值占GDP比重	%	05		新兴产业办
税收与GDP之比	%	06		核算处
GDP与固定资产投资之比	%	07		核算处
全社会劳动生产率	元/人	08		核算处、人口办
工业企业总资产贡献率	%	09		工交处
R&D经费与GDP之比	%	10		社科处、核算处
科技进步贡献率*	%	11		社科处
每万名就业人员R&D人员全时当量	人年/万人	12		社科处、人口办
R&D经费与主营业务收入之比	%	13		社科处、工交处
单位GDP能源消耗降低率	%	14		能源办
居民人均可支配收入与人均GDP之比	%	15		核算处、调查队

（二）工业战略性新兴产业情况

表　　号：34002 表
制定机关：国家统计局
文　　号：国统字〔2016〕62 号
201　年　有效期至：2017 年 1 月

指标名称	代码	企业数（个）	工业总产值		工业增加值	
			产值（亿元）	七大类比重（%）	增加值（亿元）	七大类比重（%）
工业战略性新兴产业	610					
节能环保产业	611					
新一代信息技术产业	612					
生物产业	613					
高端装备制造业	614					
新能源产业	615					
新材料产业	616					
新能源汽车	617					

说明：1. 统计范围：规模以上工业法人单位。

2. 本表涉及的《战略性新兴产业分类目录》，具体见《工业统计报表制度》。

（三）新产品

1. 主要工业新产品产量

表　　号：34003 表
制定机关：国家统计局
文　　号：国统字〔2016〕62 号
201　年　季　有效期至：2017 年 1 月

指标名称	计量单位	代码	生产量		增速（%）	
甲	乙	丙	本月	1—本月	本月	1—本月
工业机器人	套	3599010				
新能源汽车	辆	3610400				
光纤	千米	3832010				
光缆	芯千米	3832020				
太阳能电池（光伏电池）	千瓦	3849100				
服务器	台	3911090				
智能手机	台	3922050				
智能电视	台	3951060				

说明：1. 统计范围：规模以上工业法人单位。

2. 本表涉及的《规模以上工业产品产量目录》，具体见《工业统计报表制度》。

2. 主要新能源产品产量

表　　号：34004 表
制定机关：国家统计局
文　　号：国统字〔2016〕62 号
201　年　　季　　有效期至：2017 年 1 月

产品名称	计量单位	生产量		增速（%）	
甲	乙	本季	1—本季	本季	1—本季
垃圾焚烧发电量	万千瓦小时				
生物质发电量	万千瓦小时				
其中：沼气发电量	万千瓦小时				
核能发电量	万千瓦小时				
风力发电量	万千瓦小时				
太阳能发电量	万千瓦小时				
潮汐能发电量	万千瓦小时				
地热能发电量	万千瓦小时				
生物乙醇	吨				
生物柴油	吨				

说明：1. 统计范围：规模以上工业法人单位。
　　　2. 本表涉及的《能源生产、销售与库存目录》，具体见《能源统计报表制度》。

（四）新服务企业综合情况

表　　号：34005 表
制定机关：国家统计局
文　　号：国统字〔2016〕62 号
201　年　　　有效期至：2017 年 1 月

指标名称	代码	单位数（个）	营业收入（万元）	利润总额（万元）	从业人员平均人数（人）
甲	乙	1	2	3	4
节能环保技术服务	01				
生物技术服务	02				
新一代信息技术服务	03				
其中：电子政务服务	04				
高端装备制造服务	05				
新能源、新材料技术服务	06				
其他研发与技术服务	07				
金融服务	08				
人力资源管理与培训服务	09				
租赁服务	10				
商务服务	11				
运输与快递服务	12				
文化、体育和旅游服务	13				
居家、养老和健康服务	14				

说明：统计范围：从事新服务活动的法人单位。

（五）高技术产业及新技术

1. 高技术制造业情况

表　　号：34006 表
制定机关：国家统计局
文　　号：国统字〔2016〕62 号
201　年　　　有效期至：2017 年 1 月

行　业	代码	企业数（个）	营业收入（万元）	主营业务收入	利润总额（万元）	出口交货值（万元）	平均用工人数（人）
甲	乙	1	2	3	4	5	6
合计	01						
医药制造业	02						
#化学药品制造	03						
中成药生产	04						
生物药品制造	05						
航空、航天器及设备制造业	06						
#飞机制造	07						
航天器制造	08						
电子及通信设备制造业	09						
#通信设备制造	10						
#通信系统设备制造	11						
通信终端设备制造	12						
广播电视设备制造	13						
雷达及配套设备制造	14						
视听设备制造	15						
电子器件制造	16						
#电子真空器件制造	17						
半导体分立器件制造	18						
集成电路制造	19						
电子元件制造	20						
其他电子设备制造	21						
计算机及办公设备制造业	22						
#计算机整机制造	23						
计算机零部件制造	24						
计算机外围设备制造	25						
办公设备制造	26						
医疗仪器设备及仪器仪表制造业	27						
医疗仪器设备及器械制造	28						
仪器仪表制造	29						
信息化学品制造业	30						

R&D人员全时当量（人年）	R&D经费支出（万元）	R&D项目数（个）	R&D项目经费支出（万元）	R&D机构数（个）	新产品开发项目数（项）	新产品开发经费支出（万元）	新产品销售收入（万元）	出口	专利申请数（件）	发明专利	有效发明专利数（件）
7	8	9	10	11	12	13	14	15	16	17	18

说明：统计范围：规模以上工业法人单位。

2. 高技术服务业情况

表　　号：34007 表
制定机关：国家统计局
文　　号：国统字〔2016〕62 号
201　年　　　有效期至：2017 年 1 月

指标名称	代码	单位数（个）	营业收入（万元）	主营业务收入	利润总额（万元）	从业人员平均人数（人）
甲	乙	1	2	3	4	5
按行业分组						
信息服务	01					
电子商务服务	02					
检验检测服务	03					
专业技术服务业的高技术服务	04					
研发与设计服务	05					
科技成果转化服务	06					
知识产权及相关法律服务	07					
环境监测及治理服务	08					
其他高技术服务	09					

说明：1. 统计范围：规模以上服务业法人单位。

2. 本表涉及的填报目录，具体见《高技术产业（服务业）分类（2013）（试行）》。

新 业 态

（六）科技企业孵化器

1. 科技企业孵化器综合情况

表　　号：34008 表
制定机关：国家统计局
文　　号：国统字〔2016〕62 号
201　年　　有效期至：2017 年 1 月

指标名称	代码	计量单位	数量
孵化器数量	01	个	
其中：国家级	02	个	
非国家级	03	个	
孵化器使用总面积	04	平方米	
其中：在孵企业用房	05	平方米	
孵化器内企业总数	06	个	
在孵企业	07	个	
其中：留学人员企业	08	个	
大学生科技企业	09	个	
高新技术企业	10	个	
当年新增在孵企业	11	个	
在孵企业从业人员	12	人	
其中：大专以上人员	13	人	
留学人员	14	人	
累计毕业企业	15	个	
毕业企业平均孵化时限	16	月	
当年毕业企业	17	个	
在孵企业总收入	18	千元	
在孵企业累计获得财政助额	19	千元	
在孵企业累计获得风险投资额	20	千元	
当年获得风险投资额	21	千元	
累计获得投融资的企业数量	22	个	
当年获得投融资的企业数量	23	个	
孵化器孵化基金总额	24	千元	
当年获得孵化基金投资的在孵企业数量	25	个	
在孵企业 R&D 投入	26	千元	
当年知识产权申请数	27	个	
当年知识产权授权数	28	个	
其中：发明专利	29	个	
累计购买国外技术专利	30	个	

说明：1. 统计范围：由科技部认定的所有科技企业孵化器法人单位。
　　　2. 本表价值量指标取整数。

2. 分区科技企业孵化器主要指标

表　　号：34009 表
制定机关：国家统计局
文　　号：国统字〔2016〕62 号
201　年　　有效期至：2017 年 1 月

地区	孵化器数量（个）	孵化器内企业总数（个）	在孵企业（个）	在孵企业从业人员（人）	当年获得风险投资额（千元）	在孵企业R&D投入（千元）
福田区						
罗湖区						
盐田区						
南山区						
新宝安区						
光明新区						
龙华新区						
新龙岗区						
坪山新区						
大鹏新区						

说明：1. 统计范围：由科技部认定的所有科技企业孵化器法人单位。
2. 本表价值量指标取整数。

（七）电子商务

1. 企业电子商务应用情况

表　　号：34012 表
制定机关：国家统计局
文　　号：国统字〔2016〕62 号
201　年　　有效期至：2017 年 1 月

指标名称	代码	金额（亿元）	同比增长（%）
甲	乙	1	2
电子商务销售金额	01		
其中：对境外国家和地区的销售金额	02		
电子商务采购金额	03		
其中：对境外国家和地区的采购金额	04		

说明：统计范围：规模以上工业、有资质的建筑业、限额以上批发和零售业、限额以上住宿和餐饮业、房地产开发经营业、规模以上服务业法人单位。

2. 电子商务交易平台情况

表　　号：34013 表
制定机关：国家统计局
文　　号：国统字〔2016〕62 号
201　年（201　　季）有效期至：2017 年 1 月

指标名称	代码	电子商务交易平台交易金额（亿元）
甲	乙	1
总计	01	
其中：非自营平台	02	
其中：B2B + B2G	03	
B2C + C2C	04	
其中：商品	05	
服务	06	
其中：跨境	07	

说明：统计范围：规模以上工业、有资质的建筑业、限额以上批发和零售业、限额以上住宿和餐饮业、房地产开发经营业、规模以上服务业法人单位拥有的电子商务交易平台，辖区内规模以下法人单位拥有的且电子商务年交易额 2000 万元以上的电子商务交易平台。

供应链企业商品销售和库存

表　　号：E204 - 1 表
制定机关：国家统计局
文　　号：国统字〔2015〕95 号
有效期至：2017 年 1 月
20　年　季　　计量单位：　万元

商品分类	代码	企业个数	商品销售额				零售额			
			本年		上年同期		本年		上年同期	
			本季	1—本季	本季	1—本季	本季	1—本季	本季	1—本季
甲	丙	1	2	3	4	5	6	7	8	9
一、总计	01									
其中：销售额超过 10 亿元	02									
二、总计（按商品类值分）	—									
粮油、食品类	010									
其中：粮油类	011									
肉禽蛋类	012									
水产品类	013									
蔬菜类	014									
干鲜果品类	015									
饮料类	020									
烟酒类	030									

续表

商品分类	代码	企业个数	商品销售额				零售额			
			本年		上年同期		本年		上年同期	
			本季	1—本季	本季	1—本季	本季	1—本季	本季	1—本季
甲	丙	1	2	3	4	5	6	7	8	9
服装、鞋帽、针纺织品类	040									
服装类	041									
鞋帽类	042									
针纺织品类	043									
化妆品类	050									
金银珠宝类	060									
日用品类	070									
其中：儿童玩具类	071									
五金、电料类	080									
体育、娱乐用品类	090									
其中：照相器材类	091									
书报杂志类	100									
电子出版物及音像制品类	110									
家用电器和音像器材类	120									
中西药品类	130									
其中：西药类	131									
中草药及中成药类	132									
文化办公用品类	140									
其中：计算机及其配套产品	141									
家具类	150									
通信器材类	160									
煤炭及制品类	170									
木材及制品类	180									
石油及制品类	190									
化工材料及制品类	200									
其中：化肥类	201									
金属材料类	210									
建筑及装潢材料类	220									
机电产品及设备类	230									
其中：农机类	231									
汽车类	240									
种子饲料类	250									
棉麻类	260									
其他类	270									

补充资料：期末商品库存额（61）　　千元　　上年同期（62）　　千元

单位负责人：　　统计负责人：　　填表人：　　联系电话：　　报出日期：20　年　月　日

说明：1. 统计范围：限额以上供应链企业。

2. 统计口径：统计上商品购进、销售和库存额均为含税指标（一般情况下从事出口贸易的企业销售额免增值税除外）。

3. 审核关系：全部指标大于或等于零。

行关系：(1) 01≥02 (2) 总计＝010＋020＋030＋……＋270 (3) 010≥011＋012＋013＋014＋015 (4) 040＝041＋042＋043 (5) 070≥071 (6) 090≥091 (7) 130≥131＋132 (8) 140≥141 (9) 200≥201 (10) 230≥231 (11) 木材及制品类、化工材料及制品类，其中：化肥类、金属材料类，其中：农机类、种子饲料类的零售额应为0

列关系：(1) 1≤2 (2) 3≤4 (3) 5≤6 (4) 7≤8 (5) 1≥5 (6) 2≥6 (7) 3≥7 (8) 4≥8

批发和零售业商品销售和库存

表　　号：E204－1表
制定机关：国家统计局
文　　号：国统字〔2015〕95号
有效期至：2017年1月

20　年　季　　　　　　计量单位：　万元

商品分类	代码	商品销售额				零售额			
		本年		上年同期		本年		上年同期	
		本季	1—本季	本季	1—本季	本季	1—本季	本季	1—本季
甲	丙	1	2	3	4	5	6	7	8
一、总计	01								
其中：通过公共网络实现的商品销售	02								
二、总计（按商品类值分）	—								
粮油、食品类	010								
其中：粮油类	011								
肉禽蛋类	012								
水产品类	013								
蔬菜类	014								
干鲜果品类	015								
饮料类	020								
烟酒类	030								
服装、鞋帽、针纺织品类	040								
服装类	041								
鞋帽类	042								
针纺织品类	043								
化妆品类	050								
金银珠宝类	060								
日用品类	070								
其中：儿童玩具类	071								
五金、电料类	080								
体育、娱乐用品类	090								
其中：照相器材类	091								
书报杂志类	100								
电子出版物及音像制品类	110								

续表

商品分类	代码	商品销售额				零售额			
		本年		上年同期		本年		上年同期	
		本季	1—本季	本季	1—本季	本季	1—本季	本季	1—本季
甲	丙	1	2	3	4	5	6	7	8
家用电器和音像器材类	120								
中西药品类	130								
其中：西药类	131								
中草药及中成药类	132								
文化办公用品类	140								
其中：计算机及其配套产品	141								
家具类	150								
通信器材类	160								
煤炭及制品类	170								
木材及制品类	180								
石油及制品类	190								
化工材料及制品类	200								
其中：化肥类	201								
金属材料类	210								
建筑及装潢材料类	220								
机电产品及设备类	230								
其中：农机类	231								
汽车类	240								
种子饲料类	250								
棉麻类	260								
其他类	270								

补充资料：期末商品库存额（61）　千元　　上年同期（62）　千元

单位负责人：　　统计负责人：　　填表人：　　联系电话：　　报出日期：20　年　月　日

说明：1. 统计范围：限额以上批发和零售业法人单位。

2. 统计口径：统计上商品购进、销售和库存额均为含税指标（一般情况下从事出口贸易的企业销售额免增值税除外）。

3. 审核关系：全部指标大于或等于零。

行关系：（1）01≥02　（2）总计＝010＋020＋030＋……＋270　（3）010≥011＋012＋013＋014＋015　（4）040＝041＋042＋043　（5）070≥071　（6）090≥091　（7）130≥131＋132　（8）140≥141　（9）200≥201　（10）230≥231　（11）木材及制品类、化工材料及制品类、其中：化肥类、金属材料类，其中：农机类、种子饲料类的零售额应为0

列关系：（1）1≤2　（2）3≤4　（3）5≤6　（4）7≤8　（5）1≥5　（6）2≥6　（7）3≥7　（8）4≥8

新商业模式

（八）众创、众包、众扶、众筹

1. 四众平台企业情况

表　号：34010 表
制定机关：国家统计局
文　号：国统字〔2016〕62 号
201　年　有效期至：2017 年 1 月

指标名称	代码	企业数（个）	期末从业人员（人）	营业收入（万元）	利润总额（万元）
甲	乙	1	2	3	4
合计	01				
以提供众创服务为主的平台企业	02				
以提供众包服务为主的平台企业	03				
以提供众扶服务为主的平台企业	04				
以提供众筹服务为主的平台企业	05				

补充资料：
　　06 众创项目个数　　个　　　07 众包业务金额　　万元
　　08 众扶企业个数　　个　　　09 众筹资金总额　　万元

说明：1. 统计范围：从事众创、众包、众扶、众筹活动的平台企业。

2. 调查方法：对辖区内企业进行摸底排查，掌握四众平台企业名录，针对四众企业进行现场调查取得相关数据。

2. 采用四众模式企业情况

表　　号：34011 表
制定机关：国家统计局
文　　号：国统字〔2016〕62 号
201　年　有效期至：2017 年 1 月

指标名称	代码	单位数（个）	期末从业人员（人）	营业收入（万元）
甲	乙	1	2	3
众创	01			
专业空间	02			
参与网络平台创新	03			
建立内部众创机制	04			
众包	05			
借助互联网平台分发业务	06			
借助互联网平台交付业务	07			
借助互联网平台提供生活服务	08			
众扶	09			
获得政府和公益机构支持	10			
获得企业帮扶援助	11			
获得个人帮扶援助	12			
众筹	13			
通过互联网向社会募集资金	14			
通过互联网进行股权众筹	15			
通过互联网借贷	16			

说明：1. 统计范围：采用四众模式的企业。

　　　2. 调查方法：根据本市企业名录抽取一定比例的企业，对其中采用四众模式的企业进行调查，加工推算相关数据。

（九）城市商业综合体情况

表　　号：34017 表
制定机关：国家统计局
文　　号：国统字〔2016〕62 号
201　年　有效期至：2017 年 1 月

项目	代码	商户数（个）	法人	分支机构	个体户	商户从业人员期末人数（人）	营业面积（平方米）	商户销售额（营业额）（万元）	租金总额（万元）
甲	乙	1	2	3	4	5	6	7	8
一、自营、联营部分合计	01								—
1. 零售业	02								—
百货店	03								—
超市	04								—
专业、专卖店	05								—
其他	06								—
2. 餐饮业	07								—
3. 服务业	08								—
电影院	09								—
游乐游艺	10								—
KTV	11								—
教育培训	12								—
健身养生	13								—
其他	14								—
二、租赁部分合计	21								
1. 零售业	22								
2. 餐饮业	23								
3. 服务业	24								
电影院	25								
游乐游艺	26								
KTV	27								
教育培训	28								
健身养生	29								
其他	30								

说明：统计范围：辖区内城市商业综合体。

大个体商品销售和库存

表　　号：E204－3表
制定机关：国家统计局
文　　号：国统字〔2015〕95号
有效期至：2017年1月

20　　年　　季　计量单位：万元

商品分类	代码	大个体数	商品销售额				零售额			
			本年		上年同期		本年		上年同期	
			本季	1—本季	本季	1—本季	本季	1—本季	本季	1—本季
甲	丙	1	2	3	4	5	6	7	8	9
一、总计	01									
其中：通过公共网络实现的商品销售	02									
二、总计（按商品类值分）	—									
粮油、食品类	010									
其中：粮油类	011									
肉禽蛋类	012									
水产品类	013									
蔬菜类	014									
干鲜果品类	015									
饮料类	020									
烟酒类	030									
服装、鞋帽、针纺织品类	040									
服装类	041									
鞋帽类	042									
针纺织品类	043									
化妆品类	050									
金银珠宝类	060									
日用品类	070									
其中：儿童玩具类	071									
五金、电料类	080									
体育、娱乐用品类	090									
其中：照相器材类	091									
书报杂志类	100									
电子出版物及音像制品类	110									
家用电器和音像器材类	120									
中西药品类	130									
其中：西药类	131									
中草药及中成药类	132									

续表

商品分类	代码	大个体数	商品销售额				零售额			
			本年		上年同期		本年		上年同期	
			本季	1—本季	本季	1—本季	本季	1—本季	本季	1—本季
甲	丙	1	2	3	4	5	6	7	8	9
文化办公用品类	140									
其中：计算机及其配套产品	141									
家具类	150									
通信器材类	160									
煤炭及制品类	170									
木材及制品类	180									
石油及制品类	190									
化工材料及制品类	200									
其中：化肥类	201									
金属材料类	210									
建筑及装潢材料类	220									
机电产品及设备类	230									
其中：农机类	231									
汽车类	240									
种子饲料类	250									
棉麻类	260									
其他类	270									

补充资料：期末商品库存额（61）千元　　上年同期（62）千元

单位负责人：　统计负责人：　填表人：　联系电话：　报出日期：20　年　月　日

说明：1. 统计范围：限额以上大个体。

2. 统计口径：统计上商品购进、销售和库存额均为含税指标（一般情况下从事出口贸易的企业销售额免增值税除外）。

3. 审核关系：全部指标大于或等于零。

　　行关系：(1) 01≥02　(2) 总计=010+020+030+……+270　(3) 010≥011+012+013+014+015　(4) 040=041+042+043　(5) 070≥071　(6) 090≥091　(7) 130≥131+132　(8) 140≥141　(9) 200≥201　(10) 230≥231　(11) 木材及制品类、化工材料及制品类，其中：化肥类、金属材料类，其中：农机类、种子饲料类的零售额应为0

　　列关系：(1) 1≤2　(2) 3≤4　(3) 5≤6　(4) 7≤8　(5) 1≥5
(6) 2≥6　(7) 3≥7　(8) 4≥8

园区经济

(十) 开发园区

1. 国家高新技术产业开发区情况

表　　号：34018 表
制定机关：国家统计局
文　　号：国统字〔2016〕62 号
201　年　有效期至：2017 年 1 月

项目	代码	国家级高新区数量（个）	在园区内工商注册企业（个）	当年新注册企业	研发机构数（个）	省级及以上重点实验室	创新服务机构数（个）	科技企业孵化器	金融服务机构数（个）	创业风险投资机构	营业收入（万元）
甲	乙	1	2	3	4	5	6	7	8	9	10

出口总额（万元）	技术服务出口额	资产总计（万元）	负债合计（万元）	净利润（万元）	R&D 经费内部支出（万元）	R&D 人员（折合全时当量）（人年）	年末从业人员（人）
11	12	13	14	15	16	17	18

统计范围：经国务院批准的国家高新技术产业开发区，其中营业收入、出口总额、技术服务出口额、资产总计、负债合计、净利润、R&D 经费内部支出、R&D 人员（折合全时当量）、年末从业人员为火炬统计企业的汇总数。

火炬统计企业范围：1. 各国家高新区内经各地方高新技术企业认定管理机构认定的高新技术企业；2. 各国家高新区批准入区的、从事具有较高科技含量的工业产品生产型企业，应用高技术进行设计、施工以及技术装备的建筑业企业、高技术服务业企业、科技服务业企业以及可归入文化创意产业类的企业。

2. 国家经济技术开发区情况

表　　号：34019 表
制定机关：国家统计局
文　　号：国统字〔2016〕62 号
201　年　有效期至：2017 年 1 月

项目	代码	园区总产值（万元）	其中：第二产业	其中：工业	其中：高新技术企业	其中：第三产业	"四上"企业主营业务收入（万元）	高新技术企业	"四上"企业利润总额（万元）	高新技术企业
甲	乙	1	2	3	4	5	6	7	8	9

财政收入（万元）	税收收入（万元）	当年固定资产投资（不含农户）（万元）	出口总额（万元）	高新技术产品	进口总额（万元）	高新技术产品	期末实有企业数（个）	高新技术企业	年末从业人员（人）
10	11	12	13	14	15	16	17	18	19

统计范围：国家级经济技术开发区。

3. 省级开发园区情况

表　　号：34020 表
制定机关：国家统计局
文　　号：国统字〔2016〕62 号
201　年　有效期至：2017 年 1 月

指标名称	代码	计量单位	本年	上年
园区个数	01	个		
在园区内工商注册企业	02	个		
其中：当年新注册企业	03	个		
其中：高新技术企业	04	个		
研发机构数	05	个		
创新服务机构数	06	个		
金融服务机构数	07	个		
工业设计机构数	08	个		
物流仓储机构数	09	个		

续表

指标名称	代码	计量单位	本年	上年
营业收入	10	万元		
其中：高新技术企业	11	万元		
出口总额	12	万元		
其中：高新技术企业	13	万元		
进口总额	14	万元		
其中：高新技术企业	15	万元		
利润总额	16	万元		
其中：高新技术企业	17	万元		
税收收入	18	万元		
年末从业人员	19	人		
固定资产投资（不含农户）	20	万元		

统计范围：省级开发园区。

三 主要指标解释

（一）提质增效转型升级

服务业增加值占 GDP 比重 指一个国家或地区一定时期内服务业增加值在国家或地区生产总值中所占的百分比。其计算公式为：

$$服务业增加值占 GDP 比重 = \frac{服务业增加值}{国内生产总值} \times 100\%$$

服务业增加值 即第三产业增加值，指除第一、二产业以外的其他行业增加值之和。

国内（地区）生产总值（GDP） 指按市场价格计算的一个国家（地区）所有常住单位在一定时期内生产活动的最终成果。其有三种表现形态，即价值形态、收入形态和产品形态。从价值形态看，它是所有常住单位在一定时期内生产的全部货物和服务价值与同期投入的全部非固定资产货物和服务价值的差额，即所有常住单位的增加值之和；从收入形态看，它是所有常住单位在一定时期内创造并分配给常住单位和非常住单位的初次收入之和；从产品形态看，它是所有常住单位在一定时期内最终使用的货物和服务价值与货物和服务净出口价值之和。其有三种计算方法，即生产法、收入法和支出法。三种方法分别从不同的方面反映国内（地区）

生产总值及其构成。

居民消费率 指一个国家或地区一定时期内居民消费支出在支出法国内生产总值中所占的百分比。其计算公式为：

$$居民消费率 = \frac{居民消费支出}{支出法国内生产总值} \times 100\%$$

居民消费支出 指常住住户承担的个人消费性货物和服务支出。居民消费支出既包括直接以货币形式购买货物和服务的消费支出，也包括以其他方式获得的货物和服务消费价值，后者称为虚拟支出，主要包括：单位以实物报酬或实物转移的形式提供给员工的货物和服务；住户生产用于自身消费的货物（如自产自用的农产品），以及纳入生产核算范围并用于自身消费的服务（如住户的自有住房服务）；金融机构提供的、隐含在利息中的金融中介服务；保险机构提供的、隐含在保费中的保险服务。

支出法国内生产总值 是从最终使用的角度反映一个国家（或地区）一定时期内生产活动最终成果的一种方法，它包括最终消费支出、资本形成总额及货物和服务净出口三部分。其计算公式为：

支出法国内生产总值 = 最终消费支出 + 资本形成总额 + 货物和服务净出口

城镇化率 指一个国家或地区一定时点城镇常住人口在总人口（城镇和乡村常住人口之和）中所占的百分比。其计算公式为：

$$城镇化率 = \frac{城镇常住人口数}{全部常住人口数} \times 100\%$$

高技术制造业增加值占工业增加值比重 指高技术制造业所包含行业的增加值在工业增加值中所占的百分比。其计算公式为：

$$高技术制造业增加值占工业增加值比重 = \frac{高技术制造业增加值}{工业增加值} \times 100\%$$

工业增加值 指以货币形式表现的工业企业在报告期内工业生产活动的最终成果，是企业生产过程中新创造的价值。

文化及相关产业增加值占 GDP 比重 指文化及相关产业增加值在国内生产总值中所占的百分比。文化及相关产业是指为社会公众提供文化产品和文化相关产品的生产活动的集合。其计算公式为：

$$文化及相关产业增加值占 GDP 比重 = \frac{文化及相关产业增加值}{国内生产总值} \times 100\%$$

税收与 GDP 之比 指一定时期内税收收入与国内生产总值的比率。其计算公式为：

$$税收与GDP之比 = \frac{税收收入}{国内生产总值} \times 100\%$$

税收收入 包括国内增值税、营业税、企业所得税、个人所得税、资源税、城市维护建设税、房产税、印花税、城镇土地使用税、土地增值税、车船税、耕地占用税、契税、烟叶税等。

GDP与固定资产投资之比 指一定时期内国内生产总值与同期全社会固定资产投资的比率。其计算公式为：

$$GDP与固定资产投资之比 = \frac{国内生产总值}{全社会固定资产投资} \times 100\%$$

全社会固定资产投资 指以货币形式表现的在一定时期内全社会建造和购置固定资产的工作量以及与此有关的费用的总称。

全社会劳动生产率 指一定时期内国内生产总值与就业人员的比值。其计算公式为：

$$全社会劳动生产率 = \frac{国内生产总值}{平均就业人员} \times 100\%$$

就业人员 指在一定年龄以上，有劳动能力，为取得劳动报酬或经营收入而从事一定社会劳动的人员。具体指年满16周岁，为取得报酬或经营利润，在调查周内从事了1小时（含1小时）以上的劳动或由于学习、休假等原因在调查周内暂时处于未工作状态，但有工作单位或场所的人员。

工业企业总资产贡献率 指规模以上工业企业在一定时期内利润总额、税金总额、利息支出之和与平均资产总计的比率。其中：税金总额为营业税金及附加与应交增值税之和；平均资产总计为期初期末资产总计的算术平均值。其计算公式为：

$$总资产贡献率 = \frac{利润总额 + 税金总额 + 利息支出}{平均资产总计} \times 100\%$$

利润总额 指企业在一定会计期间的经营成果，是生产经营过程中各种收入扣除各种耗费后的盈余，反映企业在报告期内实现的盈亏总额。根据会计"利润表"中"利润总额"项目的本期金额数填报。

营业税金及附加 指企业因从事生产经营活动按税法规定缴纳的应从经营收入中抵扣的税金和附加。它包括营业税、消费税、城市维护建设税、教育费附加等。根据会计"利润表"中"营业税金及附加"项目的本期金额数填报。

应交增值税　指按照税法规定，针对销售货物或提供加工、修理修配劳务以及进口货物实现的增值额，企业在报告期内应交纳的税金。填报本指标时，应按权责发生制核算企业本期应负担的增值税。

利息支出　指企业短期借款利息、长期借款利息、应付票据利息、票据贴现利息、应付债券利息、长期应付引进国外设备款利息等利息支出。根据企业"财务费用明细账"中"财务费用——利息支出"科目的本期发生额填报。如果企业没有单独设立"利息收入"科目，应填报利息支出减去银行存款等的利息收入后的净额。

资产总计　指企业过去的交易或者事项形成的、由企业拥有或者控制的、预期会给企业带来经济利益的资源。资产一般按流动性（资产的变现或耗用时间长短）分为流动资产和非流动资产。其中流动资产可分为货币资金、交易性金融资产、应收票据、应收账款、预付款项、其他应收款、存货等；非流动资产可分为长期股权投资、固定资产、无形资产及其他非流动资产等。根据会计"资产负债表"中"资产总计"项目的期末余额数填报。

R&D 经费与 GDP 之比　指全社会研究与试验发展（R&D）经费支出和国内生产总值的比率。研究与试验发展（R&D）是指在科学技术领域，为增加知识总量以及运用这些知识去创造新的应用而进行的系统的、创造性的活动。它包括基础研究、应用研究和试验发展三类活动。

其计算公式为：

$$R\&D 经费与 GDP 之比 = \frac{全社会研究与试验发展（R\&D）经费支出}{国内生产总值} \times 100\%$$

科技进步贡献率　指广义技术进步对经济增长的贡献份额，即扣除了资本和劳动之外的其他因素对经济增长的贡献。该指标是衡量科技竞争实力和科技转化为现实生产力的综合性指标，用以反映创新对国民经济发展的促进效果。

每万名就业人员 R&D 人员全时当量　指 R&D 人员全时当量与每万名就业人员的比值。其计算公式为：

$$每万名就业人员 R\&D 人员全时当量 = \frac{R\&D 人员全时当量}{就业人员} \times 10000$$

R&D 人员全时当量　由参加 R&D 项目人员的全时当量及应分摊在 R&D 项目的管理和直接服务人员的全时当量两部分相加计算。一个折合全时当量是一人年。

R&D 经费与主营业务收入之比 指规模以上工业企业的研究与试验发展（R&D）经费支出与主营业务收入的比率。其计算公式为：

$$\text{R\&D 经费与主营业务收入之比} = \frac{\text{规模以上工业企业研究与试验发展（R\&D）经费支出}}{\text{主营业务收入}} \times 100\%$$

主营业务收入 指企业确认的销售商品、提供劳务等主营业务的收入。

单位 GDP 能源消耗降低率 指报告期单位国内生产总值能源消耗（简称：单位 GDP 能耗）与基期单位国内生产总值能源消耗相比的降低幅度。其计算公式为：

$$\text{单位 GDP 能源消耗降低率} = \left(\frac{\text{报告期单位 GDP 能源消耗}}{\text{基期单位 GDP 能源消耗}} - 1\right) \times 100\%$$

上式计算值为正数表示单位 GDP 能耗上升，为负数表示单位 GDP 能耗降低。在计算报告期与基期的单位 GDP 能耗时，所用 GDP 为可比价。

主要污染物排放总量降低率 指一定时期内化学需氧量、二氧化硫、氨氮、氮氧化物等主要污染物排放量的降低程度。其计算公式为：

$$\text{主要污染物排放总量降低率} = \frac{\text{基期主要污染物排放总量} - \text{报告期主要污染物排放总量}}{\text{基期主要污染物排放总量}} \times 100\%$$

居民人均可支配收入与人均 GDP 之比 指一定时期内居民人均可支配收入与同期人均地区生产总值的比率。其计算公式为：

$$\text{居民人均可支配收入与人均 GDP 之比} = \frac{\text{居民人均可支配收入}}{\text{人均地区生产总值}} \times 100\%$$

居民人均可支配收入 指调查户在调查期内得到的可支配收入按照居民家庭人口平均的收入水平。其计算公式为：

$$\text{居民人均可支配收入} = \frac{\sum(\text{居民家庭可支配收入} \times \text{调查户权数})}{\text{居民家庭人口数} \times \text{调查户权数}}$$

人均 GDP 指一个国家（或地区）的 GDP 与年平均人口数之比。年平均人口数是上年年末人口数与本年年末人口数的算术平均值。对于一个地区来说，将其称为人均地区生产总值。

（二）新服务

节能环保技术服务 为确保节能环保产业发展，而提供的节能服务、环保服务和资源循环利用服务。它主要包括以下内容。

（1）节能服务。包括钢铁等高耗能行业的能源管理，生产全过程各类能源介质的全面监视、过程能耗管控系统技术、分析及调度系统。节能技术示范、产品产业化及推广应用，节能建筑设计，节能量交易服务，节能生产工艺设计等节能管理服务。节能项目方案编制和设计、项目投融资、工程施工和调试、设施运营和维护、人员节能培训、节能量测量与验证等，合同能源管理服务、节能技术产品认证评估服务、节能项目风险评估服务、节能服务公司综合能力评定服务等。

（2）环保服务。包括污染场地环境调查和风险评估、先进环保技术设备和环保材料及药剂评价、环保工程设计咨询和工程建设、环保设施运行效果、运营维护及评价、环境安全评估、生态效率评价服务、清洁生产审核、环境友好型产品评估和信息声明、环境服务质量评价、环境投融资及风险评估、环境调查和人才培训、海洋环境污染治理效果评估与预测服务、海洋污染治理服务、空气污染检测和治理服务、水污染检测和治理服务、废料检测和治理服务、噪声污染检测和治理服务、自然生态检测与保护服务、土壤修复与保护服务、城市垃圾处理服务、危险废弃物治理服务、水力资源开发利用咨询服务、节水管理与技术咨询服务。碳交易市场化服务、碳排放数据统计核算服务、碳交易过程中的第三方认证服务、碳交易法律服务、碳减排方案咨询与服务、产品碳足迹评价服务、碳金融服务、碳信息管理服务、绿色低碳技术咨询服务。

（3）资源循环利用服务。包括循环经济（资源循环利用）项目规划和方案编制、项目投资与风险评估、工程设计和建设、设施运营和维护、环境安全评估与调查等，循环经济项目资源产出率评价服务，资源循环利用技术咨询与效益评价、产品认证评估服务，循环经济资源交易及鉴证服务等。

生物技术服务　为满足人民健康、农业发展、资源环境保护等重大需求，为生物产业提供的生物医药服务、生物健康服务、医学影像服务、康复治疗服务、生物医用材料服务和医用检查检测服务等。它主要包括以下内容。

（1）生物医药服务。针对化学药、生物制品、中药和医疗器械等不同类型的创新产品，以获得上市许可为目标的临床前研究、临床试验的委托合同研究（CRO）。不同规模的医药原料、辅料和制剂的委托合同生产（CMO）。生物资源（包括人类、动植物及微生物资源）及其他特殊样本库（化合物库、细胞库、抗体库和其他生物元件库）的收集、保存和发掘利用服务。生物信息系统（基因组信息、蛋白组信息、系统生物学信息等）和数据库的建立、维护和发掘利用服务。基因测序、药物筛选、实验动物模型、规模化动植物转基因等方面的专业技术服务。实验室仪器设备、试剂的供应、维护、检测监测服务。生物安全实验室、GMP

生产车间的设计、建造、维护、报批和监控服务。基于物联网技术开展的社区和家庭远程健康管理服务。

（2）医学影像服务。包括远程影像诊断、移动影像诊疗、第三方医学影像等服务相关配套设备和技术的研发和推广。

（3）康复治疗服务。包括第三方肿瘤放射治疗、血净化、慢病治疗、康复理疗、康复训练等服务相关配套设备和技术的研发和推广。

（4）医用检查检测服务。包括第三方体外诊断、健康查体、健康档案和信息采集、分子诊断信息、健康小屋等服务相关配套设备和技术的研发和推广。

（5）生物医用材料服务。包括个性化医用植介入制造服务相关配套设备和技术的研发和推广。

新一代信息技术服务 为把握信息技术升级换代和产业融合发展机遇，加快新一代信息技术建设，而开展的高端软件和新兴信息服务、信息技术服务、电子商务服务、公共事业信息服务、网络与信息安全服务、电子政务服务等。它主要包括以下内容。

（1）高端软件和新兴信息服务。软件及应用系统，如基础软件、云计算软件、移动计算软件平台、广播电视网络维护及运营支撑软件、工业软件、产品制造过程管理和控制软件、高端信息技术服务支撑软件、数字内容加工处理软件。

（2）信息技术服务。包括信息技术咨询服务、信息系统集成服务、数据处理和存储服务、集成电路设计服务、云计算服务、物联网应用服务和大数据应用服务等。

（3）电子商务服务。包括电子商务交易平台服务、网络金融服务、第三方支付、移动支付电子商务公共信息服务。

（4）公共事业信息服务。包括教育信息服务、医疗信息服务、就业信息服务、社保信息服务等公共事业信息。

（5）网络与信息安全服务。包括网络与信息安全咨询服务、信息系统安全集成、网络与信息安全运行维护服务、网络与信息安全风险评估、信息系统等级保护咨询、攻击防护服务、加密保密服务、网络与信息安全应急服务、网络与信息安全测试服务，以及电子认证、网络与信息安全认证、网络与信息安全培训、电子取证、安全审计、数据备份及灾难恢复服务、网络与信息安全教育培训等。基础服务管理与支持以及降低运行过程中安全风险的安全管理类软件产品。支撑系统安全保障及业务应用安全的风险评估、安全测评等安全支撑类软件产品等。信息安全咨询服务、信息系统安全集成、网络安全维护服务、信息安全风险评估、信息系统等级保护咨询、攻击防护服务、加密保密服务、网络安全应急服务、安全测试服务，以及电子认证、信息安全认证、信息安全培训、电子取证、安全审计、数据备份及灾难恢复服务等。

（6）电子政务服务。指为公共管理组织应用现代化信息技术、网络技术以及OA技术等进行办公、管理和提供公共服务等政务活动提供的服务。

高端装备制造服务 为满足现代航空装备、卫星及应用、轨道交通装备、海洋工程装备、智能制造装备及其他高端装备制造的需要，而提供的各种服务。它主要包括以下内容。

（1）航空维修及服务。包括航空维修、航空再制造、航空技术服务、现代航空物流、航空运营支持服务、民用飞机客户服务（包括客户培训、航材支援、工程技术服务、技术出版物全寿命服务和飞行运行支援）等。

（2）卫星及应用系统服务。包括空间基础设施服务、卫星通信应用系统服务、卫星导航应用服务系统和卫星遥感应用系统服务等。

（3）海洋工程装备服务。包括海洋工程装备研发实验（试验）服务、工程设计和模块设计制造服务，海洋工程装备安装调试服务、维修保障服务，海洋工程装备技术咨询和交易服务、中介代理服务、信息咨询服务，海洋工程装备投资咨询服务、信贷金融服务、保险担保服务、法律服务、海洋工程风险评价、评估与排查服务等。

（4）其他高端装备制造服务。包括轨道交通装备和智能制造、装备制造有关服务。

新能源、新材料技术服务 为加快发展技术成熟、市场竞争力强的核电、风电、太阳能光伏和热利用、页岩气、生物质发电、地热和地温能、沼气等新能源，而提供的各种新能源技术服务，以及各类新材料的研发和推广服务。它主要包括以下内容。

（1）风力发电技术服务。包括风电产品检测认证服务，风能资源评估服务，风电场设计及建设服务，风电场验收及后评价服务，风电场智能云服务等运维及优化服务，风电场尽职调查及风险评估服务。

（2）太阳能发电技术服务。包括离网光伏发电系统技术服务，分布式并网光伏发电系统技术服务，公共电网侧并网光伏发电系统技术服务，微网光伏发电系统技术服务，槽式、塔式、碟式太阳能热发电系统技术服务，风光互补供电系统服务。太阳能发电产品检测认证服务，太阳能资源评估及电站发电量预测服务，太阳能发电系统设计及建设服务，太阳能发电系统验收及后评价服务，太阳能发电系统智能云服务等运维及优化服务，太阳能发电系统尽职调查及风险评估服务。

（3）其他新能源核电技术产业。包括核电技术服务、生物质能技术服务。

（4）新材料研发与技术服务。包括各类新型功能材料产业、先进结构材料产业、高性能复合材料产业和前沿新材料的研发和技术推广服务。

其他研发与技术服务　指除节能环保、生物技术、新一代信息技术、高端装备制造、新能源和新材料技术以外的科学研究和技术服务。其主要内容如下。

（1）研究和试验发展。指除节能环保、生物技术、新一代信息技术、高端装备制造、新能源和新材料技术以外的，农业科学研究和试验发展，生物技术以外的医学研究和试验发展等服务。

（2）专业技术服务（除专业化设计服务）。指除节能环保、生物技术、新一代信息技术、高端装备制造、新能源和新材料技术以外的，气象服务、地震服务、海洋服务、地质勘查、工程技术及其他专业技术服务等。

（3）专业化设计服务。指除工程规划设计、软件设计、集成电路设计以外的独立的专业化设计活动。包括：工业设计服务、时装设计服务、包装装潢设计服务、多媒体设计服务、动漫及衍生产品设计服务（动漫产品设计服务、动漫衍生产品设计服务等）、饰物装饰设计服务、美术图案设计服务、展台设计服务、模型设计服务（规划模型设计、沙盘模型设计等）及其他专业设计服务。

（4）科技推广和应用服务。指除节能环保、生物技术、新一代信息技术、高端装备制造、新能源和新材料技术以外的，农业技术推广服务及其他技术推广服务，科技中介服务等。

金融服务　为反映现代服务业，满足战略性新兴产业、"互联网＋"等对现代金融的需求，而提供的货币金融服务、资本市场服务、生产性保险服务和其他生产性金融服务。其具体内容如下。

（1）货币金融服务。包括商业银行服务（仅包括为生产活动提供的商业银行、信用合作社服务），财务公司服务，其他非货币银行服务（为节能减排提供的非银行贷款服务包含在此类），银行监管服务。

（2）资本市场服务。包括基金管理服务，期货市场服务，资本投资服务（为节能减排提供的投融资服务包含在此类），其他证券和资本服务。

（3）保险服务。包括生产性财产保险（仅包括为生产活动提供的财产保险服务），生产性再保险（仅包括为生产活动提供的再保险服务）、保险经纪与代理服务，保险监管服务，风险和损失评估服务，快递保险等。

（4）其他金融服务。包括担保服务，金融信托与管理服务，控股公司服务，金融信息服务及其他未列明金融业。

人力资源管理与培训服务　通过招聘、甄选、培训、报酬、训练等管理形式对组织内外相关人力资源进行有效运用，满足组织当前及未来发展的需要，保证组织目标实现与成员发展的最大化，所提供的各项人力资源和培训活动。其具体内容如下。

（1）人力资源服务。包括公益性就业服务，公益性创业服务，就业援助服务，就业调查服务，人力资源代理服务，就业信息服务，应届毕业生职业介绍服务，专业人员职业介绍服务，技术工人职业介绍服务，职业指导服务，职业能力测评服务，用人单位人力资源管理咨询服务，人力资源信息调查服务，境外就业服务，办公文秘派遣服务，家庭服务员派遣服务，家庭教师派遣服务，建筑劳务人员派遣服务，工业生产人员派遣服务，医院陪护人员派遣服务，劳务境外派送服务，外企劳务介绍服务，向境外驻我国的企业提供劳务的服务，企业经营管理人才服务，专业技术人员资格评审和考试服务，职业技能考核服务，职业技能鉴定服务，农村实用人才服务，其他人才服务等。

（2）培训服务。包括各类在职人员培训服务，商务培训服务，企业管理培训服务，外语培训服务，计算机及网络培训服务，汽车驾驶员培训服务，飞行驾驶培训服务，农业种植技术培训服务，拖拉机驾驶及农机操作技术培训服务，农村劳动力转移培训服务，武术培训服务，缝纫培训服务，烹调培训服务，美容、美发培训服务，家政服务培训，其他专业技能培训，残疾人技能培训服务，其他职业培训服务。

租赁服务　为满足战略性新兴产业、高技术制造业和现代服务业的发展，所提供的各种租赁服务。其主要包括以下内容。

（1）机械设备租赁。包括汽车租赁，网络汽车租赁，农业机械租赁，建筑工程机械与设备租赁，计算机及通信设备租赁，其他机械与设备租赁等。

（2）文化及日用品出租。包括娱乐及体育设备出租，图书出租，音像制品出租，其他文化及日用品出租。

商务服务　为满足战略性新兴产业、高技术制造业、高技术服务业，而提供的各种商务服务。其具体内容如下。

（1）企业管理服务。企业总部管理活动，国有资产管理活动，国有基金项目管理，环保新能源等实业投资活动，产权交易服务，政府机关和企事业单位的后勤服务改革，民办企业管理服务。

（2）法律服务。法律诉讼服务，法律援助服务，知识产权法律服务，法律文件代理服务，法律咨询服务，法律调查服务，法律取证服务，法律鉴定服务，契约公证服务，遗嘱公证服务，财产公证服务，文件证明公证服务，身份及社会关系公证服务，公益活动公证服务，仲裁服务，调解服务，专利等知识产权调解仲裁服务。

（3）其他商务服务。包括会计服务，审计服务，资产评估，资产清算，咨询服务，认证认可，信用评估，专利服务，商标服务，版权服务，广告会展等商务服务活动。

运输与快递服务 为加快物流运输和快递业的发展，以及人民群众日益增长的货物运输和寄递需求，所提供的各类货物运输和快递服务活动。其具体内容如下。

（1）运输服务。包括自动分拣技术装备研发应用，机械化装卸设备研发应用，冷链快递技术装备研发应用，综合性快递物流运营，农产品产地直销寄递服务，供应链管理服务，快件集散中心，国际快件处理中心服务，铁路枢纽配套快件运输通道和接驳场所，中欧班列运输邮（快）件服务机制，公路客运班车代运快件服务，快件甩挂运输服务，进出境快件便捷通关服务，物流园区等。

（2）快递服务。包括智能终端装备研发应用，个性化定制寄递服务，快递专业类物流园区，快递末端服务平台，快递业安全监管信息平台，产品体验快递服务，农产品快递网络建设相关服务等。

文化、体育和旅游服务 为满足人民群众的精神需要而提供的文化、体育和旅游服务以及其所必需的辅助活动。其主要包括以下内容。

（1）文化服务。包括图书音像的数字出版发行，电影和影视节目制作，文艺创作与表演，艺术表演场馆服务，文物及非物质文化遗产保护，博物馆、纪念馆，社会人文科学研究，文化艺术培训，新一代互联网信息服务，增值电信服务，文化创意活动，多媒体与动漫游戏软件开发，数字动漫与游戏设计制作，综合性景区游览服务等。

（2）体育服务。包括新兴娱乐休闲活动，公共体育事物管理活动，体育社会组织管理活动，体育竞赛表演活动，职业体育竞赛表演活动，非职业体育竞赛表演活动，体育健身休闲活动，休闲健身活动，体育文化活动，群众体育文化活动，民族民间体育活动，其他休闲健身活动，体育场馆服务，体育场馆，体育中介服务，体育经纪与广告活动，体育经纪人，体育广告服务，体育活动的策划服务，体育培训与教育，体育培训，体校及体育培训，体育传媒与信息服务，体育出版物出版服务，体育影视及其他传媒服务，互联网体育服务，体育彩票服务，体育科技与知识产权服务。

（3）旅游服务。包括旅游出行，旅客票务代理，旅游交通设备租赁，旅游一般旅游住宿服务，旅游饭店，其他旅游住宿服务，休养旅游住宿服务，旅游餐饮，旅游游览，游乐园，宗教场所旅游，旅游会展服务，农业观光休闲旅游，旅游休闲娱乐，洗浴旅游服务，保健旅游服务，旅行社服务，旅游管理服务，旅游活动策划服务，旅游电子平台服务，旅游企业管理服务，旅游人身保险服务，旅游财产保险服务，旅游安保服务，旅游翻译服务，旅游娱乐体育设备出租，旅游广告服务，政府旅游管理服务，涉外旅游事务管理。

居家、养老和健康服务 为满足人民群众的居家、养老、健康需求而提供的各种服务。其具体内容如下。

（1）居民和家庭服务。包括居民自有房屋租赁，社区日间照料中心，社区照料服务，病患陪护服务，残疾人居家服务，家庭用品配送，家庭教育，区域性家庭服务电话呼叫，家庭服务公益性信息服务平台，家庭洗染服务，废旧物质回收利用，家用电器及其他日用品修理，社区保洁，社区保安，社区医疗服务，社区管理和服务，连锁经营等方式的社区便民站点，社区综合信息服务平台，社区卫生服务中心，社区医疗服务，护理机构服务，社区或居家精神康复服务等。

（2）养老服务。包括专业化养老服务机构，老年人活动中心，家庭或社区老年人护理服务，家庭或社区老年人养护服务，家庭或社区老年人看护与帮助服务等。

（3）健康服务。包括新型医疗活动，医院服务，基层医疗服务，专业公共卫生服务，医学研发服务，健康产品质量检验服务，健康教育，医药医疗咨询服务，心理健康咨询服务，健康保险服务，新型休闲健身活动。也包括应用基因检测等先进生物技术开展的医疗、体检、咨询等生物健康服务。如，生物医疗服务，采用干细胞治疗等先进治疗手段，开展的对于疾病的相关诊疗服务；生物检测服务，采用大规模基因筛查等先进技术对于孕妇等人群开展的相关检测服务。

(三) 高技术产业及新技术

高技术制造业 按照《高技术产业(制造业)分类(2013)》,其包括医药制造业,航空、航天器及设备制造业,电子及通信设备制造业,计算机及办公设备制造业,医疗仪器设备及仪器仪表制造业,信息化学品制造业等六大类。

研究与试验发展(R&D) 指在科学技术领域,为增加知识总量以及运用这些知识去创造新的应用进行的系统的创造性活动,包括基础研究、应用研究、试验发展三类活动。

基础研究 指为了获得关于现象和可观察事实的基本原理的新知识(揭示客观事物的本质、运动规律,获得新发现、新学说)而进行的实验性或理论性研究。它不以任何专门或特定的应用或使用为目的。其成果以科学论文和科学著作为主要形式。

应用研究 指为获得新知识而进行的创造性研究。它主要针对某一特定的目的或目标。应用研究是为了确定基础研究成果可能的用途,或是为达到预定的目标探索应采取的新方法(原理性)或新途径。其成果形式以科学论文、专著、原理性模型或发明专利为主。

试验发展 指利用从基础研究、应用研究和实际经验所获得的现有知识,为产生新的产品、材料和装置,建立新的工艺、系统和服务,以及对已产生和建立的上述各项作实质性的改进而进行的系统性工作。其成果形式主要是专利、专有技术、具有新产品基本特征的产品原型或具有新装置基本特征的原始样机等。在社会科学领域,试验发展是指把通过基础研究、应用研究获得的知识转变成可以实施的计划(包括为进行检验和评估实施示范项目)的过程。人文科学领域没有对应的试验发展活动。

R&D 人员全时当量 指报告期企业 R&D 全时人员(全年从事 R&D 活动累积工作时间占全部工作时间的 90% 及以上人员)工作量与非全时人员按实际工作时间折算的工作量之和。例如:有 2 个 R&D 全时人员(工作时间分别为 0.9 年和 1 年)和 3 个 R&D 非全时人员(工作时间分别为 0.2 年、0.3 年和 0.7 年),则 R&D 人员全时当量 = 1 + 1 + 0.2 + 0.3 + 0.7 = 3.2(人年)。

R&D 经费支出 指报告期企业用于内部开展 R&D 活动的实际支出。包括用于 R&D 项目(课题)活动的直接支出,以及间接用于 R&D 活动的管理费、服务费、与 R&D 有关的基本建设支出以及外协加工费等。不包括生产性活动支出、归还贷款支出以及与外单位合作或委托外单位进行 R&D 活动而转拨给对方的经费支出。

R&D 项目　指报告期企业在当年立项并开展研究工作、以前年份立项仍继续进行研究的研究开发项目或课题，包括当年完成和年内研究工作已告失败的研发项目或课题。

R&D 机构数　指报告期末企业办研发机构的数量。企业办研发机构是指企业自办（或与外单位合办），管理上同生产系统相对独立（或单独核算）的专门研发活动机构，如企业办的技术中心、研究院所、开发中心、开发部、实验室、中试车间、试验基地等。企业办研发活动机构经过资源整合，被国家或省级有关部门认定为国家级或省级技术中心的，应按一个机构填报。与外单位合办的研发活动机构若主要由本企业出资兴办，则由本企业统计，否则应由合办方统计。企业研发管理职能处（科）室（如科研处、技术科等）一般不统计在内；若科研处、技术科等同时挂有研发活动机构的牌子，视其报告期内主要工作任务而定，主要任务是从事研发活动的可以统计，否则不予统计。本指标不含企业在国外或港澳台设立的研发活动机构数。

新产品　指采用新技术原理、新设计构思研制、生产的全新产品，或在结构、材质、工艺等某一方面比原有产品有明显改进，从而显著提高了产品性能或扩大了使用功能的产品。

专利申请数　指报告期内企业作为第一申请人向境内外知识产权行政部门提出专利申请并被受理的件数。

有效发明专利数　指报告期末企业作为第一专利权人拥有的、经境内外知识产权行政部门授权且在有效期内的发明专利件数。

施工项目　指报告期内进行过建筑或安装施工活动的项目。凡是报告期内施过工的建设项目，不论施工时间长短，均作为施工项目统计。施工项目个数可以反映一定时期固定资产投资的实际规模，与同期全部建成投产项目个数相比，可以从建设速度的角度反映固定资产投资的效果。根据建设项目施工活动的不同性质，施工项目又分为：本年正式施工项目、本年收尾项目和以前年度全部停缓建项目。

全部建成投产项目　工业项目是指设计文件规定形成生产能力的主体工程及其相应配套的辅助设施全部建成，经负荷试运转，证明具备生产设计规定合格产品的条件，并经过验收鉴定合格或达到竣工验收标准，与生产性工程配套的生活福利设施可以满足近期正常生产的需要，正式移交生产的建设项目。非工业项目是指设计文件规定的主体工程和相应的配套工程全部建成，能够发挥设计规定的全部效益，经验收鉴定合格或达到竣工验收标准，正式移交使用的建设项目。

新增固定资产 指报告期内已经完成建造和购置过程，并已交付生产或使用单位的固定资产价值。该指标是表示固定资产投资成果的价值指标，也是反映建设进度、计算固定资产投资效果的重要指标。

（四）科技企业孵化器

国家级孵化器 指经科技部批准认定的国家级科技企业孵化器。

孵化器使用总面积 指本统计年度内，科技企业孵化器内实际占用的场地面积，以及与相关单位以合同方式确立的可自主支配的孵化场地面积之和。其中包括：用于孵化器办公场地、在孵企业使用场地、公共服务平台场地（包括会议室、复印室、餐厅、活动室、实验室等用于公共服务的场地）、与孵化器具有关联的其他企业、机构等占用的场地面积之和。

在孵企业用房 指本统计年度内，在科技企业孵化器中在孵企业所使用的房屋建筑面积。

孵化器内企业总数 指本统计年度内，科技企业孵化器可使用面积内所有企业总数。

在孵企业 指统计年度末，科技企业孵化器内在孵企业的总数。

留学人员企业 指企业的法人代表应为留学人员，或企业主要股东为留学人员，或企业的核心技术、项目牵头人为留学人员。其中，留学人员是指我国公派或自费出国留学一年以上并已于近期回国，具备以下条件之一者：（1）在国外取得硕士及以上学位或具有国外毕业研究生学历；（2）出国前已具有中级及以上专业技术职务；（3）出国前已获得博士学位，出国进行博士后研究或进修。

大学生科技企业 指由大学生独自创办或大学生团队合作创办的科技型小企业，具备独立企业法人资格；大学生本人应是本企业的专职人员，负责本企业主要的技术研发或经营管理，承担主要职责。其中，大学生是指高等院校在读或毕业未超过两年的大学生、研究生。

高新技术企业 根据科技部、财政部、国家税务总局 2008 年联合颁布的《高新技术企业认定管理办法》认定的高新技术企业。

当年新增在孵企业 指本统计年度内，新进入科技企业孵化器进行在孵的企业数。

在孵企业从业人员 指本统计年度内，在在孵企业工作的各类人员总和。

大专以上人员 指本统计年度内，科技企业孵化器在孵企业从业人员中大专以上学历人员数。

留学人员 指以学习和进修为主要目的，到境外正式高等院校、科研机构求学、攻读学位、进修业务或从事科学研究及进行学术交流，连续居留6个月以上的人员，不包括在境外公、私企业工作的研修生。包括公派和自费出国留学人员。

累计毕业企业 指科技企业孵化器成立后累计毕业企业总数。

毕业企业平均孵化时限（月） 指到统计年度，科技企业孵化器毕业企业平均在孵时间（按月计算）。

当年毕业企业 指在本统计年度内，科技企业孵化器内毕业企业的总数。

在孵企业总收入 指在统计年度内，由科技企业孵化器内在孵企业所实现的技、工、贸等各种收入之和。

在孵企业累计获得财政资助额 指在孵企业从成立之日起到本统计年度内所获得的各级政府资助的资金总额。

在孵企业累计获得风险投资额 指在孵企业从成立之日起到本统计年度所获得的风险投资金额。

当年获得风险投资额 指在本统计年度内，科技企业孵化器内在孵企业所获得的风险投资金额之和。

累计获得投融资的企业数量 指科技企业孵化器成立后累计获得投融资的企业数量。

当年获得投融资的企业数量 指在本统计年度内，科技企业孵化器中获得投融资的企业数量。

孵化器孵化基金总额 指到本统计年度，在政府、开发区、民间的拨款、捐款、周转金、股资入股等多种形式支持下，由孵化器建立起来用于扶持在孵企业发展的专项基金总额。

当年获得孵化基金投资的在孵企业数量 指本统计年度内，获得孵化基金投资的在孵企业数量。

在孵企业 R&D 投入 指在统计年度内，在孵企业科技活动经费支出中用于基础研究、应用研究和实验发展三类项目以及这三类项目的管理和服务费用的总支出。不论何种经费来源，只要实际用于上述三类项目经费支出都应计算在内。

当年知识产权申请数 指在本统计年度内，科技企业孵化器内在孵企业申请的各类知识产权保护的总数。

当年知识产权授权数 指在本统计年度内，科技企业孵化器内在孵企业获批准的各类知识产权保护的总数。

发明专利　指在本统计年度内，科技企业孵化器内在孵企业获批准的发明专利件数。

累计购买国外技术专利　指在孵企业累计购买的全部国外的技术专利数。

（五）众创、众包、众扶、众筹

众创　指通过创业、创新服务平台聚集全社会各类创新资源，降低创业创新成本。其主要形式有创客空间、创业咖啡、创新工场，大型互联网企业、行业领军企业通过网络平台向各类创业创新主体开放技术、开发、营销、推广等资源，以及企业通过内部资源平台开展的创新活动。

众包　指借助互联网等手段，将传统由特定企业和机构完成的任务向自愿参与的所有企业和个人进行分工。其主要形式有大中型制造企业通过互联网众包平台聚集跨区域标准化产能，来满足大规模标准化产品订单的制造需求，以及以社区生活服务业为核心的电子商务服务平台。

众扶　指通过政府和公益机构支持、企业帮扶援助、个人互助互扶等多种方式，共助小微企业和创业者成长。其主要形式有开源社区、开发者社群、资源共享平台、捐赠平台、创业沙龙等各类互助平台。

众筹　指通过互联网平台向社会募集资金，更灵活高效地满足产品开发、企业成长和个人创业的融资需求。其主要形式有消费电子、智能家居、健康设备、特色农产品等创新产品开展的实物众筹，小微企业等创业者的股权众筹，以及互联网企业依法合规设立的网络借贷平台。

（六）电子商务

电子商务销售金额　指报告期内企业（单位）借助网络订单而销售的商品和服务总额。借助网络订单指通过网络接受订单，付款和配送可以不借助于网络。

电子商务采购金额　指报告期内企业（单位）借助网络订单而采购的商品和服务总额。借助网络订单指通过网络发送订单，付款和配送可以不借助于网络。

电子商务交易平台　指在电子商务活动中为交易双方或多方提供交易撮合及相关服务的信息网络系统总和。

平台销售商品或提供服务的金额　指电子商务交易平台上所有销售商品和服务的金额。包括自营电子商务销售额和非自营电子商务交易金额。

非自营电子商务交易平台 指为其他单位或个人开展电子商务交易活动提供服务的平台。

非自营电子商务交易额 指在非自营电子商务交易平台上实现的交易金额，不包括拥有平台的企业作为销售方或采购方参与的交易额。

对国（境）外销售商品或提供服务的金额 指销售给中国大陆以外国家或地区商品或服务的金额。

网上零售额 指通过公共网络交易平台（包括自建网站和第三方平台）实现的商品和服务零售额之和。商品和服务包括实物商品和非实物商品（如虚拟商品、服务类商品等）。

网购替代率 是网购用户线上消费对线下消费的替代比率。

（七）城市商业综合体

商户数 指报告期末商业综合体内实际经营的商户个数。

商户从业人员期末人数 指报告期末最后一日24小时在各类型商户工作的实有从业人数。

营业面积 指商户承租的对外营业的实有建筑面积，不包括办公面积、仓库及加工场地的面积。

（八）开发园区

研发机构 指在高新区登记注册及办公地址在高新区实际控制管理区域以内的，从事研究开发活动的机构。其主要包括：研究院所、省级及以上重点实验室、省级以上企业技术中心、省级及以上产业技术研究院、省级及以上博士后科研工作站、各类大学、国家工程研究中心、国家工程技术研究中心、国家工程实验室等。

重点实验室 重点实验室一般是依托大学、科研院所和其他具有原始创新能力的机构建设的科研实体。省级及以上重点实验室是指由省级及以上科技管理部门依据相关管理办法认定的重点实验室。国家级重点实验室由科技部认定并负责宏观管理，国务院部门（行业）或地方省市科技管理部门负责行政管理。

创新服务机构 指高新区内建设或认定的省级和国家级创新服务机构（包括：生产力促进中心、技术转移机构、产业技术创新战略联盟、产品检验检测机构）。

科技企业孵化器 指以科技型创业企业为服务对象，以促进科技成果转化、培养高新技术企业和企业家为宗旨的科技创业服务载体。

金融服务机构 填报创业风险投资机构、担保公司、小额贷款公司、科技融资租赁公司、科技金融服务机构的总数。

（1）创业风险投资机构：也可称为"创业风险投资基金"，为主要从事创业投资业务的投资性机构。创业风险投资机构是指通过向处于创建和重建过程中的未上市企业进行股权投资，并为其提供管理和经营服务，以期在企业发展成熟或相对成熟后，通过股权转让获取资本增值收益的投资机构。

（2）担保公司：是担负个人或中小企业信用担保职能的专业机构。担保公司通过有偿出借自身信用资源、防控信用风险来获取经济与社会效益。

（3）小额贷款公司：是指由自然人、企业法人与其他社会组织投资设立，不吸收公众存款，经营小额贷款业务，自主经营、自负盈亏、自我约束、自担风险的有限责任公司或股份有限公司。

（4）融资租赁公司：是指经央行批准以经营融资租赁业务为主的非银行融资机构。融资租赁公司作为租赁资产的购置、投资和管理机构，可以是金融机构，也可以是非金融机构。融资租赁公司的经营定位为服务于金融、贸易、产业的资产管理机构。虽然也涉及资金，主线是为出资人服务，而不是把自有资金全部占压、套牢在项目中的风险投资业务。因此租赁公司既不是银行，也不是贷款公司，更不是投资公司，而是一个知识服务性的技术公司。

（5）科技金融服务机构：作为科技金融综合服各平台的依托单位，集成科技金融资源为科技型中小企业融资提供综合服务，通过创业投资、银行贷款、多层次资本市场、信托、保险、债券等多种金融工具的组合运用，优化科技型中小企业资金供应链，改善投融资环境。

工业设计机构　指专业从事各类工业产品的设计咨询、外观设计、结构设计、模具开发及企业标识设计等业务，为其他企业提供产品产业化服务的第三方智力机构。

物流仓储机构　指利用自建或租赁库房、场地，储存、保管、装卸搬运、配送货物的专业机构。

技术服务出口额　指报告期内企业出口创汇总额中的技术和服务的部分，不包括产品的出口部分。

R&D 经费内部支出　指报告期内企业用于内部开展 R&D 活动（基础研究、应用研究、试验发展）的实际支出和委托外单位进行 R&D 活动而转拨给对方的经费支出。

R&D 人员（折合全时当量）　指报告期内企业从事 R&D 活动的工作时间占全

年工作时间一定比例及以上的专职人员。按参加 R&D 项目人员的全时当量及应分摊在 R&D 项目的管理和直接服务人员的全时当量两部分相加计算。

高新技术企业　指经省级或计划单列市的高新技术企业认定管理机构批准认定的高新技术企业。

高新技术产品　指科技部、财政部、税务总局联合发布的《中国高新技术产品目录》范围内的产品。

期末实有企业数　指报告期末，工商部门现存的企业总数（不含已迁出和注销的企业）。

在园区内工商注册企业　指截至报告期末在园区工商局登记注册的所有企业个数。

当年新注册企业　指报告期内在高新区工商局新登记注册的所有企业个数。

营业收入　指企业经营主要业务和其他业务所确认的收入总额。营业收入合计包括"主营业务收入"和"其他业务收入"。

出口总额　指报告期内企业出售给外贸部门或直接出售给外商的产品、商品、技术或者为外商提供服务获得收益的总金额。包括来料加工装配出口、境外技术合同或者服务实现金额及在国内以外汇计价的商品出售额等。

资产总计　指企业过去的交易或者事项形成的、由企业拥有或者控制的、预期会给企业带来经济利益的资源。资产一般按流动性（资产的变现或耗用时间长短）分为流动资产和非流动资产。其中流动资产可分为货币资金、交易性金融资产、应收票据、应收账款、预付款项、其他应收款、存货等；非流动资产可分为长期股权投资、固定资产、无形资产及其他非流动资产等。

负债总计　指企业过去的交易或者事项形成的，预期会导致经济利益流出企业的现时义务。负债一般按偿还期长短分为流动负债和非流动负债。

净利润　指在利润总额中按规定交纳了所得税后公司的利润留成。一般也将其称为税后利润或净利润。净利润的计算公式为：净利润 = 利润总额 - 所得税费用。

年末从业人员　指报告期末最后一日 24 时在企业工作，并取得工资或其他形式劳动报酬的人员数。该指标为时点指标，不包括最后一日当天及以前已经与单位解除劳动合同关系的人员，是在岗职工、劳务派遣人员及其他从业人员之和。

附录 3-2 相关批复和肯定评价

1. 国家统计局办公室关于同意开展"三新"统计改革试点的函

国统办设管函〔2016〕137号

国家统计局办公室关于同意开展"三新"统计改革试点的函

深圳市统计局：

你局《关于深圳开展"三新"统计改革试点的请示》（深统字〔2016〕3号）收悉。经研究，函复如下。

国家统计局同意并支持你局开展"三新"及新经济统计改革试点工作。请你们按照《国家统计局关于加强和改进"三新"统计工作的通知》要求，在认真贯彻执行国家统计局《新产业、新业态、新商业模式专项统计报表制度》的基础上，结合本地实际，科学设计，精心组织，在加强名录库维护更新、"双创"调查、完善统计指标体系、优化统计调查内容、创新数据采集手段等方面认真开展试点，及时总结经验，为"三新"统计调查制度建设、"新经济"统计积极探索，先行先试。有关试点情况及时报国家统计局。

2. 国家统计局宁吉喆局长的批示

三 新动能新经济统计方法改革创新

3. 时任深圳市市长许勤的批示

深圳市统计局

关于我局开展"三新"统计改革
创新进展情况的汇报

许市长：

好！您一直对我市统计创新寄予厚望，并作了多次指示，要求我们深入调研经济社会发展的新业态、新趋势，着力推进统计工作改革创新，使统计信息更加全面、客观地反映实际发展成果。去年以来，国家统计局根据党中央、国务院关于"三新"统计的重要指示精神，在顶层设计层面正在逐步开展工作，并于去年12月莅临深圳作专题调研。在这期间，按照您的指示要求，在国家、省统计局的指导下，我们紧锣密鼓开展了"三新"统计一系列调查研究工作。

"三新"是近年特别是您主政以来深圳经济一个重要的增长点。目前就国家层面来说还没有一个严格的统计行业分类界定，我们理解主要是从经济活动性质、服务载体形态、要素组合模式，对新出现经济活动的总体描述。

根据我市"三新"发展情况，我们专门对"三新"的基本概念、产业特征、分类界定、调查方法以及面临的困难等进行了调研和研究，不断拓展统计调查的内涵和外延，加强与相关部门、企业、行业协会的合作，形成了一定的"三新"统计工作基础。

深圳市统计局

很好！以效置者。望继续望持
工作上主动性，
创新积极性。
25/4

表达主要领导将拜访宁吉喆局长意愿
获得首个全国"三新"及新经济统计改革试点批文

——安良副市长带领我局主要领导拜访国家统计局情况简报

兴瑞书记、许勤市长并安良副市长：

遵照安良副市长的统筹安排，我局杨新洪局长于4月22日下午，在安良副市长带领下拜访国家统计局副局长许宪春、总统计师鲜祖德等相关领导。随后，分管全国"三新"及新经济统计的鲜祖德总统计师，在国家统计局办公大楼308室就这一主题进行座谈交流。

座谈会上，安良副市长言简意赅表达来意：一是受马书记、许市长委托，感谢国家统计局对深圳的多年关心支持；二是深圳出现的经济业态、形态较多较早，需要深圳统计部门在改革上先行先试，更需要国家局、广东省统计局的继续大力支持，尤其在"三新"统计上要率先改革创新，为全国创造深圳探索经验和可行办法，书记、市长对此寄予厚望；三是请国家统计局领导、专家在百忙之中多来深圳指导检查工作；四是书记、市长可能在下个月想来拜访宁吉喆局长，感谢对深圳工作的支持。

鲜祖德总统计师认真听取我们意见后，做了一个很好的表达表态：一是充分肯定深圳已开展的"三新两试"统计改革，并表示一如继往大力支持，日前国家局已专门发文做了批准，同意深

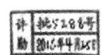